五年制高等职业教育适用
教育部高职高专规划教材

实用语文

（第三版）

第一册

全国五年制高等职业教育公共课开发指导委员会组编

主审◎巢宗祺　主编◎施也频

华东师范大学出版社

出 版 说 明

教材建设工作是整个高职高专教育教学工作中的重要组成部分。改革开放以来,在各级教育行政部门、学校和有关出版社的共同努力下,各地已出版了一批高职高专教育教材。但从整体上看,具有高职高专教育特色的教材极其匮乏,不少院校尚在借用本科或中专教材,教材建设仍落后于高职高专教育的发展需要。为此,1999年教育部组织制定了《高职高专教育基础课程教学基本要求》(以下简称《基本要求》)和《高职高专教育专业人才培养目标及规格》(以下简称《培养规格》),通过推荐、招标及遴选,组织了一批学术水平高、教学经验丰富、实践能力强的教师,成立了"教育部高职高专规划教材"编写队伍,并在有关出版社的积极配合下,推出一批"教育部高职高专规划教材"。

"教育部高职高专规划教材"计划出版500种,用5年左右时间完成。出版后的教材将覆盖高职高专教育的基础课程和主干专业课程。这一项目计划利用2—3年的时间,在继承原有高职、高专和成人高等学校教材建设成果的基础上,充分汲取近几年来各类学校在探索培养技术应用性专门人才方面取得的成功经验,解决好新形势下高职高专教育教材的有关问题;然后再用2—3年的时间,在《新世纪高职高专教育人才培养模式和教学内容体系改革与建设项目计划》立项研究的基础上,通过研究、改革和建设,推出一大批教育部高职高专教育教材,从而形成与课程优化配套的高职高专教育教材体系。

"教育部高职高专规划教材"是按照《基本要求》和《培养规格》的要求,充分汲取高职、高专和成人高等学校在探索培养技术应用性专门人才方面取得的成功经验和教学成果编写而成的。适用于高等职业学校、高等专科学校、成人高校及本科院校举办的二级职业技术学院和民办高校。

教育部高等教育司

2000 年 4 月 3 日

编写及修订说明

"建设一批富有时代特色的系统课程、教材和教学软件"是教育部"新世纪高等教育教学改革工程"的总目标之一。

由国家教育部高职高专处筹划、全国五年制高等职业教育公共课开发指导委员会组织、课程开发组编写的五年制高等职业教育《实用语文》一套四册教材,是在各试点学校对五年制高职语文教学进行了十多年尝试、探索的基础上诞生的。

新编五年制高职教育《实用语文》教材以"打好基础、突出实用、强调能力、适当延伸"为基本要求,重视语文基础知识、文学艺术基本常识和其他相关知识的教学,强调听说读写等综合能力的训练,引导学生掌握自学的方法,使他们在后续课程的学习和工作中能自觉去广采博览,永不停歇。

按4个学期约250个课时的教学时间,我们把这套教材分为四册。体裁灵活、风格各异、题材广泛、贴近时代的"阅读与鉴赏"是四册教材的主干。由浅入深、循序渐进的各类语文基础知识、文学艺术及相关的基本常识、应用文常识和听说读写的各种能力训练是四册教材的重要组成部分。

为了让学生在初中基础上进一步巩固学到的常见文体知识,本册教材的精读部分按照记叙文、说明文、议论文和文言文被划分为四个部分。在泛读部分,我们打破了文体的界限,把内容相近的题材组合起来,让学生能自由自在地多角度地去接纳知识、回味底蕴。

在选文的时候,我们注意了如下特色:

1. 注意了文章经典性和时代性、艺术性和科学性、审美性和通俗性、知识性和可读性的互相结合。

2. 注意了道德、责任、勇敢、审美、情感、科技、健康等教育重点。

3. 理论性的知识宽而浅,重在示范,突出实践。

4. 在强调让学生打好语文基本功的同时,侧重于对与教材内容相关的知识点进行转移和延伸,以拓宽学生的视野,扩大其知识面,加深他们对世界、社会、历史、人生的理解和认识。

使用本册教材时我们应注意:

1. "精读"与"泛读"是相对而言的,教学时可以灵活掌握和选择。

2. 与以前的教材相比,本册教材的信息量明显增加。对那些学生容易理解的内容应让他们去自学,教师只需提出相应的学习要求。

3. 根据本课程的特点,考核应以"过程控制为主,目标控制为辅"。对语文基础知识和各种能力的考查应贯穿于教学始终。还要有能反映学生课外阅读效果的测试。

编写这本教材的时间很短,加上编者的学识和见识问题的局限,如出现疏漏和不如人意之处,敬请大家批评指正。

课程组的全体成员讨论并提出了本套教材的最初编写方案,后在编写过程中又不断加以修改完善。王梅和施晔老师重点参加了第一册书的策划工作。第一册主要编写人员有:施也频、施晔、王梅、吴钰、马协民、尤冬克。参与教材编写工作的还有:林晶、赵萍、高洁、贾维忠、刘渝霞。

王玉琴、李红薇、张明渊参加了最初方案的讨论制订。

最后,让我们向为本书的诞生付出了很多心血的华东师大中文系巢宗祺和华东师大出版社王焰表示诚挚的感谢! 江苏南通纺织职业技术学院为教材的编写提供了许多帮助;公共课指委会负责人王毅、刘勇、赵克松三位校长自始至终都对教材的编写倾注了极大的关注;林晶老师也在主持编写工作方面给予了我们很多支持,在此一并致以由衷的谢意!

此次修订,听取用书学校老师的建议,更换了一些内容较陈旧的篇目,并在学术规范层面对全书进行了调整,使其更适应当下的教学实际。

编者

阅读与鉴赏·精读

目录

第一单元　记叙文

1. 琐忆 ……………………………… 唐　弢（ 4 ）
2. 荷塘月色 ………………………… 朱自清（ 10 ）
3. 纪念傅雷 ………………………… 施蛰存（ 13 ）
4. 钓台的春昼 ……………………… 郁达夫（ 18 ）
5. 道士塔 …………………………… 余秋雨（ 26 ）
　 阅读材料：莫高窟 ……………………………（ 33 ）
6. 不褪色的迷失 …………………… 赵丽宏（ 34 ）
单元练习……………………………………（ 38 ）

第二单元　说明文

1. 中国建筑的特征 ………………… 梁思成（ 42 ）
2. 奇妙的克隆 ……………………… 谈家桢（ 48 ）
　 阅读材料：中国特警部队 ……………………（ 53 ）
3. 宇宙的边疆 …………………… 卡尔·萨根（ 57 ）
4. 您会养脑吗？ …………………… 欧阳军（ 63 ）
5. 白蚁王国 ………………………… 赵立魁（ 68 ）
6. 宇宙的未来 …………………… 史蒂芬·霍金（ 73 ）
单元练习……………………………………（ 82 ）

第三单元　议论文

1. 拿来主义 ………………………… 鲁　迅（ 86 ）
2. 真"重理"就不该"轻文" ………… 张志公（ 90 ）
3. 有物、切题、真实、适量 ………… 王希杰（ 93 ）
4. 换个角度看问题 ………………… 王充闾（100 ）
5. 纳谏与止谤
　 ——重读《邹忌讽齐王纳谏》有感 …… 臧克家（104 ）
6. 鼓上蚤另有重用 ………………… 牧　惠（108 ）

单元练习 …………………………………………… (111)

第四单元　文言文

1. 邹忌讽齐王纳谏 ……………………… 刘　向（113）
2. 芙蕖 ………………………………………… 李　渔（116）
3. 兰亭集序 ………………………………… 王羲之（118）
4. 垓下之围 ………………………………… 司马迁（121）
5. 劝学 ……………………………………… 荀　况（125）
6. 与妻书 …………………………………… 林觉民（128）

阅读与鉴赏·泛读

第一单元　生态平衡　环境保护

1. 多多未必益善 ………………………… 李国文（135）
2. 生物入侵者 ……………………………… 梅　涛（138）
3. 自杀的鸟儿 ……………………………………（141）
4. 被缓解稀释和冲淡了的环境 ……… 梁　衡（145）
　　阅读材料1：新加坡人的"规矩" …………………
　　………………………………… 彭　龄　章　谊（149）
　　阅读材料2：环球城市　风行绿墙 … 宋淑运（152）

第二单元　道德情操　责任追求

1. 跨越百年的美丽 ……………………… 梁　衡（155）
2. 第二次考试 ……………………………… 何　为（160）
3. 身后意识 ………………………………… 杨继红（164）
4. 永远执著的美丽 ……………………… 曲志红（167）

第三单元　科学前沿　高新技术

1. 预测科学未来 ………………………… 杨振宁（170）
2. 痛与不痛的秘密 ……………………… 韩济生（175）
3. 数学和中国文学的比较 …………… 丘成桐（179）

4. 真假颠倒的世界（节选）
  ——游迪士尼乐园有感 ················ 蒋子龙（199）

第四单元　现当代诗歌一组

1. 再别康桥 ···················· 徐志摩（207）
2. 你是人间的四月天 ············ 林徽因（209）
3. 野兽 ······················· 穆　旦（210）
4. 面朝大海，春暖花开 ·········· 海　子（211）
5. 乡愁 ······················· 余光中（212）
6. 假如生活欺骗了你 ············ 普希金（213）
7. 我愿意是激流 ················ 裴多菲（214）

第五单元　古诗词一组

1. 上邪 ······················· 古乐府诗（216）
2. 伤田家 ····················· 聂夷中（217）
3. 杨柳枝词 ··················· 刘禹锡（218）
4. 观书有感 ··················· 朱　熹（219）
5. 蜀相 ······················· 杜　甫（220）
6. 青玉案（元夕） ·············· 辛弃疾（221）
7. 虞美人 ····················· 李　煜（222）
8. 鹊踏枝 ····················· 敦煌曲子词（223）

普通话与口语表达

第一节　语音规范化 ················· （227）
第二节　朗诵与态势语 ··············· （234）
第三节　听话技能 ··················· （241）
第四节　口语表达中的思维素质和心理素质 ····· （243）
  阅读材料1：善使脑筋急转弯 ········· （246）
  阅读材料2：从语言出发谈幽默 ······· （251）

目录

硬笔书写与文面知识

第一节　硬笔书写入门…………………………（257）

第二节　硬笔字的楷书和行书………………（261）

　　附：硬笔书写示范图表一—十一…………（262）

第三节　美术字……………………………………（283）

　　附：美术字示范图表十二—十八…………（284）

第四节　介绍几种书法教程……………………（288）

第五节　文面知识………………………………（288）

实用礼仪知识

第一节　学校礼仪………………………………（295）

第二节　社交礼仪………………………………（300）

　　附录1　基础知识训练（一）订正错别字……（307）

　　附录2　基础知识训练（二）读拼音学认字…（310）

　　附录3　精读部分文言文译文………………（313）

　　附录4　我国各省、直辖市、自治区及省会
　　　　　　（或首府）名称表………………（320）

　　附录5　节气表………………………………（321）

　　附录6　我国少数民族简表…………………（322）

阅读

与

鉴赏·精读

实 用 语 文

精读是与泛读相辅相成的一种读书方法。浏览式的泛读是开阔视野、增长知识的重要途径，精读则是提高阅读和写作能力必不可少的重要手段。

所谓精读就是精细、精确地读。古人云："书不尽言，言不尽意。"即：书上写的总比作者想说的要少，书中语言能表达的总比作者心里所想的要少。只有通过精读，细心揣摩，才能品出书中的"不尽之言"和"未尽之意"，才能真正领略作品的高远意境，体察其中的深邃内涵，品悟其美妙神韵。

精读的要领是：熟读精思，深刻领会熟读的方法主要有：

一、反复阅读，加深理解。我国著名的新闻记者、社会活动家邹韬奋就是采取这种精读方法。他在读书时，"其中特别为自己喜欢的，便在题目上做个记号，再看第二次；尤其喜欢的，再看第三次；最最喜欢的，一遇着偷闲的时候就常常看"。这种熟读，伴随着不断的思考，方能有效地一步步加深理解。离开精思的单纯熟读，不是我们提倡的科学阅读方法。

二、重要章节，熟读成诵。古人读书讲究诵读法，"书读百遍，其义自见"就是这个道理。司马光主张："读重要之书，不可不背诵。"熟读成诵，于一生受用无穷。但其核心是求精不求多，贵精不贵博。

熟读精思的目的是为了深刻领会文意，其中包括理解和把握文章的主旨、材料、结构、表达、语言等诸多要素。一般认为，从整体上把握作品的结构形式，是阅读分析的突破口。只有抓住了文章的基本格局，才有可能进一步追溯作者的写作思路，也才有具体分析文章其他要素的可能和基础。因此，对于不同文体的文章结构形式，我们要通过大量阅读，探索规律，并用于指导我们的写作实践。在阅读中，我们还必须树立"整体阅读"的观念，注意从上下文中去理解文字，以此贯穿精读的全过程，逐步做到深刻领会文意。

我们这册教材的"阅读与鉴赏"由"精读"和"泛读"两部分组成。精读部分的课文分为四个单元，即记叙文、说明文、议论文、文言文。在教学过程中，我们应紧密结合全国五年制高职"实用语文"课程的基本要求，一是要求学生带着感情色彩反复诵读课文，深刻领会课文内容，训练和掌握普通话诵读能力。二是要求学生通过必备词典工具书加强字词句的读写和理解能力，扎扎实实地打好语文基本功。三是要求学生在初中语文学习的基础上更熟练地掌握好叙述、描写、说明、议论、抒情等表达方法，在说话和作文时做到文通句顺、简明清晰、重点突出、表达准确、言为心声、有感而发、不事雕琢、注意效果。四是要求学生结合课文内容，触类旁通，由点及面，由此及彼，进一步广泛深入地去学习和探索相关知识，以扩大视野、丰富内涵、提高综合文化素质。教师在教学时应做到因地制宜，因材施教，抓住本地区、本班级学生的特色与薄弱环节，善于启发引导，提出具体要求，使学生完成相关的考核内容，真正做到学有成效。

第一单元　记叙文

　　记叙文是借助叙述、描写和抒情等表达方式，反映社会生活中人、事、景、物及其变化，寄托和抒发作者某种思想情感的文章。记叙文的体式是不拘一格、多种多样的：新闻、通讯、报告文学、人物传记、日记、书信等均为记叙文。一般说，学生课本中所选的记叙文，比较侧重于叙事、记人和写景状物三类。不管哪一种类型的记叙文，都是多种表达方式灵活融洽地综合运用，都要直接或含蓄地反映作者的一种思想感情。因此，学习和写作记叙文，我们首先得明白：通过文中叙写的内容，作者想告诉读者的是什么？所要抒发的情感是什么？是一种对美和高尚的追求和赞颂，抑或是对丑和卑鄙的抨击和憎恶？是一种真挚炽热的爱和欣赏，抑或是刻骨切齿的恨与唾弃？是一种溢于言表的激动和喜悦，抑或是无可奈何的失落与哀伤？这就是立意。其次，必须对所要叙写的东西好好地裁剪筛选，选择最能表达你思想情感的材料去写。这些材料应力求真实而生动，典型而感人。最后，还要根据需要把顺叙、插叙、倒叙、详叙和概叙等叙事手段，与肖像、语言、行动、心理、环境、正面、侧面等描写手法结合起来，再恰到好处地组合必要的抒情和议论，使之成为一篇最佳的篇章。至于文章的结构，或以时间推移为序，或以空间变换为序，或以行踪线索为序，也可以以心理感觉为序。只要运用得好，都能给人美好的感觉。另外，在写作记叙文时，对于那些读者需要了解的背景、时间、地点、人物、变化、原因等基本要素，也应交代清楚。

　　总之，好的记叙文应该能引起人们思想上极大的震撼，灵魂得到空前的净化，感情上产生强烈的共鸣。这是我们在阅读及写作训练中尤其要注意的方面。

1. 琐　忆①

唐　弢

阅读提示

　　《琐忆》是唐弢为纪念鲁迅先生诞辰八十周年而作的散文,发表于《人民文学》1961年第9期。文章通过叙述作者与鲁迅先生交往过程中发生的几件小事,歌颂了先生"横眉冷对千夫指,俯首甘为孺子牛"的伟大人格和革命精神。

　　读者在阅读过程中需要注意作者如何合理选材、组材,以达到歌颂人物品质的目的,学习以小见大的叙事手法。

　　鲁迅先生有两句诗:"横眉冷对千夫指,俯首甘为孺子牛。"这是他自己的写照,也是他作为一个伟大作家的全部人格的体现。当我还不曾和他相识的时候,时常听到有人议论他:"鲁迅多疑。"有些人还绘声绘色,说他如何世故,如何脾气大,爱骂人,如何睚眦必报②,总之,鲁迅是不容易接近的,还是不去和他接近好。中国有句成语,叫做"众口铄金,积毁销骨"③,一次一次的造谣毁谤,也可以将真相埋没。我于是相信了,不敢去接近他。不过也曾有过一个时期,的确很想见见鲁迅先生。1933年至1934年之间,鲁迅先生经常在《申报》④副刊《自由谈》⑤上写稿,攻击时弊,为了避免反动派的检查,他不断

---

　　① 选自《人民文学》(1961年9月号)。唐弢(1913—1992),原名唐端毅,浙江镇海人。曾在上海邮局当过邮政工人,后担任复旦大学教授、上海市文化局副局长、《文艺月报》副主编、中国社会科学院文学研究所研究员。创作风格接近鲁迅,是鲁迅研究这一门学科的奠基人之一,还是海内外公认的权威学者。

　　② 〔睚眦(yá zì)必报〕　像被人瞪了一眼那样极小的仇恨也一定要报复,形容心胸极其狭窄。

　　③ 〔众口铄(shuò)金,积毁销骨〕　比喻谣言多,可以混淆是非。累积过多毁谤,而使人难以生存自立。形容流言可畏。

　　④ 〔申报〕　原名《申江新报》,1872年4月30日在上海创刊,1949年5月27日停刊,是近代中国发行时间最久,具有广泛社会影响的报纸。

　　⑤ 〔《自由谈》〕　《申报》副刊的一种,于1911年8月创刊,主要发表杂文、短评,鲁迅在《自由谈》发表了不少作品。

更换笔名。我当时初学写作，也在这个副刊上投稿，偶而写些同类性质的文章。我的名字在文艺界是陌生的，由于产量不多，《自由谈》以外又不常见，那些看文章"专靠嗅觉"的人，就疑神疑鬼，妄加揣测起来，以为这又是鲁迅的化名。他们把我写的文章，全都记在鲁迅先生的名下，并且施展叭儿狗的伎俩，指桑骂槐，向鲁迅先生"呜呜不已"。自己做的事情怎么能让别人去承担责任呢？我觉得十分内疚，很想当面致个歉意，但又害怕鲁迅先生会责备我，颇有点惴惴不安。正当想见而又不敢去见的时候，由于一个偶然的机缘，我却不期而遇①地晤见了鲁迅先生，互通姓名之后，鲁迅先生接着说：

"唐先生写文章，我替你在挨骂哩。"

一切都在意料之中，一切又都出于意料之外。我立刻紧张起来，暗地里想：这回可要挨他几下了。心里一急，嘴里越是结结巴巴。鲁迅先生看出我的窘态，连忙掉转话头，亲切地问：

"你真个姓唐吧？"

"真个姓唐，"我说。

"哦，哦，"他看定我，似乎十分高兴，"我也姓过一回唐的。"

说着，就呵呵地笑了起来。

我先是一怔，接着便明白过来了：这指的是他曾经使用"唐俟"②这笔名，他是的确姓过一回唐的。于是我也笑了起来。半晌疑云，不，很久以来在我心头积集起来的疑云，一下子，全部消尽散绝了。

从那一次和以后多次的交谈中，鲁迅先生给我的印象始终是：平易近人。他留着浓黑的胡须，目光明亮，满头是倔强得一簇簇直竖起来的头发，仿佛处处在告白他对现实社会的不调和。然而这并不妨碍他的平易近人，"能憎，才能爱。"或者倒可以说，恰恰是由于这一点，反而更加显得他的平易近人了吧。和许多伟大的人物一样，

---

① 〔不期而遇〕　未经约定而相遇。
② 〔唐俟（sì）〕　鲁迅发表《梦》、《我之节烈观》等文时用的署名。

平易近人正是鲁迅先生思想成熟的一个重要的标志。

对待青年，对待在思想战线上一起作战的人，鲁迅先生是亲切的，热情的，一直保持着平等待人的态度。他和青年们谈话的时候，不爱使用教训的口吻，从来不说"你应该这样"、"你不应该那样"一类的话。他以自己的行动，以有趣的比喻和生动的故事，作出形象的暗示，让人体会到应该这样，不应该那样！有些青年不懂得当时政治的腐败，光在文章里夸耀中国地大物博；看得多了，鲁迅先生叹息说："倘是狮子，夸说怎样肥大是不妨事的，如果是一口猪或一匹羊，肥大倒不是好兆头。"有些青年一遇上夸夸其谈的学者，立刻便被吓倒，自惭浅薄；这种时候，鲁迅先生便又鼓励他们说："一条小溪，明澈见底，即使浅吧，但是却浅得澄清，倘是烂泥塘，谁知道它到底是深是浅呢？也许还是浅点好。"记得在闲谈中，鲁迅先生还讲起一些他和青年交往的故事，至于自己怎样尽心竭力，克己为人，却绝口不提。他经常为青年们改稿，作序，介绍出书，资助金钱，甚至一些生活上琐碎的事情，也乐于代劳。有一次，我从别处听来一点掌故，据说在北京的时候，有个并不太熟的青年，靴子破了，跑到鲁迅先生住着的绍兴县馆，光着脚往床上一躺，却让鲁迅先生提着靴子上街，给他去找人修补。他睡了一觉醒来，还埋怨补得太慢，劳他久等呢。

"有这回事吗？"我见面时问他。

"呃，有这回事"，鲁迅先生说。

"这是为的什么呢？"

"进化论嘛！"鲁迅先生微笑着说，"我懂得你的意思，你的舌头底下压着个结论：可怕的进化论思想。"

我笑了笑，没有承认也没有否认。

"进化论牵制过我，"鲁迅先生接下去说，"但也有过帮助。那个时候，它使我相信进步，相信未来，要求变革和战斗。这一点终归是好的。人的思想很复杂，要不然……你看，现在不是还有猴子吗？嗯，还有虫豸①。我

―――――――――――

① 〔虫豸(zhì)〕昆虫的通称。

懂得青年也会变猴子,变虫豸,这是后来的事情。现在不再给人去补靴子了,不过我还是要多做些事情。只要我努力,他们变猴子和虫豸的机会总可以少一些,而且是应该少一些。"

鲁迅先生沉默了,眼睛望着远处。

如果把这段话看作是他对"俯首甘为孺子牛"的解释,那么,"横眉冷对千夫指"呢? 鲁迅先生对待敌人,对待变坏了的青年,是决不宽恕,也决不妥协的,也许这就是有些人觉得他不易接近的缘故吧。据我看来,"横眉冷对"是鲁迅先生一生不懈地斗争的精神实质,是他的思想立场的概括。就战斗风格而言,又自有其作为一个成熟了的思想战士的特点。他的气度,他的精神力量,在面对任何问题的时候,仿佛都有一种居高临下的优势:从容不迫,游刃有余①。讽刺显示他进攻的威力,而幽默又闪烁着反击的智慧。对社会观察的深刻,往往使他的批判独抒新见,入木三分。鲁迅先生的后期杂文,几乎都是讽刺文学的典范,他的谈话,也往往表现了同样的风格。

日本占领东北以后,国民党政权依赖美国,宣传美国将出面主持"公道",结果还是被人家扔弃了。当宣传正在大吹大擂地进行的时候,鲁迅先生为我们讲了个故事,他说:"我们乡下有个阔佬,许多人都想攀附他,甚至以和他谈过话为荣。一天,一个要饭的奔走告人,说是阔佬和他讲了话了,许多人围住他,追问究竟。他说:'我站在门口,阔佬出来啦,他对我说:滚出去!'"听讲故事的人莫不大笑起来。还有一次,国民党的一个地方官僚禁止男女同学,男女同泳,闹得满城风雨。鲁迅先生幽默地说:"同学同泳,皮肉偶而相碰,有碍男女大防。不过禁止以后,男女还是一同生活在天地中间,一同呼吸着天地中间的空气。空气从这个男人的鼻孔呼出来,被那个女人的鼻孔吸进去,又从那个女人的鼻孔呼出来,被另一个男人的鼻孔吸进去,淆乱乾坤,实在比皮肉相碰还要坏。

---

① 〔游刃有余〕 形容做事熟练,轻而易举。《庄子·养生主》:"彼节者有间,而刀刃者无厚。以无厚入有间,恢恢乎,其于游刃有余地矣!"

要彻底划清界限，不如再下一道命令，规定男女老幼，诸色人等，一律戴上防毒面具，既禁空气流通，又防抛头露面。这样，每个人都是……喏！喏！"我们已经笑不可仰了，鲁迅先生却又站起身来，模拟戴着防毒面具走路的样子。这些谈话常常引起我好几天沉思，好几次会心的微笑。我想，这固然是由于他采取了讽刺和幽默的形式，更重要的，还因为他揭开了矛盾，把我们的思想引导到事物内蕴的深度，暗示了他的非凡的观察力。

我又想起一件事情。我的第一本书①，最初也是经鲁迅先生介绍给一家书店，而后又由另一家拿去出版了的。当时因为杂志上一篇《闲话皇帝》②的文章，触犯了日本天皇，引出日本政府的抗议，国民党政权请罪道歉，慌做一团，检查官更是手忙脚乱，正在捧着饭碗发抖。书店把我的原稿送去审查，凡是涉及皇帝的地方，不管是中国的还是外国的——从秦始皇到溥仪③，从凯撒大帝④到路易十六⑤，统统都给打上红杠子，删掉了。好几处还写着莫名其妙的批语。我一时气极，带着发还的原稿去见鲁迅先生，把这些地方指给他看。

"哦，皇帝免冠啦！"鲁迅先生说。

"您看，还给我加批呢。强不知以为知，见骆驼就说马肿背，我真不懂得他们为什么要讲这些昏话！"

"骗子的行当，"鲁迅先生说，"总要干得像个骗子呀。其实他们何尝不知道是骆驼，不过自己吃了《神异经》里说的'讹兽'的肉⑥，从此非说谎不可，这回又加上神经衰弱，自然就满嘴昏话了。"

---

①〔第一本书〕　指作者的杂文集《推背集》。

②〔《闲话皇帝》〕　易水（艾寒松）写的一篇杂文，发表在1935年5月《新生》周刊第二卷第十五期。作者在文中提到日本天皇裕仁的名字，日本外交官认为是"大不敬"，以侮辱友邦元首的名义向国民党政府提出抗议。国民党政府立即查封《新生》周刊，并判处主编杜重远一年两个月徒刑。

③〔溥仪（1906—1967）〕　又称清废帝或宣统帝，清朝末年皇帝。

④〔凯撒大帝（公元前100年—前44年）〕　罗马共和国末期的军事统帅、政治家、儒略家族成员。公元前49年，他率军占领罗马，打败庞培，集大权于一身，实行独裁统治。后遭暗杀身亡。

⑤〔路易十六（1754—1793）〕　法兰西波旁王朝复辟前最后一任国王，即法国历史上唯一被处决的国王，也是欧洲历史中第三个被处死的国王。

⑥〔《神异经》〕　是一本古小说，书中多是一些怪诞离奇的说法，旧说汉朝东方朔撰，后人认为是六朝文士依托。

　　鲁迅先生站起身,在屋子里踱了几步,转身扶住椅背,立定了。

　　"要是书店愿意的话,"他说,"我看倒可以连同批语一起印出去。过去有钦定书①,现在来它一个官批集,也给后一代看看,我们曾经活在什么样的世界里。"

　　"还要让它'留芳'百世吗?"

　　"这是官批本,"鲁迅先生认真地说,"你就另外去印你自己的别集。快了! 一个政权到了对外屈服,对内束手,只知道杀人、放火、禁书、掳钱的时候,离末日也就不远了。他们分明的感到:天下已经没有自己的份,现在是在毁别人的、烧别人的、杀别人的、抢别人的。越是凶,越是暴露了他们卑怯和失败的心理!"

　　听着鲁迅先生的谈话,昏沉沉的头脑清醒过来,我又觉得精神百倍了。在苦难的梦魇②一样的日子里,鲁迅先生不止一次地给我以勇气和力量。他的深刻的思想时时散发出犀利的光彩。说话时态度镇静,亲切而又从容,使听的人心情舒畅,真个有"如坐春风"的感觉。"如坐春风",唔,让人开怀令人奋发的春风呵! 每当这种时候,我总是一面仔细地吟味着每句话的含义,一面默默地抑制着自己的感情。不然的话,我大概会呼喊起来。真的,站在鲁迅先生面前,我有好几次都想呼喊,我想大声呼喊:我爱生活! 我爱一切正义和真理!

思考与练习

一、本文是一篇纪念鲁迅先生的散文,文中叙述了哪几件作者与鲁迅先生交往的琐事? 其作用是什么?

二、作者笔下鲁迅的外貌和举止是怎样的? 文章歌颂了他哪些品质? 试结合文中具体的句子加以说明。

---

①〔钦定书〕 经皇帝审阅,缮写为定本的典籍。

②〔梦魇(yǎn)〕 梦中遇到可怕的事而呻吟、惊叫。

2. 荷塘月色①

朱自清

阅读提示

　　《荷塘月色》是朱自清的现代抒情散文名篇。文章原载于 1927 年 7 月 10 日的《小说月报》，此时正值"四一二"反革命政变，政治时局处于空前紧张的状态。作者通过描写荷塘月色的美景，抒发了作为一名爱国知识分子苦闷、彷徨的内心情感。

　　在阅读文章的过程中，了解景物描绘与作者情感变化的关系，体会抒情散文情景交融的写作手法。

　　这几天心里颇不宁静。今晚在院子里坐着乘凉，忽然想起日日走过的荷塘，在这满月的光里，总该另有一番样子吧。月亮渐渐地升高了，墙外马路上孩子们的欢笑，已经听不见了；妻在屋里拍着闰儿②，迷迷糊糊地哼着眠歌。我悄悄地披了大衫，带上门出去。

　　沿着荷塘，是一条曲折的小煤屑路。这是一条幽僻的路；白天也少人走，夜晚更加寂寞。荷塘四面，长着许多树，蓊蓊郁郁③的。路的一旁，是些杨柳，和一些不知道名字的树。没有月光的晚上，这路上阴森森的，有些怕人。今晚却很好，虽然月光也还是淡淡的。

　　路上只我一个人，背着手踱着。这一片天地好像是我的；我也像超出了平常的自己，到了另一世界里。我爱热闹，也爱冷静；爱群居，也爱独处。像今晚上，一个人在这苍茫的月下，什么都可以想，什么都可以不想，便觉是个自由的人。白天里一定要做的事，一定要说的话，现在

---

①　选自《朱自清选集》（人民文学出版社 2004 年版）。朱自清（1898—1948），江苏东海县人，现代杰出散文家、诗人、学者、民主战士。散文集有《背影》《欧游杂记》《伦敦杂记》等。

②　〔闰儿〕　作者次子朱闰生。

③　〔蓊蓊（wěng）郁郁〕　草木茂盛的样子。

都可不理。这是独处的妙处，我且受用这无边的荷香月色好了。

曲曲折折的荷塘上面，弥望的是田田①的叶子。叶子出水很高，像亭亭的舞女的裙。层层的叶子中间，零星地点缀着些白花，有袅娜②地开着的，有羞涩地打着朵儿的；正如一粒粒的明珠，又如碧天里的星星，又如刚出浴的美人。微风过处，送来缕缕清香，仿佛远处高楼上渺茫的歌声似的。这时候叶子与花也有一丝的颤动，像闪电般，霎时传过荷塘的那边去了。叶子本是肩并肩密密地挨着，这便宛然有了一道凝碧的波痕。叶子底下是脉脉③的流水，遮住了，不能见一些颜色；而叶子却更见风致了。

月光如流水一般，静静地泻在这一片叶子和花上。薄薄的青雾浮起在荷塘里。叶子和花仿佛在牛乳中洗过一样；又像笼着轻纱的梦。虽然是满月，天上却有一层淡淡的云，所以不能朗照；但我以为这恰是到了好处——酣眠固不可少，小睡也别有风味的。月光是隔了树照过来的，高处丛生的灌木，落下参差④的斑驳⑤的黑影，峭楞楞如鬼一般；弯弯的杨柳的稀疏的倩影，却又像是画在荷叶上。塘中的月色并不均匀；但光与影有着和谐的旋律，如梵婀玲⑥上奏着的名曲。

荷塘的四面，远远近近，高高低低都是树，而杨柳最多。这些树将一片荷塘重重围住；只在小路一旁，漏着几段空隙，像是特为月光留下的。树色一例是阴阴的，乍看像一团烟雾；但杨柳的丰姿，便在烟雾里也辨得出。树梢上隐隐约约的是一带远山，只有些大意罢了。树缝里也漏着一两点路灯光，没精打采的，是渴睡人的眼。这时候最热闹的，要数树上的蝉声与水里的蛙声；但热闹是它们的，我什么也没有。

① 〔田田〕 形容荷叶相连的样子，古乐府《江南曲》中有"莲叶何田田"的句子。
② 〔袅娜(niǎo nuó)〕 形容女子体态轻盈、柔美的样子。
③ 〔脉脉(mò mò)〕 形容水没有声音，好像饱含深情的样子。
④ 〔参差(cēn cī)〕 长短、高低不齐。
⑤ 〔斑驳〕 指一种颜色中杂有别的颜色，这里有深浅不一的意思。
⑥ 〔梵婀(ē)玲〕 英语"violin"的音译，即小提琴。

忽然想起采莲的事情来了。采莲是江南的旧俗，似乎很早就有，而六朝①时为盛；从诗歌里可以约略知道。采莲的是少年的女子，她们是荡着小船，唱着艳歌②去的。采莲人不用说很多，还有看采莲的人。那是一个热闹的季节，也是一个风流的季节。梁元帝③《采莲赋》里说得好：

于是妖童媛女④，荡舟心许；鹢首徐回⑤，兼传羽杯；櫂将移而藻挂，船欲动而萍开。尔其纤腰束素，迁延顾步；夏始春余，叶嫩花初，恐沾裳而浅笑，畏倾船而敛裾⑥。

可见当时嬉游的光景了。这真是有趣的事，可惜我们现在早已无福消受了。

于是又记起《西洲曲》⑦里的句子：

采莲南塘秋，莲花过人头；低头弄莲子，莲子清如水。今晚若有采莲人，这儿的莲花也算得"过人头"了；只不见一些流水的影子，是不行的。这令我到底惦着江南了。——这样想着，猛一抬头，不觉已是自己的门前；轻轻地推门进去，什么声息也没有，妻已睡熟好久了。

1927 年 7 月，北京清华园

思考与练习

一、文章描写了荷塘的哪些景色？表达了作者什么样的情感？文中景物转换和作者的心理变化有什么关系？着重体会情景交融的写作手法。

二、找出文中描写景物的优美词句，并且学会鉴赏分析。

三、查阅季羡林的《清塘荷韵》和郑国琛的《荷叶颂》，比较这三篇文章在内容、写法上的异同。

---

① 〔六朝〕 吴、东晋、宋、齐、梁、陈，先后以建康（今江苏南京）为都城，合称六朝。
② 〔艳歌〕 专门描写男女爱情的歌曲。
③ 〔梁元帝〕 南朝梁代皇帝萧绎，写有《采莲赋》。
④ 〔妖童媛(yuàn)女〕 艳丽的少男和美貌的少女。
⑤ 〔鹢(yì)首徐回〕 船慢慢地来回摇荡着。鹢首，古时画鹢于船头，所以把船头叫鹢首。
⑥ 〔敛裾(jū)〕 这里指提着衣襟。
⑦ 〔《西洲曲》〕 南朝乐府中的诗。

3. 纪 念 傅 雷①

施蛰存②

阅读提示

　　本文是一篇感人至深、情深意浓的哀悼文。傅雷是我国著名翻译家、作家、文学评论家、艺术家、教育家,尤其在翻译巴尔扎克作品方面有杰出贡献。"文化大革命"期间,傅雷夫妇因不堪迫害,于1966年9月3日含恨离世。

　　文章按时间顺序记叙,作者通过回忆几件与傅雷交往的小事,成功塑造了傅雷"易怒"的典型形象,赞颂了他真诚正直、刚正不屈的崇高品格,给读者留下深刻的印象。

　　一九六六年九月三日,这是傅雷和夫人朱梅馥离开这个世界的日子,今年今天,正是二十周年纪念。这二十年过得好快,我还没有时间写一篇文章纪念他们。俗话说:"秀才人情纸半张。"我连这半张纸也没有献在老朋友灵前,人情之薄,可想而知。不过,真要纪念傅雷夫妇,半张纸毕竟不够,而洋洋大文却也写不出,于是拖延到今天。

　　现在,我书架上有十五卷的《傅雷译文集》和两个版本的《傅雷家书》,都是傅敏③寄赠的,还有两本旧版的《高老头》和《欧也妮·葛朗台》,是傅雷送给我的,有他的亲笔题字。我的照相册中有一张我的照片,是一九七九年四月十六日在傅雷追悼会上,在赵超构④送的花圈底

---

　　①　选自《施蛰存文集·北山散文集》(华东师范大学出版社2001年版)。傅雷(1908—1966),字怒安,号怒庵,江苏南汇(今上海浦东新区航头镇)人。早年留学法国,专攻艺术,回国致力于法国文学艺术的翻译。新中国成立后曾任作协上海分会书记处书记,"文革"中被迫害而死。译有《约翰·克利斯朵夫》《高老头》《欧也妮·葛朗台》《艺术哲学》等书。

　　②　〔施蛰存(1905—2003)〕原名施德普,字蛰存,常用笔名施青萍、安华等,浙江杭州人,著名文学家、翻译家、教育家,华东师范大学中文系教授。

　　③　〔傅敏〕傅雷次子。

　　④　〔赵超构(1910—1992)〕笔名林放,浙江瑞安(今文成县)人。现当代著名杂文家,毕业于中国公学大学部。1946年到上海参与《新民报·晚刊》的创刊工作。新中国成立后担任上海新民晚报社社长多年。曾任上海市政协副主席、中华全国新闻工作者协会副主席、全国晚报工作者协会会长。著有《林放杂文选》《未晚谈》(凡三编)、《赵超构文集》等。

下，沈仲章给我照的，衣襟上还有一朵黄花。这几年来，我就是默对这些东西，悼念傅雷。

一九三九年，我在昆明。在江小鹣①的新居中，遇到滕固②和傅雷。这是我和傅雷定交的开始。可是我和他见面聊天的机会，只有两次，不知怎么一回事，他和滕固吵翻了，一怒之下，回上海去了。这是我第一次领略到傅雷的"怒"。后来知道他的别号就叫"怒庵"，也就不以为奇。从此，和他谈话时，不能不提高警惕。

一九四三年，我从福建回沪省亲，在上海住了五个月，曾和周煦良③一同到吕班路（今重庆南路）巴黎新村去看过傅雷，知道他息影孤岛，专心于翻译罗曼·罗兰④。这一次认识了朱梅馥。也看见客堂里有一架钢琴，他的儿子傅聪⑤坐在高凳上练琴。

我和傅雷的友谊，只能说开始于解放以后。那时他已迁居江苏路安定坊，住的是宋春舫⑥家的屋子。我住在邻近，转一个弯就到他家。五十年代初，他在译巴尔扎克，我在译伐佐夫⑦、显克微支⑧和尼克索⑨。这样，我们

---

① 〔江小鹣(jiān)(1894—1939)〕 现代著名美术家。江苏吴县（今苏州）人。早年留法学习，先学西方油画，后又学雕塑。20 世纪 20 年代归国后移居上海。参加"天马画会"。20 世纪 30 年代曾任上海新华艺术学校雕塑系主任。

② 〔滕固(1901—1941)〕 字若渠，江苏宝山（今上海宝山区）人。现代著名美术理论家、文学家。早年毕业于上海美术专科学校，后留学日本，获硕士学位。又赴德国柏林大学留学，获博士学位。回国任行政院参事、重庆中央大学教授等职。1938 年国立北平艺专与国立杭州艺专合并成立昆明国立艺术专科学校，滕固一度出任校长。作为文学研究会成员，他写过不少小说、诗歌。著有《唐宋绘画史》、《中国美术小史》、《征途访古述记》、《唯美派的文学》等。

③ 〔周煦良(1905—1984)〕 安徽至德（今东至）人。现当代著名翻译家、作家。早年入学光华大学。1928 年赴英留学，获爱丁堡大学硕士学位。历任暨南大学教授、光华大学英文系主任、华东师范大学外语系主任、作协上海分会书记处书记、上海文联副秘书长等职。曾译过毛姆的《刀锋》等。有《周煦良文集》。

④ 〔罗曼·罗兰(Romain Rolland, 1866—1944)〕 法国现代作家、社会活动家。巴黎高等师范学校毕业。曾任艺术史、音乐史教授。1915 年获诺贝尔文学奖。著有长篇小说《约翰·克利斯朵夫》《母与子》，传记《米开朗琪罗传》《贝多芬传》等。

⑤ 〔傅聪(1934—)〕 上海人，当代著名旅英钢琴家，傅雷的长子。1955 年曾获第三届肖邦国际钢琴比赛第三名。

⑥ 〔宋春舫(1892—1938)〕 浙江吴兴（今湖州）人，现代戏剧家、翻译家。早年留学瑞士。归国后历任北京大学、清华大学、青岛山东大学等校教授。为中国现代话剧运动的先驱者。著有《宋春舫论剧》一至三集，剧本《一幅喜神》《五里雾中》和《原来是梦》，游记《蒙德卡罗》。

⑦ 〔伐佐夫(Иван Минчов Вазов, 1850—1921)〕 保加利亚著名作家。因参加民族独立斗争，多次流亡国外。归国后曾任教育大臣。施蛰存译过他的代表作——长篇小说《轭下》。

⑧ 〔显克微支(Henryk Sienkiewicz, 1846—1916)〕 波兰著名作家。1905 年获诺贝尔文学奖。创作多以波兰人民的反侵略斗争为题材。主要作品有长篇小说《火与剑》等三部曲，《你往何处去》《十字军骑士》等。施蛰存与人合译过《显克微支短篇小说集》。

⑨ 〔尼克索(Martin Andersen Nexo, 1869—1954)〕 丹麦著名作家。生于石匠家庭，做过工人。曾当选为丹麦共产党中央委员。主要作品有长篇小说《征服者贝莱》《蒂特》《红莫尔顿》三部曲。施蛰存译过他的《征服者贝莱》，与人合译过《尼克索短篇小说》。

就成为翻译外国文学的同道，因此，在这几年中，我常去他家里聊天，有时也借用他的各种辞典查几个字。

可是，我不敢同他谈翻译技术，因为我们两人的翻译方法不很相同。一则因为他译的是法文著作，从原文译，我译的都是英文转译本，使用的译法根本不同。二则我主张翻译只要达意，我从英文本译，只能做到达英译本的意。英译本对原文本负责，我对英译本负责。傅雷则主张非但要达意，还要求传神。他屡次举过一个例。他说：莎士比亚的《哈姆雷特》①第一场有一句"静得连一个老鼠的声音都没有"。但纪德②的法文译本，这一句却是"静得连一只猫的声音都没有"。他说："这不是译错，这是达意，这也就是传神。"我说，依照你的观念，中文译本就应该译作"鸦雀无声"。他说"对"。我说："不行，因为莎士比亚时代的英国话中不用猫或鸦雀来形容静。"

傅雷有一本《国语大辞典》，书中有许多北方的成语。傅雷译到法文成语或俗话的时候，常常向这本辞典中去找合适的中国成语俗话。有时我去看他，他也会举出一句法文成语，问我有没有相当的中国成语。他这个办法，我也不以为然。我主张照原文原意译，宁可加个注，说明这个成语的意义相当于中国的某一句成语。当然，他也不以为然。

一九五八年，我们都成为第五类分子③，不便来往，彼此就不相闻问。不过，有一段时候，朱梅馥和我老伴都被居委会动员出去办托儿所，她们俩倒是每天在一起，我因此便间接知道一些傅雷的情况。

一九六一年，大家都蒙恩摘除了"帽子"，可以有较多

---

① 〔《哈姆雷特》〕 英国戏剧家莎士比亚创作的著名悲剧，与《奥赛罗》、《李尔王》、《麦克白斯》并称莎士比亚的四大悲剧。

② 〔纪德（André Gide，1869—1951）〕 法国现代著名作家。早期创作具有象征主义色彩。1947 年获诺贝尔文学奖。主要作品有散文诗集《人间食粮》，中篇小说《蔑视道德的人》、《窄门》、《田园交响乐》，长篇小说《伪币制造者》等。

③ 〔第五类分子〕 在 20 世纪 50 年代后期至 70 年代中期"以阶级斗争为纲"的时代，把地主、富农、反革命分子、坏分子、右派列为无产阶级专政的对象，习称"地、富、反、坏、右"。第五类分子即指右派分子。施蛰存在 1957 年反右运动中被错划为右派。

的行动自由，于是我又常去看他。他还在译书，而我已不干这一行了，那几年，我在热衷于碑版文物，到他那里去，就谈字画古董。他给我看许多黄宾虹的画，极其赞赏，而我却又有不同意见。我以为黄宾虹晚年的画越来越像个"墨猪"了①。这句话又使他"怒"起来，他批评我不懂中国画里的水墨笔法。

一九六六年八月下旬，我已经在里弄里被"示众"过了。想到傅雷，不知他这一次如何"怒"法，就在一个傍晚，踱到他门口去看看。只见他家门口贴满了大字报，门窗紧闭，真是"鸦雀无声"。我就踱了回家。大约在九月十日左右，才知道他们两夫妇已撒手西归，这是怒庵的最后一"怒"。

我知道傅雷的性情刚直，如一团干柴烈火，他因不堪凌辱，一怒而死，这是可以理解的，我和他虽然几乎处处不同，但我还是尊敬他。在那一年，朋友中像傅雷那样的毅然决然不自惜其生命的，还有好几个，我也都一律尊敬。不过，朱梅馥的能同归于尽，这却是我想象不到的，伉俪之情，深到如此，恐怕是傅雷的感应。

傅雷逝世，其实我还没有了解傅雷。直到他的家书集出版，我才能更深一步的了解傅雷。他的家教如此之严，望子成龙的心情如此之热烈。他要把他的儿子塑造成符合于他的理想的人物。这种家庭教育是相当危险的，没有几个人能成功，然而傅雷成功了。

傅雷的性格，最突出的是他的刚直。在青年时候，他的刚直还近于狂妄。所以孔子说："好刚不好学，其蔽也狂。"傅雷从昆明回来以后，在艺术的涵养，知识学问的累积之后，他才成为具有浩然之气的儒家之刚者，这种刚直的品德，在任何社会中，都是难得见到的，连孔子也说过："吾未见刚者。"

傅雷之死，完成了他的崇高品德，今天我也不必说

---

① 〔黄宾虹（1865—1955）〕 名质，字朴存，一作朴人，号宾虹，以号行世，又号虹庐，安徽歙县人，生于浙江金华。现代著名国画家，曾在多家美术院校任教。新中国成立后任中国美协华东分会副主席。著有《虹庐画谈》《中国画学史大纲》等。今人编有《黄宾虹文集》。墨猪：比喻书画的点划痴肥而无骨力。

"愿你安息吧"，只愿他的刚劲，永远弥漫于知识分子中间。

（一九八六年九月三日）

思考与练习

一、文章着重表现了傅雷怎样的性格特征？具体通过哪几件事可以看出？

二、文章最后一段的"只愿他的刚劲，永远弥漫于知识分子中间"蕴含了作者怎样的价值取向和情感态度？

4. 钓台的春昼①

郁达夫

阅读提示

　　《钓台的春昼》是郁达夫著名的游记散文，原载于 1932 年 9 月 16 日《论语》杂志第 1 期。1931 年 2 月，国民党在上海杀害柔石等五位左联作家，展开对左翼文艺运动的疯狂围剿，并下令通缉鲁迅、郁达夫等人。文章主要记述作者这段被迫离沪返乡的经历。

　　全文以游踪为线索，意境清静幽然，文笔自然流畅。作者寄情于山水，透露出身处动乱时代的压抑和哀伤，表现对黑暗现实的愤慨。另外，文章记叙、抒情、议论相结合，作者运用情景交融的写作手法，使作品呈现出浓郁的抒情式浪漫主义风格。

　　因为近在咫尺，以为什么时候要去就可以去，我们对于本乡本土的名区胜景，反而往往没有机会去玩，或不容易下一个决心去玩的。正唯其是如此，我对于富春江上的严陵，二十年来，心里虽每在记着，但脚却从没有向这一方面走过。一九三一，岁在辛未，暮春三月，春服未成，而中央党帝，似乎又想玩一个秦始皇所玩过的把戏了，我接到了警告，就仓皇离去了寓居。先在江浙附近的穷乡里，游息了几天，偶尔看见了一家扫墓的行舟，乡愁一动，就定下了归计。绕了一个大弯，赶到故乡，却正好还在清明寒食的节前。和家人等去上了几处坟，与许久不曾见过面的亲戚朋友，来往热闹了几天，一种乡居的倦息，忽而袭上心来了，于是乎我就决心上钓台去访一访严子陵②的幽居。

　　钓台去桐庐县城二十余里，桐庐去富阳县治九十里

---

　　① 选自《郁达夫选集》（下册）（人民文学出版社 2001 年版）。郁达夫（1896—1945），浙江富阳人，中国现代作家、革命烈士，新文学团体"创造社"发起人之一。文学代表作有《怀鲁迅》、《沉沦》、《故都的秋》、《春风沉醉的晚上》、《过去》、《迟桂花》等。

　　② 〔严子陵〕 即严光，又名遵，字子陵，汉族，会稽余姚人，本姓庄，因避东汉明帝刘庄讳而改姓严。东汉著名隐士。

不足,自富阳溯江而上,坐小火轮三小时可达桐庐,再上则须坐帆船了。

我去的那一天,记得是阴晴欲雨的养花天,并且系坐晚班轮去的,船到桐庐,已经是灯火微明的黄昏时候了,不得已就只得在码头近边的一家旅馆的高楼上借了一宵宿。

桐庐县城,大约有二里路长,三千多烟灶,一二万居民,地在富春江西北岸,从前是皖浙交通的要道,现在杭江铁路一开,似乎没有一二十年前的繁华热闹了。尤其要使旅客感到萧条的,却是桐君山脚下的那一队花船的失去了踪影。说起桐君山,原是桐庐县的一个接近城市的灵山胜地,山虽不高,但因有仙,自然是灵了。以形势来论,这桐君山,也的确是可以产生出许多口音生硬、别具风韵的桐严嫂来的生龙活脉;地处在桐溪东岸,正当桐溪和富春江合流之所,依依一水,西岸便瞰视着桐庐县市的人家烟树。南面对江,便是十里长洲;唐诗人方干①的故居,就在这十里桐洲九里花的花田深处。向西越过桐庐县城,更遥遥对着一排高低不定的青峦,这就是富春山的山子山孙了。东北面山下,是一片桑麻沃地,有一条长蛇似的官道,隐而复现,出没盘曲在桃花杨柳洋槐榆树的中间;绕过一支小岭,便是富阳县的境界,大约去程明道②的墓地程坟,总也不过一二十里地的间隔,我的去拜谒桐君③,瞻仰道观,就在那一天到桐庐的晚上,是淡云微月,正在作雨的时候。

鱼梁渡头,因为夜渡无人,渡船停在东岸的桐君山下。我从旅馆踱了出来,先在离轮埠不远的渡口停立了几分钟,后来向一位来渡口洗夜饭米的年轻少妇,弓身请问了一回,才得到了渡江的秘诀。她说:"你只须高喊两三声,船自会来的。"先谢了她教我的好意,然后以两手围成了播音的喇叭,"喂,喂,船渡请摇过来!"地纵声一喊,

---

① 〔方干(? —约888)〕 字雄飞,新定(今浙江建德)人。以诗著名江南,有《玄英先生诗集》。

② 〔程明道〕 即程颢(1032—1085),北宋哲学家、教育家。

③ 〔桐君〕 相传古时有一老翁,行医济世,在当地山侧大桐树下结庐栖身,有人问他姓名,他只指桐下茅庐作答,当时人尊称他为桐君,桐君山也因此得名。

果然在半江的黑影当中，船身摇动了。渐摇渐近，五分钟后，我在渡口，却终于听出了咿呀柔橹的声音。时间似乎已经入了酉时的下刻，小市里的群动，这时候都已经静息：自从渡口的那位少妇，在微茫的夜色里，藏去了她那张白团团的面影之后，我独立在江边，不知不觉心里头却兀自感到了一种他乡日暮的悲哀。渡船到岸，船头上起了几声微微的水浪清音，又铜东的一响，我早已跳上了船，渡船也已经掉过头来了。坐在黑影沉沉的舱里，我起先只在静听着柔橹划水的声音，然后却在黑影里看出了一星船家在吸着的长烟管头上的烟火，最后因为沉默压迫不过，我只好开口说话了："船家！你这样的渡我过去，该给你几个船钱？"我问。"随你先生把几个就是。"船家说话冗慢幽长，似乎已经带着些睡意了，我就向袋里摸出了两角钱来。"这两角钱，就算是我的渡船钱，请你候我一会，上去烧一次夜香，我是依旧要渡过江来的。"船家的回答，只是恩恩乌乌，幽幽同牛叫似的一种鼻音，然而从继这鼻音而起的两三声轻快的喀声听来，他却已经在感到满足了，因为我也知道，乡间的义渡，船钱最多也不过是两三枚铜子而已。

到了桐君山下，在山影和树影交掩着的崎岖道上，我上岸走不上几步，就被一块乱石绊倒，滑跌了一次。船家似乎也动了恻隐之心了，一句话也不发，跑将上来，他却突然交给了我一盒火柴。我于感谢了一番他的盛意之后，重整步武①，再摸上山去，先是必须点一枝火柴走三五步路的，但到得半山，路既就了规律，而微云堆里的半规月色，也朦胧地现出一痕银线来了，所以手里还存着的半盒火柴，就被我藏入了袋里。路是从山的西北，盘曲而上，渐走渐高，半山一到，天也开朗了一点，桐庐县市上的灯火，也星星可数了。更纵目向江心望去，富春江两岸的船上和桐溪合流口停泊着的船尾船头，也看得出一点一点的火来。走过半山，桐君观里的晚祷钟鼓，似乎还没有息尽，耳朵里仿佛听见了几丝木鱼钲钹的残声。走上山

---

① 〔步武〕《国语·周语下》："夫目之察度也，不过步武尺寸之间。"韦昭注："六尺为步，半步为武。"

顶,先在半途遇着了一道道观外围的女墙①,这女墙的栅门,却已经掩上了。在栅门外徘徊了一刻,觉得已经到了此门而不进去,终于是不能满足我这一次暗夜冒险的好奇怪癖的。所以细想了几次,还是决心进去,非进去不可,轻轻用手往里面一推,栅门却呀的一声,早已退向了后方开开了,这门原来是虚掩在那里的。进了栅门,踏着为淡月所映照的石砌平路,向东向南的前走了五六十步,居然走到了道观的大门之外,这两扇朱红漆的大门,不消说是紧闭在那里的。到了此地,我却不想再破门进去了,因为这大门是朝南向着大江开的。门外头是一条一丈来宽的石砌步道,步道的一旁是道观的墙,一旁便是山坡,靠山坡的一面,并且还有一道二尺来高的石墙筑在那里,大约是代替栏杆,防人倾跌下山去的用意,石墙之上,铺的是二三尺宽的青石,在这似石栏又似石凳的墙上,尽可以坐卧游息,饱看桐江和对岸的风景,就是在这里坐它一晚,也很可以,我又何必去打开门来,惊起那些老道的恶梦呢!

空旷的天空里,流涨着的只是些灰白的云,云层缺处,原也看得出半角的天,和一点两点的星,但看起来最饶风趣的,却仍是欲藏还露,将见仍无的那半规月影。这时候江面上似乎起了风,云脚的迁移,更来得迅速了,而低头向江心一看,几多散乱着的船里的灯光,也忽明忽灭地变换了一变换位置。

这道观大门外的景色,真神奇极了。我当十几年前,在放浪的游程里,曾向瓜州②京口③一带,消磨过不少的时日。那时觉得果然名不虚传的,确是甘露寺④外的江山,而现在到了桐庐,昏夜上这桐君山来一看,又觉得这江山之秀而且静,风景的整而不散,却非那天下第一江山

---

① 〔女墙〕 城墙上的矮墙,也做女垣。
② 〔瓜州〕 又称瓜埠州,在江苏省扬州市邗江区南部,大运河入长江处。与镇江隔江斜对,向为长江南北水运交通要冲。
③ 〔京口〕 古城名,故址在今江苏镇江。
④ 〔甘露寺〕 在镇江北固山后峰上,相传建于三国东吴孙皓甘露元年(公元265年)。山顶的凌云亭,传说为刘备死后孙夫人在此祭他的祭江亭。

的北固山①所可与比拟的了。真也难怪得严子陵，难怪得戴征士②，倘使我若能在这样的地方结屋读书，以养天年，那还要什么的高官厚禄，还要什么的浮名虚誉哩？一个人在这桐君观前的石凳上，看看山，看看水，看看城中灯火和天上的星云，更做做浩无边际的无聊的幻梦，我竟忘记了时刻，忘记了自身，直等到隔江的击柝声传来，向西一看，忽而觉得城中的灯影微茫地减了，才跑也似地走下了山来，渡江奔回了客舍。

第二日侵晨，觉得昨天在桐君观前做过的残梦正还没有续完的时候，窗外面忽而传来了一阵吹角的声音。好梦虽被打破，但因这同吹筚篥③似的商音哀咽，却很含着些荒凉的古意，并且晓风残月，杨柳岸边，也正好候船待发，上严陵去；所以心里纵怀着了些儿怨恨，但脸上却只现出了一痕微笑，起来梳洗更衣，叫茶房去雇船去。雇好了一只双桨的渔舟，买就了些酒菜鱼米，就在旅馆前面的码头上上了船。轻轻向江心摇出去的时候，东方的云幕中间，已现出了几丝红韵，有八点多钟了；舟师④急得厉害，只在埋怨旅馆的茶房，为什么昨晚不预先告诉，好早一点出发。因为此去就是七里滩头⑤，无风七里，有风七十里，上钓台去玩一趟回来，路程虽则有限，但这几日风雨无常，说不定要走夜路，才回来得了的。

过了桐庐，江心狭窄，浅滩果然多起来了。路上遇着的来往的行舟，数目也是很少，因为早晨吹的角，就是往建德去的快班船的信号，快班船一开，来往于两埠之间的船就不十分多了。两岸全是青青的山，中间是一条清浅的水，有时候过一个沙洲，洲上的桃花菜花，还有许多不晓得名字的白色的花，正在喧闹着春暮，吸引着蜂蝶。我

---

① 〔北固山〕 在镇江东北江滨。北临长江，山壁陡峭，形势险固，因名"北固"。相传梁武帝幸北固山，见此处风光雄伟，写了"天下第一江山"六字，刻于山门。

② 〔戴征士〕 指戴勃和戴颙兄弟，南朝宋时文学家、音乐家，原来隐居于会稽山下，后因桐庐县多名山，遂来此留居。

③ 〔筚(bì)篥(lì)〕 簧管乐器。以竹为管，上开八孔，管口插有芦制的哨子。

④ 〔舟师〕 此处意犹"舟子"，船夫。

⑤ 〔七里滩〕 又名七里泷、七里濑。起自建德梅城镇双塔凌云，止于桐庐县严子陵钓台。"七里扬帆"为严陵八景之一。

在船头上一口一口的喝着严东关的药酒,指东话西地问着船家,这是什么山?那是什么港?惊叹了半天,称颂了半天,人也觉得倦了,不晓得什么时候,身子却走上了一家水边的酒楼,在和数年不见的几位已经做了党官的朋友高谈阔论。谈论之余,还背诵了一首两三年前曾在同一的情形之下做成的歪诗:

不是尊前爱惜身,佯狂难免假成真,

曾因酒醉鞭名马,生怕情多累美人。

劫数东南天作孽,鸡鸣风雨海扬尘,

悲歌痛哭终何补,义士纷纷说帝泰。

直到盛筵将散,我酒也不想再喝了,和几位朋友闹得心里各自难堪,连对旁边坐着的两位陪酒的名花都不愿意开口。正在这上下不得的苦闷关头,船家却大声的叫了起来说:

"先生,罗芷过了,钓台就在前面,你醒醒罢,好上山去烧饭吃去。"

擦擦眼睛,整了一整衣服,抬起头来一看,四面的水光山色又忽而变了样子了。清清的一条浅水,比前又窄了几分,四围的山包得格外的紧了,仿佛是前无去路的样子。并且山容峻削,看去觉得格外的瘦格外的高。向天上地下四围看看,只寂寂的看不见一个人类。双桨的摇响,到此似乎也不敢放肆了,钩的一声过后,要好半天才来一个幽幽的回响,静,静,静,身边水上,山下岩头,只沉浸着太古的静,死灭的静,山峡里连飞鸟的影子也看不见半只。前面的所谓钓台山上,只看得见两个大石垒,一间歪斜的亭子,许多纵横芜杂的草木。山腰里的那坐祠堂,也只露着些废垣残瓦,屋上面连炊烟都没有一丝半缕,像是好久好久没人住了的样子。并且天气又来得阴森,早晨曾经露一露脸过的太阳,这时候早已深藏在云堆里了,余下来的只是时有时无从侧面吹来的阴飕飕的半箭儿山风。船靠了山脚,跟着前面背着酒菜鱼米的船夫,走上严先生祠堂去的时候,我心里真有点害怕,怕在这荒山里要遇见一个干枯苍老得同丝瓜筋似的严先生的鬼魂。

在祠堂西院的客厅里坐定,和严先生的不知第几代的裔孙谈了几句关于年岁水旱的话后,我的心跳,也渐渐儿的镇静下去了,嘱托了他以煮饭烧菜的杂务,我和船家就从断碑乱石中间爬上了钓台。

东西两石垒,高各有二三百尺,离江面约两里来远,东西台相去,只有一二百步,但其间却夹着一条深谷。立在东台,可以看得出罗苎的人家,回头展望来路,风景似乎散漫一点,而一上谢氏①的西台,向西望去,则幽谷里的清景,却绝对的不像是在人间了。我虽则没有到过瑞士,但到了西台,朝西一看,立时就想起了曾在照片上看见过的威廉退尔②的祠堂。这四山的幽静,这江水的青蓝,简直同在画片上的珂罗版③色彩,一色也没有两样,所不同的,就是在这儿的变化更多一点,周围的环境更芜杂不整齐一点而已,但这却是好处,这正是足以代表东方民族性的颓废荒凉的美。

从钓台下来,回到严先生的祠堂——记得这是洪杨④以后严州知府戴槃重建的祠堂——西院里饱啖了一顿酒肉,我觉得有点酩酊微醉了。手拿着以火柴柄制成的牙签,走到东面供着严先生神像的龛前,向四面的破壁上一看,翠墨淋漓,题在那里的,竟多是些俗而不雅的过路高官的手笔。最后到了南面的一块白墙头上,在离屋檐不远的一角高处,却看到了我们的一位新近去世的同乡夏灵峰⑤先生的四句似邵尧夫而又略带感慨的诗句。夏灵峰先生虽则只知崇古,不善处今,但是五十年来,像他那样的顽固自尊的亡清遗老,也的确是没有第二个人。比较起现在的那些官迷财迷的南满尚书和东洋宦婢来,他的经术言行,姑且不必去论它,就是以骨头来称称,我想也要比什么罗三郎⑥郑太郎⑦辈,重到好几百倍。慕贤

---

① 〔谢氏〕 指谢翱。生于南宋淳祐九年(1249),文天祥兵败,他曾登西台为其哭奠。

② 〔威廉退尔〕 瑞士民族英雄。德国席勒曾作诗剧《威廉·退尔》予以歌颂。

③ 〔珂罗版〕 英文 collotype 的音译。照相平版印刷之一。能表达原作的浓淡层次,使复制品的色调能毕肖原稿。

④ 〔洪杨〕 即洪秀全、杨秀清,太平天国首领。

⑤ 〔夏灵峰〕 即夏震武(1854—1930),曾以亡清遗老自居,民国后回家隐居,聚徒讲学,拒绝做官,晚年他的学生为他在家乡灵峰山下建造了"灵峰精舍",所以人称"灵峰先生"。

⑥ 〔罗三郎〕 指罗振玉。

⑦ 〔郑太郎〕 指郑孝胥。

的心一动,醺人的臭技自然是难熬了,堆起了几张桌椅,借得了一枝破笔,我也在高墙上在夏灵峰先生的脚后放上了一个陈屁,就是在船舱的梦里,也曾微吟过的那一首歪诗。

从墙头上跳将下来,又向毫前天井去走了一圈,觉得酒后的喉咙,有点渴痒了,所以就又走回到了西院,静坐着喝了两碗清茶。在这四大无声,只听见我自己的啾啾喝水的舌音冲击到那座破院的败壁上去的寂静中间,同惊雷似地一响,院后的竹园里却忽而飞出了一声闲长而又有节奏似的鸡啼的声来。同时在门外面歇着的船家,也走进了院门,高声的对我说:

"先生,我们回去罢,已经是吃点心的时候了,你不听见那只鸡在后山啼么?我们回去罢!"

一九三二年八月在上海写

思考与练习

一、本文是一篇著名的游记散文。这篇散文的游记线索是什么?抒发了作者怎样的情感?

二、试分析文中景物描写所起的作用。

三、回忆你最难忘的一次旅行,并写一篇游记散文。

5.　道　士　塔①

余秋雨

阅读提示

　　愚昧成全了欺骗和掳掠——磨不灭的史实；喟叹充满着屈辱与愤懑——了不却的情结。作者以沉重的笔调为我国"敦煌研究史"补写了一个让世人永志不忘的章节，把再评说的话题和再思考的空间留给今人，也留给后人。

一

　　莫高窟②大门外，有一条河，过河有一溜空地，高高低低建着几座僧人圆寂③塔。塔呈圆形，状近葫芦，外敷白色。从几座坍弛的来看，塔心竖一木桩，四周以黄泥塑成，基座垒以青砖。历来住持莫高窟的僧侣都不富裕，从这里也可找见证明。夕阳西下，朔风凛冽，这个破落的塔群更显得悲凉。

　　有一座塔，由于修建年代较近，保存得较为完整。塔身有碑文，移步读去，猛然一惊，它的主人，竟然就是那个王圆箓④！

　　历史已有记载，他是敦煌石窟的罪人。

　　我见过他的照片，穿着土布棉衣，目光呆滞，畏畏缩缩，是那个时代到处可以遇见的一个中国平民。他原是

---

　　①　选自《秋雨散文》(浙江文艺出版社 1994 年版)。余秋雨(1946—　)，浙江余姚人。当代作家、学者。著有《戏剧理论史稿》、《戏剧审美心理学》及散文集《文化苦旅》、《文明的碎片》、《山居笔记》等。

　　②　〔莫高窟〕　中国佛教石窟寺，位于甘肃省敦煌市南 25 公里的鸣沙山东麓。现存石洞窟七百五十多个，彩塑二百多尊，壁画 4.5 万平方米，木构窟 5 座。

　　③　〔圆寂〕　梵文 parinirvana 的意译，音译作"般涅槃"，是佛教认为的最高理想境界。后来也称佛或僧侣逝世为圆寂。

　　④　〔王圆箓(lù)〕　清末道士。光绪二十六年(1900 年)他发现了藏经洞和洞中的写经书、文书等文物四万余件。1907—1914 年间外国人从他手中骗购了大量文物。

湖北麻城的农民，逃荒到甘肃，做了道士。几经转折，不幸由他当了莫高窟的家，把持着中国古代最灿烂的文化。他从外国冒险家手里接过极少的钱财，让他们把难以计数的敦煌文物一箱箱运走。今天，敦煌研究院的专家们只得一次次屈辱地从外国博物馆买取敦煌文献的微缩胶卷，叹息一声，走到放大机前。

完全可以把愤怒的洪水向他倾泄。但是，他太卑微，太渺小，太愚昧，最大的倾泄也只是对牛弹琴，换得一个漠然的表情。让他这具无知的躯体全然肩起这笔文化重债，连我们也会觉得无聊。

这是一个巨大的民族悲剧。王道士只是这出悲剧中错步上前的小丑。一位年轻诗人写道，那天傍晚，当冒险家斯坦因①装满箱子的一队牛车正要启程，他回头看了一眼西天凄艳的晚霞。那里，一个古老民族的伤口在滴血。

二

真不知道一个堂堂佛教圣地，怎么会让一个道士来看管。中国的文官都到哪里去了，他们滔滔的奏折怎么从不提一句敦煌的事由？

其时已是 20 世纪初年，欧美的艺术家正在酝酿着新世纪的突破。罗丹②正在他的工作室里雕塑，雷诺阿③、德加④、塞尚⑤已处于创作晚期，马奈⑥早就展出过他的《草地上的午餐》。他们中有人已向东方艺术投来歆羡⑦的目光，而敦煌艺术，正在王道士手上。

王道士每天起得很早，喜欢到洞窟里转转，就像一个老农，看看他的宅院。他对洞窟里的壁画有点不满，暗乎

① 〔斯坦因（1862—1943）〕 英国人，原籍匈牙利。1900—1916 年间三次到我国新疆、甘肃一带，用欺骗手段，骗取大量敦煌文物运回英国。
② 〔罗丹（1840—1917）〕 法国著名雕塑家。代表作有《思想者》《吻》《夏娃》。
③ 〔雷诺阿（1841—1919）〕 法国画家。代表作有《利莎》《包厢》《舞会》。
④ 〔德加（1834—1917）〕 法国画家。代表作有《芭蕾舞排练场》《巴黎歌剧院乐队》《洗衣妇》。
⑤ 〔塞尚（1839—1906）〕 法国画家。代表作有《果盘》《玩纸牌者》《圣维克图瓦山》。
⑥ 〔马奈（1832—1883）〕 法国画家。代表作有《左拉像》《枪毙麦克西米连》《奥兰毕亚》。
⑦ 〔歆（xīn）羡〕 羡慕。

乎的,看着有点眼花。亮堂一点多好呢,他找了两个帮手,拎来一桶石灰。草扎的刷子装上一个长把,在石灰桶里蘸一蘸,开始他的粉刷。第一遍石灰刷得太薄,五颜六色还隐隐显现,农民做事就讲个认真,他再细细刷上第二遍。这儿空气干燥,一会儿石灰已经干透。什么也没有了,唐代的笑容,宋代的衣冠,洞中成了一片净白。道士擦了一把汗憨厚地一笑,顺便打听了一下石灰的市价。他算来算去,觉得暂时没有必要把更多的洞窟刷白,就刷这几个吧,他达观地放下了刷把。

　　当几面洞壁全都刷白,中座的塑雕就显得过分惹眼。在一个干干净净的农舍里,她们婀娜①的体态过于招摇,她们柔美的浅笑有点尴尬。道士想起了自己的身份,一个道士,何不在这里搞上几个天师、灵官菩萨?他吩咐帮手去借几个铁锤,让原先几座塑雕委曲一下。事情干得不赖,才几下,婀娜的体态变成碎片,柔美的浅笑变成了泥巴。听说邻村有几个泥匠,请了来,拌点泥,开始堆塑他的天师②和灵官③。泥匠说从没干过这种活计,道士安慰道,不妨,有那点意思就成。于是,像顽童堆造雪人,这里是鼻子,这里是手脚,总算也能稳稳坐住。行了。再拿石灰,把它们刷白。画一双眼,还有胡子,像模像样。道士吐了一口气,谢过几个泥匠,再作下一步筹划。

　　今天我走进这几个洞窟,对着惨白的墙壁、惨白的怪像,脑中也是一片惨白。我几乎不会言动,眼前直晃动着那些刷把和铁锤。"住手!"我在心底痛苦地呼喊,只见王道士转过脸来,满眼困惑不解。是啊,他在整理他的宅院,闲人何必喧哗?我甚至想向他跪下,低声求他:"请等一等,等一等……"但是等什么呢?我脑中依然一片惨白。

三

　　1900年5月26日清晨,王道士依然早起,辛辛苦苦

---

①　〔婀娜(ē nuó)〕 姿态柔美的样子。

②　〔天师〕 即张天师。名张道陵,东汉五斗米道创建者,是道教尊奉的重要神祇之一。

③　〔灵官〕 即王灵官,相传姓王名善,宋徽宗时人。道教奉为护法监坛之神。

地清除着一个洞窟中的积沙。没想到墙壁一震，裂开一条缝，里边似乎还有一个隐藏的洞穴。王道士有点奇怪，急忙把洞穴打开，嗬，满满实实一洞的古物！

王道士完全不能明白，这天早晨，他打开了一扇轰动世界的门户。一门永久性的学问，将靠着这个洞穴建立。无数才华横溢的学者，将为这个洞穴耗尽终生。中国的荣耀和耻辱，将由这个洞穴吞吐。

现在，他正衔着旱烟管，趴在洞窟里随手捡翻。他当然看不懂这些东西，只觉得事情有点蹊跷①。为何正好我在这儿时墙壁裂缝了呢？或许是神对我的酬劳。趁下次到县城，捡了几个经卷给县长看看，顺便说说这桩奇事。

县长是个文官，稍稍掂出了事情的分量。不久甘肃学台叶炽昌也知道了，他是金石学家，懂得洞窟的价值，建议藩台把这些文物运到省城保管。但是东西很多，运费不低，官僚们又犹豫了。只有王道士一次次随手取一点出来的文物，在官场上送来送去。

中国是穷。但只要看看这些官僚豪华的生活排场，就知道绝不会穷到筹不出这笔运费。中国官员也不是都没有学问，他们也已在窗明几净的书房里翻动出土经卷，推测着书写朝代了。但他们没有那副赤肠，下个决心，把祖国的遗产好好保护一下。他们文雅地摸着胡须，吩咐手下："什么时候，叫那个道士再送几件来！"已得的几件，包装一下，算是送给哪位京官的生日礼品。

就在这时，欧美的学者、汉学家、考古家、冒险家，却不远万里、风餐露宿，朝敦煌赶来。他们愿意变卖掉自己的全部财产，充作偷运一两件文物回去的路费。他们愿意吃苦，愿意冒着葬身沙漠的危险，甚至作好了被打、被杀的准备，朝这个刚刚打开的洞窟赶来。他们在沙漠里燃起了股股炊烟，而中国官员的客厅里，也正茶香缕缕。

没有任何关卡，没有任何手续，外国人直接走到了那个洞窟跟前。洞窟砌了一道砖、上了一把锁，钥匙挂在王

① 〔蹊跷(qī qiao)〕 奇怪；可疑。

道士的裤腰带上。外国人未免有点遗憾,他们万里冲刺的最后一站,没有遇到森严的文物保护官邸①,没有碰见冷漠的博物馆馆长,甚至没有遇到看守和门卫,一切的一切,竟是这个肮脏的土道士。他们只得幽默地耸耸肩。

略略交谈几句,就知道了道士的品位。原先设想好的种种方案纯属多余,道士要的只是一笔最轻松的小买卖。就像用两枚针换一只鸡,一颗钮扣换一篮青菜。要详细地复述这笔交换账,也许我的笔会不太沉稳,我只能简略地说:1905年10月,俄国人勃奥鲁切夫用一点点随身带着的俄国商品,换取了一大批文书经卷;1907年5月,匈牙利人斯坦因用一叠子银元换取了二十四大箱经卷、五箱织绢和绘画;1908年7月,法国人伯希和又用少量银元换去了十大车、六千多卷写本和画卷;1911年10月,日本人吉川小一郎和橘瑞超用难以想象的低价换取了三百多卷写本和两尊唐塑;1914年,斯坦因第二次又来,仍用一点银元换去五大箱、六百多卷经卷;……

道士也有过犹豫,怕这样会得罪了神。解除这种犹豫十分简单,那个斯坦因就哄他说,自己十分崇拜唐僧,这次是倒溯着唐僧的脚印,从印度到中国取经来了。好,既然是洋唐僧,那就取走吧,王道士爽快地打开了门。这里不用任何外交辞令,只需要几句现编的童话。

一箱子,又一箱子。一大车,又一大车。都装好了,扎紧了,呀——,车队出发了。

没有走向省城,因为老爷早就说过,没有运费。好吧,那就运到伦敦,运到巴黎,运到彼得堡,运到东京。

王道士频频点头,深深鞠躬,还送出一程。他恭敬地称斯坦因为"司大人讳代诺",称伯希和为"贝大人讳希和"。他的口袋里有了一些沉甸甸的银元,这是平常化缘时很难得到的。他依依惜别,感谢司大人、贝大人的"布施"。车队已经驶远,他还站在路口。沙漠上,两道深深的车辙。

斯坦因他们回到国内,受到了热烈的欢迎。他们的

---

①　〔官邸(dǐ)〕 公家所建的高级官员住所。现多用于外交场合。

学术报告和探险报告，时时激起如雷的掌声。他们在叙述中常常提到古怪的王道士，让外国听众感到，从这么一个蠢人手中抢救出这笔遗产，是多么重要。他们不断暗示，是他们的长途跋涉，使敦煌文献从黑暗走向光明。

他们都是富有实干精神的学者，在学术上，我可以佩服他们。但是，他们的论述中遗忘了一些极基本的前提。出来辩驳为时已晚，我心头只是浮现出一个当代中国青年的几行诗句，那是他写给火烧圆明园的额尔金勋爵①的：

我好恨

恨我没早生一个世纪

使我能与你对视着站立在

　　阴森幽暗的古堡

　　晨光微露的旷野

要么我拾起你扔下的白手套

要么你接住我甩过去的剑

要么你我各乘一匹战马

远远离开遮天的帅旗

　　离开如云的战阵

　　决胜负于城下

对于这批学者，这些诗句或许太硬。但我确实想用这种方式，拦住他们的车队。对视着，站立在沙漠里。他们会说，你们无力研究；那么好，先找一个地方，坐下来，比比学问高低。什么都成，就是不能这么悄悄地运走祖先给我们的遗赠。

我不禁又叹息了，要是车队果真被我拦下来了，然后怎么办呢？我只得送缴当时的京城，运费姑且不计。但当时，洞窟文献不是确也有一批送京的吗？其情景是，没装木箱，只用席子乱捆，沿途官员伸手进去就取走一把，在哪儿歇脚又得留下几捆，结果，到京城时已零零落落，不成样子。

---

①〔额尔金勋爵〕第二次鸦片战争期间英国侵华部队的主要指挥官。1860 年 10 月 13 日英法联军攻占北京，遂洗劫、焚毁圆明园。额尔金是这一罪恶行径的主要策划者。

偌^①大的中国，竟存不下几卷经文！比之于被官员大量糟践的情景，我有时甚至想狠心说一句：宁肯存放在伦敦博物馆里！这句话终究说得不太舒心。被我拦住的车队，究竟应该驶向哪里？这里也难，那里也难，我只能让它停驻在沙漠里，然后大哭一场。

我好恨！

四

不止是我在恨。敦煌研究院的专家们，比我恨得还狠。他们不愿意抒发感情，只是铁板着脸，一钻几十年，研究敦煌文献。文献的胶卷可以从外国买来，越是屈辱越是加紧钻研。

我去时，一次敦煌学国际学术讨论会正在莫高窟举行。几天会罢，一位日本学者用沉重的声调作了一个说明："我想纠正一个过去的说法。这几年的成果已经表明，敦煌在中国，敦煌学也在中国！"

中国的专家没有太大的激动，他们默默地离开了会场，走过王道士的圆寂塔前。

思考与练习

一、反复诵读课文，体会作者溢满字里行间的一种强烈而又深刻的思想感情。讨论一下文中哪些地方运用了对比的写法？这样写有什么效果？

二、中华民族历史悠久，古代建筑、文化遗迹和艺术珍宝举世瞩目。想想看，你曾接触过哪些类似的古代文物和名胜古迹，练习写一篇游记作文。

---

① 〔偌(ruò)〕这么，那么。

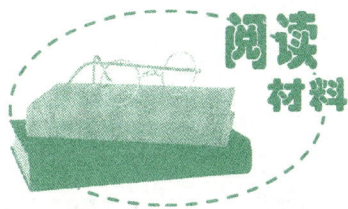

阅读材料

莫 高 窟

　　也叫"千佛洞"。中国著名的石窟。全国重点文物保护单位之一。位于甘肃敦煌东南。相传前秦建元二年（东晋太和元年，公元366年）僧乐僔开始凿窟造像。历经隋唐以至元代，均有所修建。现尚存有壁画和雕塑作品的共四百九十二窟，计有壁画四万五千多平方米，彩塑像三千余身。壁画的内容包括佛本生、佛传、经变、供养人和建筑彩画图案等；彩塑像有佛、菩萨、弟子、天王、力士等。作品反映了中国从5世纪到14世纪的部分社会生活以及历代造型艺术的发展情况。清光绪二十六年（1900年，一说1899年）发现藏经洞（今编号为第17窟）后，窟内大批敦煌遗书和文物先后被外国"探险队"捆载而去，壁画和塑像也遭劫夺与破坏。1944年设立敦煌艺术研究所，对该窟进行修复、保管和研究工作。今属敦煌研究所。

选自《辞海》（上海辞书出版社1999年版）

6.　不褪色的迷失①

赵丽宏

阅读提示

这是一篇情景交融的叙事散文。作者通过对一张照片的回忆，记叙了一段童年往事，表现了深挚的父子亲情。文中的故事很简单，父子在一天中的一次散聚，却写得一波三折，情绪跌宕，而且引人思索。刻画细腻、感情真挚，是这篇散文的特点。

日子在一天一天过去。逝去的岁月像从山间流失的溪水，一去不复返。回过头看一看，常常是云烟迷蒙，往事如同隐匿在雨雾中的树影，朦胧而又迷离。那么多的经历和故事搅合在一起，使记忆的屏幕变得一片模糊……

还好有一样东西改变了这种状况。它就像奇妙的魔术，不动声色地把逝去的岁月悄然拽回到你的眼前，使你情不自禁地感慨：哦，从前，原来是这样的！

这奇妙的魔术是什么呢？我的回答也许使你觉得平平无奇：是摄影。

不过你不妨试一试，翻开你的影集，看看你从前的照片，看会产生什么感觉。如果你自己也是一个摄影爱好者，那么，看看自己从前亲手拍摄各种各样的照片，又会有什么感想。

我的才八岁的儿子，一次看他刚出生不久的一张洗澡的照片时惊讶地大叫："什么，我那时那么年轻！连衣服也不穿呐！啊呀，太不好意思啦！"

我一边为儿子的天真忍俊不禁，一边也有同感产生。

① 选自《赵丽宏自选集·小鸟，你飞向何方》（上海文艺出版社 1999 年 9 月版）。赵丽宏（1951—　），上海人，当代作家。擅长写抒情散文和现代诗，著有诗集《珊瑚》，散文集《生命草》、《诗魂》、《爱在人间》等。

是啊，我们都曾经那么年轻，那么天真。那些发了黄的旧照片，会帮我们找回童年或者幼年时的种种感觉。

我儿时的照片留下的很少，就那么两三张。有一张一寸的报名照，是不到三岁时拍的。照片上的我，胖乎乎的脸，傻呵呵的表情，眼睛里流露出惊恐和猜疑，还隐隐约约含着几分悲伤……看这张照片，使我很自然地回忆起儿时的一个故事。那是我最初的记忆之一。

那是我三岁的时候。有一次，跟父亲出门，在一条马路上走失在人群中。开始还不知道什么叫害怕，以为父亲会像往常一样，马上就会出现在我的面前，将我抱起来，带回家中。然而我跌跌撞撞在马路上乱转了很久，终于发现父亲真的不见了。我惊悸的大叫引起很多行人的注意，数不清的陌生面孔团团地将我围住，很多不熟悉的声音问我很多相同的问题……然而我不愿意回答任何问题，因为我以为是父亲故意丢弃了我，我无法理解一向慈眉善目的父亲怎么会就这样把我扔在陌生人中间，自己一走了事。我以为我从此再也见不到自己的父母了，小小的心灵中充满了恐惧和悲哀。我一声不吭，也不流泪。被人抱着在街上转了几个小时之后，有人把我送到了公安局。一个年轻的女民警态度和善地安慰我，哄我，给我削苹果。另一个年轻的男民警在一边不停地打电话，听他在电话里说的话，我知道他是在帮我找爸爸。我在女民警的哄劝下吃了一个苹果，然而心里依然紧张不安。眼看天色渐渐暗下来，还没有父亲和家里的消息。我呆呆地望着窗外，恐惧和惊慌一阵又一阵向我袭来。尽管那位女民警不停地在安慰我："你别急，爸爸就要来了，他已经在路上了，过一会儿，你就能看见他了！"但我不相信。我想，父亲大概真的不要我了，要不，他怎么天黑了还不来呢？

就在我惊恐难耐的时候，女民警突然对着门口粲然一笑，口中大叫道："瞧，是谁来了？"我回头一看，只见父亲已经站在门口。

我永远也忘不了父亲当时的模样和表情。他那一向很注意修饰的头发乱蓬蓬的，脸似乎也消瘦了一圈。当我扑到父亲的怀抱里时,噙在眼眶里的泪水一下子夺眶而出,委屈和欢喜交织在一起,化作了不可抑制的抽泣和眼泪。当我抬起头来看父亲时,不禁一愣:父亲的眼睛里,也噙满了泪水! 在我的心目中,父亲是不会哭的,哭是属于小孩子的专利。父亲的泪水使我深深地受到了震动。父亲紧紧地抱住我,口中喃喃地、语无伦次地说着:"我在找你,我在找你,我找了你整整一天,找遍了全上海,你不知道,我是多么着急……"

此刻,在父亲的怀抱里,我先前曾产生过的怀疑和怨恨顷刻烟消云散。我尽情地哭着,痛痛快快哭了个够。哭完之后,我才发现,那一男一女两位警察一直在旁边微笑着注视我们父子俩。这时,我又不好意思地笑了。那个男警察摸着我的脑袋,笑着打趣道:"一歇①哭,一歇笑,两只眼睛开大炮……"这是当时的孩子人人都知道的一首儿歌。于是我们四个人一起笑起来……

从公安局出来,父亲紧拉着我的手走在灯光灿烂的大街上。他问我:"你想吃什么? 我给你买。"我什么也不想吃,只想拉着父亲的手在街上默默地走,被父亲那双温暖的大手紧握着,是多么安全多么好。然而父亲还是给我买了一大包好吃的东西,让我一路走,一路吃。走着,走着,经过了一家照相馆,看着橱窗里的照片,我觉得很新鲜。长这么大,我还没有进照相馆拍过照呢。橱窗里的照片上,男女老少都在对着我开心地微笑。我想,照相一定是一件很有趣的事情。父亲见我对照片有兴趣,就提议道:"进去,给你照一张相吧!"面对着照相馆里刺眼的灯光,我的眼前什么也看不见,父亲又消失在幽暗之中。于是我情不自禁又想起了白天迷路后的孤独和恐惧。摄影师大喊"笑一笑,笑一笑……"我却怎么也笑不出来。当快门响动的时候,我的脸上依然带着白天的表情。于是,就有了那张一寸的报名照。在这张小小的照片上,永远地留下了我三岁时的惊恐、困惑和悲伤。尽管这只是一场虚惊。看这张照片时,我很自然地会想起父

---

①　〔一歇〕　上海方言,一会儿的意思。

亲,想起父亲为我们的走散和团聚而流下的焦灼、欢欣的泪水。父亲在找到我时那一瞬间的表情,是他留在我记忆中的最清晰最深刻的表情。从那一刻起,我知道了,父亲和孩子一样,也是会流泪的。这是多么温馨多么美好的泪水啊……

照片上的我永远是童稚幼儿,可是岁月却已经无情地染白了我的鬓发。而我的父亲,今年八十三岁,已经老态龙钟了。从拍这张照片到现在,有四十年了。四十年中,发生了多少事情,时事沉浮,世态炎凉,悲欢离合……可四十年前的那一幕,在我的记忆中却依然清晰而亲切,仿佛就在昨天,就在眼前。岁月的风沙无法掩埋儿时的这一段记忆。当我拿出照片,看着四十年前我的茫然失措的表情,不禁哑然失笑。四十年的漫长时光在我凝视照片的一瞬间消失得无影无踪……哦,父亲,在我的记忆中,你是不会老的。看到这张照片,我就仿佛看见,你正在用急匆匆的脚步,满街满城地转着找我……而我,什么时候离开过你的视线呢?

前些日子,我,我的妻子,还有我的九岁的儿子,陪着我高龄的父母来到西湖畔。久居都市,接触大自然的机会越来越少,我想陪他们在湖光山色中散散心,也想在西湖边上为他们拍一些照片。在西湖边散步时,我向父亲说起了小时候迷路的事情,父亲皱着眉头想了好久,笑着说:"这么早的事情,你怎么还记得?"我说:"我怎么会忘记呢?永远也忘不了,你还记得吗,那时,你还流泪了呢!"

父亲凝视着烟雨迷蒙的西湖,久久没有说话。我发现,他的眼角里闪烁着亮晶晶的泪花……

1993 年 5 月 15 日于四步斋

思考与练习

一、这篇课文是一篇描述父子情的叙事散文,请与朱自清的散文《背影》作比较,两者在描写手法上有何异同?

二、课文的题目为什么叫"不褪色的迷失",对与文中"照片"的呼应起到了什么作用?

单 元 练 习

一、语文基本功综合练习：

1. 下面一段文字中6句话正确的排列顺序是：（   ）

① 这样便可以记得牢，成为自己的东西。

② 多读多抄，这个"二多"，是必须保证的。

③ 有的书必须多读，特别是学习古文，那些范文最好能够读到可以背诵的程度。

④ 这话是有道理的。

⑤ 除了多读以外，还要多抄，把重点、关键的词语抄下来时时翻阅。

⑥ "书读百遍，其义自见"。

2. "⋯⋯足球队在比赛"一句中的"足球队"前有四个修饰成分，这些修饰成分排列次序不同，有时会使句子产生歧义。请选出下列排列中不会产生歧义的一项（   ）

① 两个   ② 女子   ③ 职业中学的   ④ 刚刚组建起来的

A．①③④②   B．①④③②   C．③①④②   D．④③①②

3. 下面四句话中，只有一句没有多余的话，请选出来：（   ）并请修改其他三句话，使其变得简洁明了。

A．他年纪不算大，可头上却已经有点秃顶了。

B．前方到站是山海关，站台在列车前进方向的左侧。

C．阴历十五前后，月亮圆的时候正涨大潮。

D．各班文艺委员，听到广播后立即到政教处领电影票。

4. 续上下列名诗的下句，测试一下自己的古诗词知识。

① 梅须逊雪三分白，＿＿＿＿＿＿＿＿＿＿。

（宋·卢梅坡《雪梅》）

② 心事浩茫连广宇，＿＿＿＿＿＿＿＿＿＿。

（鲁迅《无题》）

③ 此曲只应天上有，＿＿＿＿＿＿＿＿＿＿。

（唐·杜甫《赠花卿》）

④ 问渠哪得清如许，＿＿＿＿＿＿＿＿＿＿。

（宋·朱熹《观书有感》）

⑤ 沉舟侧畔千帆过，＿＿＿＿＿＿＿＿＿＿。

（唐·刘禹锡《酬乐天扬州初逢席上见赠》）

⑥ 删繁就简三秋树，＿＿＿＿＿＿＿＿＿＿。

（清·郑燮《题书斋联》）

⑦ 别有幽愁暗恨生，＿＿＿＿＿＿＿＿＿＿。

（唐·白居易《琵琶行》）

⑧ 曾经沧海难为水，_____。

（唐·元稹《离思》）

⑨ 君问归期未有期，_____。

（唐·李商隐《夜雨寄北》）

⑩ 落红不是无情物，_____。

（清·龚自珍《己亥杂诗》）

二、通过本单元学习，进一步掌握叙述、描写、抒情、议论等表达方法，练习写一篇以记人、叙事或写景状物为主的记叙文，使文章有一定深度。

三、阅读《林中速写》一文：

1. 请概括文章的主要内容，分析写法上的主要特色。

2. 文章有否隐含了某种寓意？交流一下自己对本文的分析和评价。

林 中 速 写

张守仁

这里是方圆百里的原始森林。空中，叠翠千丈，遮荫蔽日；地面，葛藤缠绕，落叶盈尺；地下，盘根错节，根须如网。这几乎是一个密封的世界。这里有巨栋大梁，珍禽异兽，奇葩硕果，灵芝妙药。高大挺拔的望天树是林中巨人，直冲云霄，傲视碧海。大青树广展绿冠，庇荫着众多伙伴。松杉竞生。乔灌咸长。荆棘丛集。低层杂草繁密。荫翳处蕨类葳蕤。卧倒的枯树上覆盖着苔藓，又有小树从苔藓中探出新苗。巨蟒似的绞杀植物盘绕于树干。大蚜趴伏在枝权上吸吮汁液。野雉在林梢飞翔。猴子在树冠摘果。孔雀在泉边开屏。野蜂在花丛中采蜜。蚁群在腐殖层上蠕动。这里蚊蚋成阵，蚂蚱跳跃。长虫在拥挤的空间里扭曲穿行。林间流泻着婉丽的鸟鸣。更有山溪潺潺，叶丛滴翠。幽暗的草丛中，兰花放出馨香，海芋叶旁，龙舌兰伸出锐利的绿剑。开放红白花朵的茑萝，在枯枝上攀援盘旋。阔叶下的蛛网上缀着露珠。蜗牛驮着贝壳在湿地上爬行。远处林边大象甩动长鼻，悠然踱步。层林之上，鹞鹰在蓝天里滑翔，用它那对犀利的眼睛，窥伺着下界的猎物。如果你仔细观察，就会惊骇于万千动植物形体结构是那么完美：随便一茎小草，一朵鲜花，一颗果实，一株树木，一只飞鸟，一头走兽，它们的躯体组织，它们的色泽、形态，是那么气韵生动，血脉通畅，和环境之间显得和谐无间，浑然天成。啊，那是大自然孕育的杰作。须知每一物种要经过多少万年的演变、适应、竞争、完善，才能达到目前这种鬼斧神工、天衣无缝的状态！和自然界生物的完美结构相比，人间一切科技、文艺作品，都相形见绌。万千物种在这里多层次、高密度地孳生、繁衍、更新、斗争。岁岁年年，世世代代，永不停息。物竞天择，各司其职。相克相生，相辅相成。相互依赖，相互补充。如果上帝偏爱某一物种，要求纯粹、划一，这无异于毁灭某一物种自身。在这里，同一就是同灭，差异才能互补，共生方能共荣。如果它们分离，许多物种将因失去相互制约、转化、补偿、交换等生存条件而死亡。它们只有集结、混生在一起，才能生机蓬勃，旺盛葱茏，荒蛮野性。在这里，每一瞬间，都在发生亿万次的新陈代谢。腐烂与新生、繁荣与枯萎，都在这生命的大舞台上演替。这里有最美妙的天籁，这里有最丰富的色彩,这里有最生动的形象。而当暴风袭来,林海枝舞叶涌,俯仰起伏,万千树干就是万千根摇曳的琴弦,弹奏出惊心动魄的交响乐;云雾涌来,一切淹没在白茫茫的浪涛之下,变成一片摇摆晃动的海底森林;但当热带雨倾泻过后,太阳重又照耀,亿万叶片上的水珠,闪烁出亿万颗晶亮的星星,炫人眼目。哦,森林,地球上最繁密、复杂的生物群落。只有用一种不分段、头绪有点混乱的文字,才能充分表达出杂乱成一个板块的整体感受。且让我以身边潮湿的树墩当书桌,迅速记下这篇即兴式的短文……

(原载《散文》1980 年第 4 期)

第二单元　说明文

　　说明文是一种以说明为主要表达方式来解说事物，阐明事理的文章体裁。通过对事物（或事理）的状态、性质、特征、构成、功用及发展趋势等的解释说明，可使人们对事物有个明晰、完整的了解和认识。

　　本单元选择了6篇以说明文为主的文章。通过学习，我们会发现这类文章的主要特点一是能给人以知识，二是介绍解释客观实在，不胡编乱造。

　　如果我们多留心，又会发现这类性质的文章在样式和语言表述上也是有区别的。一般地说，产品的说明书等都是以条目的形式出现，语言简洁明白。有些学术性或专业性较强的科技说明文，条理非常清楚，语言客观平实，有人称之为平实性说明文，如《您会养脑吗？》。而为了让青少年和普通读者比较容易接受一种知识，有的说明文就会使用文学性的表达语言，如采用比喻、类比、拟人、借代等修辞手法，使文章生动有趣，有人称之为科技小品文或文艺性说明文，如《白蚁王国》。

　　但是，不管是什么样式的文章，要想取得好的说明效果，必须得抓住事物的本质特征，这是至关重要的。

　　常见的说明文结构，或者以事物的方位布置安排材料，如《白蚁王国》；或者以事物的构成特点安排材料，如《中国建筑的特征》；还可以事物的逻辑关系安排材料，如《奇妙的克隆》。而介绍事物、解释事理时采用的说明方法可以是多种多样的，如：下定义、解释、分类、举例子、比较、比喻、画图表、列数据等。

　　通过本单元的学习，我们应掌握说明文的基本知识，多多留心观察和学习，重点练习口语的介绍解说和书面的说明文写作，力争在初中的基础上更上一个台阶。

1. 中国建筑的特征①

梁思成

阅读提示

　　本文是一篇介绍中国建筑特征的科普说明文。在说明过程中运用了举例子、列图表、打比方、列数字等说明方法，使得文章通俗易懂，既提高了表达效果，又增强了可读性。文章将中国建筑特征分为九类，各有特点。阅读时，应注意文章在说明中国建筑特征时的表达顺序，了解文章的结构框架。

　　中国的建筑体系是在世界各民族数千年文化史中一个独特的建筑体系。它是中华民族数千年来世代经验的累积所创造的。这个体系分布到很广大的地区：西起葱岭②，东至日本、朝鲜，南至越南、缅甸，北至黑龙江，包括蒙古人民共和国的区域在内。这些地区的建筑和中国中心地区的建筑，或是同属于一个体系，或是大同小异，如弟兄之同属于一家的关系。

　　考古学家所发掘的殷代遗址证明，至迟在公元前15世纪，这个独特的体系已经基本上形成了。它的基本特征一直保留到了最近代。三千五百年来，中国世世代代的劳动人民发展了这个体系的特长，不断地在技术上和艺术上把它提高，达到了高度水平，取得了辉煌成就。

　　中国建筑的基本特征可以概括为下列九点。

　　（一）个别的建筑物，一般地由三个主要部分构成：下部的台基，中间的房屋本身和上部翼状伸展的屋顶。

　　（二）在平面布置上，中国所称为一"所"房子是由若

---

　　①　选自《建筑学报》1954年第1期。梁思成（1901—1972），广东新会人，建筑学家，曾主持中华人民共和国国徽和人民英雄纪念碑的设计，著有《清式营造则例》、《中国建筑史》等。

　　②　〔葱岭〕古山脉名，传说以山多葱而得名，包括天山、帕米尔高原，昆仑山等。

干座这种建筑物以及一些联系性的建筑物,如回廊、抱厦①、厢②、耳③、过厅等等,围绕着一个或若干个庭院或天井建造而成的。在这种布置中,往往左右均齐对称,构成显著的轴线。这同一原则,也常应用在城市规划上。主要的房屋一般地都采取向南的方向,以取得最多的阳光。这样的庭院或天井里虽然往往也种植树木花草,但主要部分一般地都有砖石墁④地,成为日常生活所常用的一种户外的空间,我们也可以说它是很好的"户外起居室"。

（三）这个体系以木材结构为它的主要结构方法。这就是说,房身部分是以木材做立柱和横梁,成为一副梁架。每一副梁架有两根立柱和两层以上的横梁。每两副梁架之间用枋、檩之类的横木把它们互相牵搭起来,就成了"间"的主要构架,以承托上面的重量。

两柱之间也常用墙壁,但墙壁并不负重,只是像"帷幕"一样,用以隔断内外,或分划内部空间而已。因此,门窗的位置和处理都极自由,由全部用墙壁至全部开门窗,乃至既没有墙壁也没有门窗（如凉亭）,都不妨碍负重的问题;房顶或上层楼板的重量总是由柱承担的。这种框架结构的原则直到现代的钢筋混凝土构架或钢骨架的结构才被应用,而我们中国建筑在三千多年前就具备了这个优点,并且恰好为中国将来的新建筑在使用新的材料与技术的问题上具备了极有利的条件。

（四）斗栱:在一副梁架上,在立柱和横梁交接处,在柱头上加上一层层逐渐挑出的称做"栱"的弓形短木,两层栱之间用称做"斗"的斗形方木块垫着。这种用栱和斗综合构成的单位叫做"斗栱"。它是用以减少立柱和横梁交接处的剪力,以减少梁的折断之可能的。更早,它还是用以加固两条横木接榫的,先是用一个斗,上加一块略似栱形的"替木"。斗栱也可以由柱头挑出去承托上面其他结构,最显著的如屋檐,上层楼外的"平坐"（露台）,屋

① 〔抱厦〕围绕厅堂,正屋后面的房屋。
② 〔厢〕厢房,在正房前面两旁的房屋。
③ 〔耳〕耳房,跟正房相连的两侧的小房屋,也指厢房两旁的小屋。
④ 〔墁(màn)〕用砖、石等铺地面。

子内部的楼井、栏杆等。斗栱的装饰性很早就被发现，不但在木构上得到了巨大的发展。并且在砖石建筑上也充分应用，它成为中国建筑中最显著的特征之一。

（五）举折，举架：梁架上的梁是多层的；上一层总比下一层短；两层之间的矮柱（或枨墩）总是逐渐加高的。这叫做"举架"。屋顶的坡度就随着这举架，由下段的檐部缓和的坡度逐步增高为近屋脊处的陡斜，成了缓和的弯曲面。

（六）屋顶在中国建筑中素来占着极其重要的位置。它的瓦面是弯曲的，已如上面所说。当屋顶是四面坡的时候，屋顶的四角也就是翘起的。它的壮丽的装饰性也很早就被发现而予以利用了。在其他体系建筑中，屋顶素来是不受重视的部分，除掉穹窿顶得到特别处理之外，一般坡顶都是草草处理，生硬无趣，甚至用女儿墙把它隐藏起来。但在中国，古代智慧的匠师们很早就发挥了屋顶部分的巨大的装饰性。在《诗经》里就有"如鸟斯革，如翚斯飞"①的句子来歌颂像翼舒展的屋顶和出檐。《诗经》开了端，两汉以来许多诗词歌赋中就有更多叙述屋子顶部和它的各种装饰的辞句。这证明顶屋不但是几千年来广大人民所喜闻乐见的，并且是我们民族所最骄傲的成就。它的发展成为中国建筑中最主要的特征之一。

（七）大胆地用朱红作为大建筑物屋身的主要颜色，用在柱、门窗和墙壁上，并且用彩色绘画图案来装饰木构架的上部结构，如额枋、梁架、柱头和斗栱，无论外部内部都如此。在使用颜色上，中国建筑是世界各建筑体系中最大胆的。

（八）在木结构建筑中，所有构件交接的部分都大半露出，在它们外表形状上稍稍加工，使成为建筑本身的装饰部分。例如：梁头做成"挑尖梁头"或"蚂蚱头"；额枋出头做成"霸王拳"；昂的下端做成"昂嘴"，上端做成"六分头"或"菊花头"；将几层昂的上段固定在一起的横木做

① 〔如鸟斯革，如翚（huī）斯飞〕《诗经·小雅·斯干》中的诗句，意思是像鸟一样展翅飞翔，像野鸡一样振翅高飞。斯：句中助词。革：翅膀。翚：野鸡。

成"三福云"等等：或如整组的斗栱和门窗上的刻花图案、门环、角叶，乃至如屋脊、脊吻、瓦当^①等都属于这一类。它们都是结构部分，经过这样的加工而取得了高度装饰的效果。

（九）在建筑材料中，大量使用有色琉璃砖瓦；尽量利用各色油漆的装饰潜力。木上刻花，石面上作装饰浮雕，砖墙上也加雕刻。这些也都是中国建筑体系的特征。

这一切特点都有一定的风格和手法，为匠师们所遵守，为人民所承认，我们可以叫它做中国建筑的"文法"。建筑和语言文字一样，一个民族总是创造出他们世世代代所喜爱，因而沿用的惯例，成了法式。在西方，希腊、罗马体系创造了它们的"五种典范"，成为它们建筑的法式。中国建筑怎样砍割并组织木材成为梁架，成为斗栱，成为一"间"，成为个别建筑物的框架；怎样用举架的公式求得屋顶的曲面和曲线轮廓；怎样结束瓦顶；怎样求得台基、台阶、栏杆的比例；怎样切削生硬的结构部分，使同时成为柔和的、曲面的、图案型的装饰物；怎样布置并联系各种不同的个别建筑，组成庭院：这都是我们建筑上两三千年沿用并发展下来的惯例法式。无论每种具体的实物怎样地千变万化，它们都遵循着那些法式。构件与构件之间，构件和它们的加工处理装饰，个别建筑物与个别建筑物之间，都有一定的处理方法和相互关系，所以我们说它是一种建筑上的"文法"。至如梁、柱、枋、檩、门、窗、墙、瓦、槛、阶、栏杆、槅扇、斗栱、正脊、垂脊、正吻、戗兽、正房、厢房、游廊、庭院、夹道等等，那就是我们建筑上的"词汇"，是构成一座或一组建筑的不可少的构件和因素。

这种"文法"有一定的拘束性，但同时也有极大的运用的灵活性，能有多样性的表现。也如同做文章一样，在文法的拘束性之下，仍可以有许多体裁，有多样性的创作，如文章之有诗、词、歌、赋、论著、散文、小说等等。建筑的"文章"也可因不同的命题，有"大文章"或"小品"。大文章如宫殿、庙宇等等；"小品"如山亭、水榭、一轩、一

---

①　〔瓦当〕　古代檐口滴水瓦的瓦头，上面多有装饰性的文字、图案。

楼。文字上有一面横额，一副对子，纯粹作点缀装饰用的。建筑也有类似的东西，如在路的尽头的一座影壁，或横跨街中心的几座牌楼等等。它们之所以都是中国建筑，具有共同的中国建筑的特性和特色，就是因为它们都用中国建筑的"词汇"，遵循着中国建筑的"文法"所组织起来的。运用这"文法"的规则，为了不同的需要，可以用极不相同的"词汇"构成极不相同的体形，表达极不相同的情感，解决极不相同的问题，创造极不相同的类型。

这种"词汇"和"文法"到底是什么呢？归根说来，它们是从世世代代的劳动人民在长期建筑活动的实践中所积累的经验中提炼出来，经过千百年的考验，而普遍地受到承认而遵守的规则和惯例。它是智慧的结晶，是劳动和创造成果的总结。它不是一人一时的创作。它是整个民族和地方的物质和精神条件下的产物。

由这"文法"和"词汇"组织而成的这种建筑形式，既经广大人民所接受，为他们所承认、所喜爱，于是原先虽是从木材结构产生的，它们很快地就越过材料的限制，同样地运用到砖石建筑上去，以表现那些建筑物的性质，表达所要表达的情感。这说明为什么在中国无数的建筑上都常常应用原来用在木材结构上的"词汇"和"文法"。这条发展的途径，中国建筑和欧洲希腊、罗马的古典建筑体系，乃至埃及和两河流域①的建筑体系是完全一样的；所不同者，是那些体系很早就舍弃了木材而完全代以砖石为主要材料。在中国，则因很早就创造了先进的科学的梁架结构法，把它发展到高度的艺术和技艺水平，所以虽然也发展了砖石建筑，但木框架还同时被采用为主要结构方法。这样的框架实在为我们的新建筑的发展创造了无比的有利条件。

在这里，我打算提出一个各民族的建筑之间的"可译性"的问题。

如同语言和文学一样，为了同样的需要，为了解决同样的问题，乃至为了表达同样的情感，不同的民族，在不

---

① 〔两河流域〕 指西亚底格里斯和幼发拉底两河流域平原，在叙利亚东部和伊拉克境内，因呈弧形，又称"新月形沃地"，是世界文明发祥地之一，曾建有巴比伦、亚述等国。

同的时代是可以各自用自己的"词汇"和"文法"来处理它们的。简单的如台基、栏杆、台阶等等，所要解决的问题基本上是相同的，但多少民族创造了多少形式不同的台基、栏杆和台阶。例如热河普陀拉的一个窗子，就与无数文艺复兴时代的窗子"内容"完全相同，但是各用不同的"词汇"和"文法"，用自己的形式把这样一句"话""说"出来了。又如天坛皇穹宇①与罗马的布拉曼提②所设计的圆亭子，虽然大小不同，基本上是同一体裁的"文章"。又如罗马的凯旋门③与北京的琉璃牌楼，罗马的一些纪念柱与我们的华表，都是同一性质，同样处理的市容点缀。这许多例子说明各民族各有自己不同的建筑手法，建造出来各种各类的建筑物，就如同不同的民族有用他们不同的文字所写出来的文学作品和通俗文章一样。

　　我们若想用我们自己建筑上优良传统来建造适合于今天我们新中国的建筑，我们就必须首先熟悉自己建筑上的"文法"和"词汇"，否则我们是不可能写出一篇中国"文章"的。关于这方面深入一步的学习，我介绍同志们参考清代的《工部工程做法则例》和宋代李明仲④的《营造法式》。关于前书，前中国营造学社出版的《清式营造则例》可作为一部参考用书。关于后书，我们也可以从营造学社一些研究成果中得到参考的图版。

思考与练习

一、文章概括了中国建筑的哪些特征？试对其进行分类归纳，说说哪些属于结构特征，哪些属于装饰特征。

二、文中所说中国建筑的"风格和手法"指的是什么？什么被称为"中国建筑的文法"？"各民族建筑之间的'可译性'"又怎么理解？

---

①〔天坛皇穹宇〕即北京天坛公园的"泰神殿"，俗称回音壁，是祭天台的附属建筑。

②〔布拉曼提(1444—1514)〕一般译做布拉曼特，意大利建筑师和画家，善于在圆形的古典柱廊上置小圆顶，曾参与意大利一些重要教堂的设计。

③〔凯旋门〕古罗马统治者及后来欧洲的封建帝王为炫耀对外战争功绩而建的一种纪念性建筑，用石头砌成，形似门楼，有一个或三个拱形门洞。

④〔李明仲(？—1110)〕即李诫，字明仲，管城(今属河南郑州)人，北宋建筑家，曾任主管营造工程的将作少监、将作监，主持了当时许多重大工程建筑，著有《营造法式》一书，该书是我国古代较完备的建筑学专著。

2.　奇妙的克隆①

谈家桢

阅读提示

　　本文属于一篇科技说明文,运用了举例子、打比方、分类别等方法具体说明了"克隆是什么"、"克隆技术的发展脉络"、"克隆羊多利的诞生"、"克隆技术如何造福人类"四个问题。文章语言通俗易懂,深入浅出地解释说明了高端的克隆技术。读者在阅读时除了要了解什么是克隆技术,还要了解作者运用了什么样的说明顺序和说明方法。

　　一个细菌经过 20 分钟左右就可一分为二;一根葡萄枝切成十段就可能变成十株葡萄;仙人掌切成几块,每块落地就生根;一株草莓依靠它沿地"抓走"的匍匐茎,一年内就能长出数百株草莓苗……凡此种种,都是生物靠自身的一分为二或自身的一小部分的扩大来繁衍后代,这就是无性繁殖。无性繁殖的英文名称叫"Clone",音译为"克隆"。实际上,英文的"Clone"起源于希腊文"Klone",原意是用"嫩枝"或"插条"繁殖。时至今日,"克隆"的含义已不仅仅是"无性繁殖",凡来自一个祖先,无性繁殖出的一群个体,也叫"克隆"。这种来自一个祖先的无性繁殖的后代群体也叫"无性繁殖系",简称无性系。

　　自然界的许多动物,在正常情况下都是依靠父方产生的雄性细胞(精子)与母方产生的雌性细胞(卵子)融合(受精)成受精卵(合子),再由受精卵经过一系列细胞分裂长成胚胎,最终形成新的个体。这种依靠父母双方提供性细胞、并经两性细胞融合产生后代的繁殖方法就叫有性繁殖。但是,如果我们用外科手术将一个胚胎分割

---

　　① 选自《中学生科技》1996 年第 11 期。谈家桢(1909—2008),浙江宁波人,中国著名生物学家、中国现代遗传科学奠基人,杰出科学家、教育家。他先后发表百余篇研究论文和学术论著,主要收集在《谈家桢论文选》和《谈家桢文选》中。

成两块、四块、八块……最后通过特殊的方法使一个胚胎长成两个、四个、八个……生物体，这些生物体就是克隆个体。而这两个、四个、八个……个体就叫做无性繁殖系（也叫克隆）。

可以这样说，关于克隆的设想，我国明代的大作家吴承恩已有精彩的描述——孙悟空经常在紧要关头拔一把猴毛变出一大群猴子，猴毛变猴就是克隆猴。

克隆鲫鱼出世前后

1979 年春，中国科学院武汉水生生物研究所的科学家，用鲫鱼囊胚期的细胞进行人工培养，经过 385 天 59 代连续传代培养后，用直径 10 微米左右的玻璃管在显微镜下从培养细胞中吸出细胞核。与此同时，除去鲫鱼卵细胞的核，让卵细胞留出空间做好接纳囊胚细胞核的准备。一切准备就绪后，把玻璃管吸出的核移放到空出位置的鲫鱼卵细胞内。得到了囊胚细胞核的卵细胞在人工培养下大部分夭亡了。在 189 个这种换核卵细胞中，只有两个孵化出了鱼苗，而最终只有一条幼鱼渡过难关，经过 80 多天培养后长成 8 厘米长的鲫鱼。这种鲫鱼并没有经过雌、雄细胞的结合，仅仅是给卵细胞换了个囊胚细胞的核，实际上是由换核卵产生的，因此也是克隆鱼。

在克隆鲫鱼出现之前，英国牛津大学的科学家已经在 1960 年和 1962 年，先后用非洲一种有爪的蟾蜍（非洲爪蟾）进行过克隆试验。试验方式是先用紫外线照射爪蟾卵细胞，破坏其中的核，然后依靠高超的外科手术从爪蟾蝌蚪的肠上皮细胞、肝细胞、肾细胞中取出核，并把这些细胞的核精确地放进已被紫外线破坏了细胞核的卵细胞内。经过精心照料，这些换核卵中终于有一部分长出了活蹦乱跳的爪蟾。这种爪蟾也不是经过精细胞和卵细胞相结合产生的，所以也是克隆爪蟾。

我国著名学者童第周在 1978 年成功地进行了黑斑蛙的克隆试验。他将黑斑蛙的红细胞的核移入事先除去了核的黑斑蛙卵中，这种换核卵最后长成能在水中自由游泳的蝌蚪。

鱼类换核技术的成熟和两栖类换核的成功，使一批从事良种培育工作的科学家激动不已。既然鲫鱼的囊胚细胞核取代鲫鱼卵细胞核后能得到克隆鱼，那么异种鱼换核能否得到新的杂种鱼呢？我国科学家首先提出了这个问题，也首先解决了这个问题。就是培养克隆鲫鱼成功的那个研究所，设法把鲤鱼胚胎细胞的核取代了鲫鱼卵细胞的核。鲤鱼细胞核和鲫鱼卵细胞质居然能相安无事，并开始了类似受精卵分裂发育的过程，最后长出有"胡须"的"鲤鲫鱼"。这种鱼有"胡须"，生长快，完全像鲤鱼，但它的侧线鳞片数和脊椎骨的数目与鲫鱼相同，而且鱼味鲜美不亚于鲫鱼。这种人工克隆新鱼种的出现，为鱼类育种开辟了新途径。

对科学的追求是永无止境的。鱼类、两栖类克隆的成功自然而然地使科学家把目光投向了哺乳类。美国和瑞士的科学家率先从灰色小鼠的胚胎细胞中取出细胞核，用这个核取代黑色小鼠受精卵细胞核。实际上，这个黑色小鼠的受精卵在精细胞核刚进入卵细胞后，就把精细胞核连同卵细胞的核一起除去。灰鼠胚胎细胞的核移入黑色小鼠的去核受精卵后，在试管里人工培养了四天，然后再把它植入白色小鼠的子宫内。经几百次灰、黑、白这样的操作以后，白色小鼠终于生下了三只小灰鼠。

克隆绵羊"多利"

今年英国《自然》杂志公布了爱丁堡罗斯林研究所威尔莫特等人的研究成果：经过 247 次失败之后，他们在去年得到了一只名为"多利"的克隆雌性小绵羊。

"多利"绵羊是如何"创造"出来的呢？威尔莫特等学者先给"苏格兰黑面羊"注射促性腺素，促使它排卵。得到卵之后，立即用极细的吸管从卵细胞中取出核。与此同时，从怀孕三个月的"芬多席特"六龄母羊的乳腺细胞中取出核，立即送入取走核的"苏格兰黑面羊"的卵细胞中。手术完成之后，用相同频率的电脉冲刺激换核卵，让"苏格兰黑面羊"的卵细胞质与"芬多席特"母羊乳腺细胞的核相互协调，使这个"组装"细胞在试管里经历受精卵那样的分裂、发育而形成胚胎的过程。然后，将胚胎巧妙地植入另一只母羊的子宫里。到去年 7 月，这只"护理"体外形成胚胎的母羊终于产下了小绵羊"多利"。"多利"不是由母羊的卵细胞和公羊的精细胞受精的产物，而是"换核卵"一步一步发展的结果，因此是"克隆羊"。

"克隆羊"的诞生，在全世界引起了轰动。它的难能可贵之处在于换进去的是体细胞的核，而不是胚胎细胞核。这个结果证明：动物体中执行特殊功能、具有特定形态的所谓高度分化的细胞与受精卵一样具有发育成完整个体的潜在能力。也就是说，动物细胞与植物细胞一样，也具有全能性。

克隆技术造福人类

克隆技术会给人类带来极大的好处。例如，英国 PPL 公司已培育出羊奶中含有治疗肺气肿的 α－I 抗胰蛋白酶①的母羊。这种羊奶的售价是 6 000 美元一升。一只母羊就好比一座制药厂。用什么办法能最有效、最方便地使这种羊扩大繁殖呢？最好的办法就是"克隆"。同样，荷兰 PHP 公司培育出能分泌人乳铁蛋白的牛，以色列 LAS 公司育成了能生产血清白蛋白的羊。这些高附加值的牲畜如何有效地繁殖？答案当然还是"克隆"。

母马配公驴可以得到杂种优势特别强的动物——骡，然而骡不能繁殖后代，那么，优良的骡如何扩大繁殖？最好的办法也是"克隆"。我国的大熊猫是国宝，但自然交配成功率低，因此已濒临绝种。如何挽救这类珍稀动物？"克隆"为人类提供了切实可行的途径。

除此之外，克隆动物对于研究癌生物学、研究免疫学、研究人的寿命等都有不可低估的作用。

不可否认，"克隆绵羊"的问世也引起了许多人对"克隆人"的兴趣。例如，有人在考虑，是否可用自己的细胞克隆成一个胚胎，在其成形前就冰冻起来。在将来的某一天，自身的某个器官出了问题时，就可从胚胎中取出这

---

① 〔α－I 抗胰蛋白酶〕 是一种由肝脏合成的糖蛋白，可抑制多种丝氨酸蛋白酶的活性。

个器官进行培养，然后替换自己病变的器官。这也就是用克隆法为人类自身提供"配件"。

有关"克隆人"的讨论提醒人们，科技进步是一首悲喜交集的进行曲。科技越发展，对社会的渗透越广泛深入，就越有可能引起许多有关的伦理、道德和法律等问题。我想用诺贝尔奖获得者、著名分子生物学家 J. D. 沃森的话来结束本文："可以期待，许多生物学家，特别是那些从事无性繁殖研究的科学家，将会严肃地考虑它的含意，并展开科学讨论，用以教育世界人民。"

思考与练习

一、文中所述克隆羊的诞生分为哪几个步骤？请用简洁的语言加以概括说明。

二、阅读"克隆技术造福人类"这一部分，请结合现代科学技术发展情况讨论克隆技术给人类带来了哪些好处和坏处？

三、谈谈你对"克隆人"的认识。

阅读
材料

中国特警部队

　　1999 年 7 月 22 日，是中国特警部队 17 周岁的"生日"。17 年前，为对付国际国内日益猖獗的恐怖活动，特种警察部队（又称特种警察学校）诞生，它是中国人民武装警察部队总部直接领导和指挥的一支特别突击队，既担负地面反劫机、反恐怖、涉外军事表演等任务，又肩负为全国武警中队培养特种作战指挥人才的职责。

　　多年来，特警部队先后向军队、公安、民航等警卫和保卫部门输送骨干近千名，为武警部队培养了特警和侦察两个专业的学员 700 余名，充分发挥了"种子"和"基地"作用；曾 9 次担负反劫机战备任务，30 多次赴有关机场执行排爆任务，3 次参加追捕逃犯、遣返外逃人员，11 次担负重要国宾来华访问及党和国家重要会议的警卫。先后有 5 人荣立一等功，166 人荣立二、三等功。当时的中共中央总书记、中央军委主席江泽民视察特警部队时，高度评价说："你们体现了精湛的军事技能，体现了勇敢顽强的战斗作风，体现了忠诚卫士的精神风貌。"

精英中的精英

　　特警，既神圣又神秘，不知使多少少男少女魂牵梦萦①。

　　每年全国武警部队进行统考，特警学校派专人奔赴各地，从服役满两年的正、副班长中挑选个头 1.75 米以上的，再进行百米短跑、400 米障碍和 5 000 米越野等严格的军事体能测试，如符合标准，政治合格，统考成绩优秀，才有可能踏入这所神秘学校的大门。这些武警部队的骨干们虽经过五关斩六将，但并不一定就是特警的人。等待他们的将是 3 个月的军事强训，身体素质达不到要求的，就得打道回府，淘汰率高达 10%。有幸"鲤鱼跳龙门"的

---

①〔魂牵梦萦（yíng）〕形容思念情切。

精英学员们还要经受住"全程淘汰"的严峻考验。

在北京东郊的特警学校里，除了要学习三年的文化基础课，还要进行射击、搏击、攀登、汽车驾驶、反劫机、营救人质、防暴、排爆、野外生存、游泳、侦察与反侦察等课目的艰苦训练。毕业后的学员，只有三分之一能进入作战队，然后再经过专门训练，成为一名合格的特警作战队员。

中国特警组建17年来，毕业学员700多人，全优学员只有3人，可见条件之苛刻，要求之严格。

挑战人体极限的训练

"千琢璞为玉，百炼铁成钢。"特警的训练是残酷的，无论是体力训练还是心理训练都是向人类的极限挑战。

数九隆冬，一辆大轿车跑完10公里的路程后戛然而止，换上短裤背心的队员们刚下车，车便调头返回。在这哈气成冰的天气里，跑慢了谁都会冻得龇牙咧嘴。

天蒸地烫的三伏天，官兵们全副武装地开进了崇山峻岭，展开了以实战为背景的综合考核训练。凌晨3点，已经经过3天的走、打、吃、住、藏、侦察与反侦察的"红军"与"蓝军"们，刚刚进入梦乡，突然又被"新情况"催醒。根据上级的命令和一张简图，队员们需要经过20公里的急行军后，按时在枣峪山投入设卡搜捕战斗。侦察、盘查、设卡、收网，随着两名"歹徒"的就擒，离规定的时间越来越近。就在还剩下最后10分钟的时候，侦察教研室主任扮演的"歹徒"被从一棵茂密的核桃树上"请"了下来。在方圆40公里荒无人烟的大山里，整整5天，队员们靠喝泉水，吃野果，顺利地完成了训练任务。

综合耐力训练要求队员们尽力不停地运动。教官连续不断地下达命令，队员们就不停地围着操场做俯卧撑、蹲踢、蛙跳、快速出拳、背人跑、鸭步走……一个小时以后，"停"的口令一出，除了教官是站着的以外，其他人全卧下了。

"倒功跃起后倒，流水作业"。随着教官的一声口令，数十名队员像通了电似的依次跃起1.5米后，脊背落在坚硬的水泥地上。"前倒、侧倒、倒倒……"夏日的水泥地上，汗渍记录下了他们倒地的次数。在另一侧，宽敞明亮的搏击馆里，一队头戴拳击头盔的学员们双手后背，两脚叉开，任凭另一队学员们拳打脚踢。这是抗打训练，也是必修课。

担任特警训练的武教头，都是说出来让同行吓一跳的人物。他们当中有连续5届获得全国75公斤级散打冠军的杜振高;有连续两届获得全国跆拳道冠军,一次获得亚洲跆拳道锦标赛冠军的李刚;有获得香港——北京"555"汽车拉力赛亚军,被誉为"亚洲第一车手"的赵燕祥;有王义夫的师弟、射击教员蔡同令……

严师之下,高徒辈出。特警队员的射击成绩标准是:手枪——5个鸡蛋在15米的距离上,从掏枪、上弹匣,到枪响壳破浆飞要求在5秒内完成。与人头同大的头靶——在20米的距离上,队员们从跑步入场、上弹匣,分别采用站、蹲、仰卧姿势每人打掉5个靶子,10秒钟之内才算及格。100米距离的人体靶——队员们使用"八一"式自动步枪,头、胸、膝、肘等部位,指哪打哪,弹无虚发。试想,挟持人质的歹徒如果遇到这些小伙子,哪里有提条件的机会。

出色的排爆与反劫机技能

夏日一个细雨霏霏的傍晚,特警部队接到上级通报:3名歹徒在某机场劫持一架波音737客机,立即投入反劫机战斗。

一辆辆"奔驰"作战车迅速赶到指定地域。头戴迷彩钢盔,脚蹬作战皮靴,身着特制迷彩作战服的队员们,还没等车停稳,已飞身跃出车门,占领了有利地形。腰挎"77"式手枪,手握"79"式微型冲锋枪的队员英武矫健的身影一出现,塔台的领导们感到一丝安慰。

这时,丧心病狂的歹徒因提出的条件没有实现,枪杀了一名乘客,导致一名人质心脏病复发。

"各组注意,各组注意,按第一套战斗方案,进入强攻准备。"接到命令后,突击队从飞机尾部观察死角秘密接近飞机,悄然地接近了登机舱门和紧急出口,反劫机照明车、升降平台车已做好了战斗准备。随着指挥员的一声令下,队员们如从天降,从两个舱门、两个紧急出口突然破门而入。3名歹徒还没愣过神来,已成为俘虏。

这是一次反劫机战术演练。

像反劫机、公共汽车营救人质、楼房营救人质等这样的战术训练对特警来说是必不可少的。特别是排爆训练,特警们既借鉴国外的经典战例,又有自己独创的战术方法。

春雷越炸越响,乌云愈压愈低,一辆挂有WJ牌照的"奔驰"防爆车小心翼翼地行驶在空旷的乡村土路上。拖车上,身高1米92、身着防弹衣的队员李军双手紧紧地扶着高出防爆罐、装有爆炸物的皮箱。对李军来说,每次颠簸都有爆炸的可能,每次想象中的炸雷都能勾起那种壮烈的感觉。

他没有时间去管脸上流淌的汗水，集中精力收拢纷乱的思绪。时间像凝固了一般，秒针走得格外的缓慢……30分钟后，李军和他的战友们在安全地带成功地将爆炸物的引爆装置拆除。

就是这样，特警队员们曾先后30多次执行排爆任务，经受住了生与死的严峻考验。

另外，值得一提的是特警的装备，除作战车辆及部分通讯设备是进口以外，其他如枪支等都是国产和部队配备的常规武器。他们与地方单位共同开发研制的"反劫机多用途强光照明车"，采用世界上最先进的无灯丝技术，在200米的距离上可清楚地阅读报纸，该车集照明、侦察、指挥等功能于一体，为执行任务提供了装备保障。

赢得世界威名

1988年6月，特警5名队员在校长侯义明的率领下，首次组队赴奥地利参加世界宪兵特种部队三项技能竞技比赛。

在第一项营救人质的比赛中，队员们干净利落地通过各类障碍物、攀登爆炸物，很可惜就在最后关头，由于枪械故障，有一个罪犯没有消灭掉，名次一下落在了后面。但是大家并不灰心，决心在后两项比赛中一显身手，把名次夺回来。第二天的射击比赛，队员们弹无虚发，快速准确，全部顺利完成了比赛内容。王维春、张德宝还跻身前10名"最佳枪手"行列。

在最后一项超越障碍的比赛中，要通过一条高5米、长30米的空中绳索，队员孟广福不慎碰伤右腿，膝盖肿起很高，奥方医生劝他放弃这项比赛。为了不影响比赛名次，小孟咬牙爬上绳索，由于右腿无法用力，他就把腿挂在绳索上，用双手一寸一寸向前移动，右腿被绳索磨破了他也全然不顾，当冲到终点时，殷红的鲜血已浸透了裤腿。事后小孟说："当时我头脑里只有一个拼字，只要有一口气，就要坚持到底，我不能给中国的特警丢脸。"在这次规模最大的世界反恐怖部队竞技比赛中，初出茅庐的中国特警拼出了威风，拼出了士气，在有29个代表队参加的比赛中，夺得第7名。美国三角洲营救人质队、法国宪兵干预队等一些世界名牌特警队的领队纷纷找到校长侯义明，希望与中国特警加强交流，并提出要派人到中国特警队学习。

作为军队、武警、公安战线的"窗口"，特警部队曾先后接待了165个国家和地区的270多个代表团，进行军事训练表演300多场。

(选自《瞭望新闻周刊》1999年30期，作者徐友金、秦玉敏)

3. 宇宙的边疆①

卡尔·萨根

阅读提示

　　本文是卡尔·萨根自编自导的电视系列片《宇宙》的解说词片段，与这部电视片配套的书籍《宇宙》连续70周年被《纽约时报》评选为最佳畅销书。因为本文是一篇解说词，所以有着伴随电视画面的特定语境。读者可以从中了解到宇宙的诸多知识，体会作者精彩的议论和强烈的情感，了解文章融说理和抒情于一体的特点。

　　我索取荣誉的对象不应该是太空，而应该是我的灵魂。假如我拥有一切，我就无所用心。好大喜功则为宇宙汪洋所吞没，开动脑筋则领悟世界。

　　　　　　　——布莱斯·帕斯卡②《感想录》

　　已知的事物是有限的，未知的事物是无穷的；我站立在茫茫无边神秘莫测的汪洋中的一个小岛上。继续开拓是我们每一代人的职责。

　　　　　　　——T·H·赫胥黎③

　　宇宙现在是这样，过去是这样，将来也永远是这样。只要一想起宇宙，我们就难以平静——我们心情激动，感叹不已，如同回忆起许久以前的一次悬崖失足那样令人晕眩颤栗。我们知道我们在探索最深奥的秘密。

　　宇宙的大小和年龄不是一般人所能理解的，我们的小小行星只不过是无限永恒的时空中的一个有限世界。从宏观来看，人类所关心的大多数问题都可以说是无关

---

　　① 选自《宇宙》(吉林人民出版社1998年版)。卡尔·萨根(1934—1996)，美国天文学家、天体化学家、科幻作家、科普作家等，被誉为"大众天文学家"和"公共科学家"。他的著作有《接触》、《伊甸园的龙——人类智力演化的推测》、《预约新宇宙：为人类寻找新天地》等。
　　② 〔布莱斯·帕斯卡(1623—1662)〕，法国数学家、物理学家、哲学家。
　　③ 〔T·H·赫胥黎(1825—1895)〕，英国生物学家，达尔文主义的维护者与宣传者。

紧要的,甚至是微不足道的。但是,我们人类朝气蓬勃,勇敢好学,前途无量。几千年来,我们对宇宙及我们在宇宙中所处的地位做出了最惊人的和出乎意料的发现。人类对宇宙的探索,回想起来是很令人兴奋的。这些探索活动提醒我们:好奇是人类的天性,理解是一种乐趣,知识是生存的先决条件。因为我们在这个宇宙中只不过是晨空中飞扬的一粒尘埃,所以,我们认为,人类的未来取决于我们对这个宇宙的了解程度。

我们探索宇宙的时候,既要勇于怀疑,又要富于想象。想象经常能够把我们带领到崭新的境界,没有想象,我们就到处碰壁。怀疑可以使我们摆脱幻想,还可以检验我们的推测。宇宙神秘非常,它有典雅的事实,错综的关系,微妙的机制。

地球的表面就是宇宙汪洋之滨。我们现有的知识大部分是从地球上获得的。近来,我们已经开始向大海涉足,当然,海水才刚刚没及我们的脚趾,充其量也只不过溅湿我们的踝节。海水是迷人的,大海在向我们召唤。我们的本能告诉我们,我们是在这个大海里诞生的。我们还乡心切。虽然我们的夙望可能会冒犯"天神",但是我相信我们并不是在做无谓的空想。

因为宇宙辽阔无垠,所以那些我们所熟悉的适用于地球的量度单位——米、英里等等已经没有意义。我们用光速来量度距离。一束光每秒钟传播 18.6 万英里,约 30 万公里,也就是 7 倍于地球的周长。一束光从太阳传播到地球用 8 分钟的时间,因此我们可以说,太阳离我们 8 光分。一束光在一年之内约穿过 10 万亿公里(相当于 6 万亿英里)的空间,这个长度单位——光在一年里所通过的距离——称为 1 光年。光年不是度量时间的单位,而是度量距离的极大单位。

地球是宇宙中的一个地方,但决不是唯一的地方,也不是一个典型的地方。任何行星、恒星或星系都不可能是典型的,因为宇宙中的大部分是空的。唯一典型的地方在广袤、寒冷的宇宙真空之中,在星际空间永恒的黑夜里。那是一个奇特而荒芜的地方。相比之下,行星、恒星和星系就显得特别稀罕而珍贵。假如我们被随意搁置在宇宙之中，我们附着或旁落在一个行星上的机会只有10^{33}分之一（10^{33}，在1之后接33个0）。在日常生活当中，这样的机会是"令人羡慕的"。可见天体是多么宝贵。

从一个星系际的优越地位上，我们可以看到无数模糊纤细的光须像海水的泡沫一样遍布在空间的浪涛上，这些光须就是星系。其中有些是孤独的徘徊者，大部分则群集在一起，挤做一团，在大宇宙的黑夜里不停地飘荡。展现在我们面前的就是我们所见到的极其宏伟壮观的宇宙。我们隶属于这些星云，我们所见到的星云离地球80亿光年，处在已知宇宙的中心。

星系是由气体、尘埃和恒星群（上千亿个恒星）组成的，每个恒星对某人来说都可能是一个太阳。在星系里有恒星、行星，也可能有生物、智能生命和宇宙间的文明。但是从远处着眼，星系更多地使人想起一堆动人的发现物——贝壳，或许是珊瑚——大自然在宇宙的汪洋里创造的永恒的产物。

宇宙间有若干千亿（10^{11}）个星系。每个星系平均由1 000亿个恒星组成。在所有星系里，行星的数量跟恒星的总数大概一样多，即$10^{11} \times 10^{11} = 10^{22}$，在这样庞大的数量里，难道只有一个普通的恒星——太阳——是被有人居住的行星伴随着吗？为什么我们这些隐藏在宇宙中某个被遗忘角落里的人类就这样幸运呢？我认为，宇宙里很可能到处都充满着生命，只是我们人类尚未发现而已。我们的探索才刚刚开始。80亿光年以外嵌着银河系的星系团催迫着我们去探索，探索太阳和地球就更不用说了。我们确信，有人居住的这个行星只不过是一丁点儿的岩石和金属，它靠着反射太阳光而发出微光。在这样的大距离里，它已经消失得无影无踪。

但是，这个时候，我们的旅程只到达地球上的天文学所通称的"本星系群"。本星系群宽达数百万光年，大约由20个子星系组成，是一个稀疏、模糊而又实实在在的星系团。其中的一个星系是M31，从地球上看，这个星系位于仙女星座。跟其他旋涡星系[①]一样，它是一个由恒星、气体和尘埃组成的巨大火轮。M31有两个卫星，它通过引力——跟使我呆在坐椅上相同的物理学定律——将矮椭圆星系[②]束缚在一起。整个宇宙中的自然法则都是一样的。我们现在离地球200万光年。

M31以外是另一个非常相似的星系，也就是我们自己的星系。它的旋涡臂缓慢地转动着——每2.5亿年旋转一周。现在，我们离地球4万光年，我们正处于密集的银河中心。但是，假如我们希望找到地球的话，就必须将方向扭转到银河系的边远地带，扭转到接近遥远的旋涡臂边缘的模糊的地方。

我们印象最深刻的是，恒星即使在两个旋臂之间，也像流水一样漂浮在我们的四周——气势磅礴的自身发光的星球，有些虽然像肥皂泡一样脆弱，却又大得可以容得下1万个太阳或1万亿个地球；有些小如一座城池，但密度却比铅大100万亿倍。有些恒星跟太阳一样是孤独的；多数恒星有伴侣，通常是成双成对，互相环绕。但是那些星团不断地从三星系逐渐转化成由数十个恒星组成的松散的星团，再转化成由百万个恒星组成的璀璨夺目的大球状星团。有些双星紧靠在一起，星体物质在它们之间川流不息；多数双星都像木星与太阳一样分离开来。有些恒星——超新星[③]——的亮度跟它们所在的整个星系的亮度一样；有些恒星——黑洞——在几公里以外就看不见了。有些恒星的光彩长年不减；有些恒星闪烁不定，或以匀称的节奏闪烁着。有些恒星稳重端庄地转动着；有些恒星狂热地旋转着，弄得自己面貌全非，成了扁圆形。多数恒星主要是以可见光或红外光放出光芒；其他恒星也是X光或射电波的光源。发蓝光的恒星是年轻的星，会发热；发黄光的恒星是常见的星，它们已经到了中

---

①〔旋涡星系〕具有旋涡结构的星系。一般有一个很亮的核心部分，又有两条或两条以上的旋臂从核心延伸出来，旋臂中含有光度极大的早型巨星、超巨星和亮星云。我们所在的银河系就是旋涡星系。

②〔矮椭圆星系〕椭圆星系是呈椭圆形状的星系，具有较均匀的内部结构，包含的恒星年龄较老。矮椭圆星系，指质量较小的椭圆星系。

③〔超新星〕爆发时光变突然增到原来的1 000万倍以上的爆发性变星。

年;发红光的恒星常常是垂亡的老年星;而发白光或黑光的恒星则已奄奄一息。银河里大约有 4 000 亿个各种各样的恒星,它们的运转既复杂又巧妙。对于所有这些恒星,地球上的居民到目前为止比较了解的却只有一个。

每个星系都是太空中的一个岛屿,它们与其邻居隔光年之距遥遥相望。我可以想象,在无数星球上的生物对宇宙的模糊认识是如何产生的:它们在开始的时候都以为,除了它们自己小小的行星以及它们周围的那些区区可数的恒星以外,再也没有其他的星星了。我们是在与世隔绝的情况下成长起来的,我们对宇宙的正确认识是逐渐形成的。

有些恒星可能被数百万个没有生物的由岩石构成的小星球所包围,这些小星球是在它们演化的某个初级阶段冻结而成的行星系。大概许多恒星都有跟我们类似的行星系:在外围具有由大气环所包围的行星和冰冻卫星,而在接近中心处则有温热的、天蓝色的、覆盖着云的小星球。在一些行星上可能已经有高级动物,他们也许正在从事某种巨大的工程建设来改造他们的行星世界,他们是我们宇宙中的兄弟姐妹。他们跟我们的差别很大吗?他们的形状、生物、化学、神经、生态、历史、政治、科学、技术、艺术、音乐、宗教、哲学等方面的情况如何?也许有一天我们会知道的。

我们现在已经回到了我们的后院——离地球 1 光年的地方。包围着我们的太阳的是一群巨大的雪球,这些雪球由冰块、岩石和有机分子组成:它们就是彗核。每当恒星经过的时候都对它们产生一定的引力作用,最后迫使它们当中的一个雪球倾倒到内太阳系。由于太阳热的作用,冰块被蒸发,于是就出现了美丽的彗尾。

我们现在来到我们星系的行星上。这些星球相当之大,它们都是太阳的俘获物。由于重力作用,它们被迫做近似圆周的运动。它们的热量主要来自太阳。冥王星覆盖着甲烷冰,它唯一的伙伴是它的巨大卫星卡戎[①]。冥

————————

① 〔卡戎〕 在西方神话中是通往冥界的冥河。

王星是被太阳照亮的,因为太阳离它很远,从漆黑的天空中看上去,太阳只不过是一个明亮的光点。巨大的气体星球海王星、天王星、土星——太阳系的宝石——和木星都分别有一个冰冻卫星做伴相随①。在气体行星及其冰冻卫星的内侧就是充满岩石的温暖的内太阳系。例如,在那里有红色行星——火星。在火星上有高耸的火山、巨大的裂谷、席卷火星的大沙暴,并且,完全可能还有一些初级形态的生物。所有太阳系的行星都绕着太阳运转。太阳是离我们最近的一个恒星,它是一个令人恐怖的氢气和氦气的热核反应堆,它的强光照耀着整个太阳系。

经过一番漫游之后,我们终于回到了我们这个弱小的浅蓝色星球。宇宙汪洋茫无际涯,范围之大,难以想象,而这个星球仅是其中之一,完全淹没于宇宙汪洋之中,它的存在可能仅仅对我们有意义。地球是我们的家,我们的母亲,人类是在这里诞生和成长的,是在这里成熟起来的。正是在这个星球上,我们激发了探索宇宙的热情;也是在这里,我们正在痛苦和不安之中掌握我们自己的命运。

人类有幸来到地球这个行星上。这里有充满氧气的蓝天,有碧波荡漾的海洋,有凉爽的森林,还有柔软的草地。这无疑是一个生机勃勃的星球。从整个宇宙来看,它不但景色迷人,天下稀有,而且到目前为止,在我们的行程所经历过的所有时空当中,只有这个行星上的人类开始对宇宙进行探索。必定有许多这样的星球散布在整个宇宙空间里,但是,我们对它们的探索从这里开始。我们有人类百万年来用巨大的代价积累起来的丰富知识。我们这个世界人才济济,人们勤学好问。我们的时代以知识为荣,我们是很幸运的。人类是宇宙的产物,现在暂时居住在叫做"地球"的星球上。人类返回家园的长途旅行已经开始。

思考与练习

一、结合课文内容指出解说词的基本特点,请指出文章采用了什么说明顺序。

二、大量的议论、抒情在文中有什么作用?

———————————————

① 〔做伴相随〕 这些行星近年均被发现有更多的卫星甚至卫星群与之相伴随。

4.　您会养脑吗?^①

欧阳军

阅读提示

　　你是否经常为自己的成绩不如别人而烦恼?你是否觉得自己的记忆力越来越成问题?你的脑子是否经常出现"拐不过弯来"的现象?那么请关爱保养自己的大脑。青年学生正处于生理成熟、心智健全时期,适当了解一些大脑的构成及保养知识,将受益良多。阅读本文时,请注意文章中所用的数字及分类说明方法,并学以致用,注意自己大脑的保养,以最佳的身体、精神状态投入到紧张的学习生活中去。

　　脑的结构由脑细胞组成,脑细胞由细胞体与神经纤维组成,神经纤维使脑细胞之间各种信号的传递成为可能,而这些信号的正常传递,正是智力活动的基础。脑的功能是由包裹着神经纤维的胶质叫髓磷脂鞘^②完成的。髓磷脂鞘中含脂质量在 60% 以上,它所含脂质的好与坏,对脑功能产生巨大影响。所以,脑的神经细胞、神经胶质的发育、更新及正常功能的维持,均需要足够的营养物质。而所需营养物质,人体很少能通过体内其他物质合成,只能通过饮食来供给。饮食健脑,在决定脑功能优劣的诸因素中占 80% 以上的决定性作用。

　　脑的发育,在胎儿两个半月至 4 个半月期间进入第一高峰,此时脑细胞增殖极快。孕期最后 3 个月,胎儿大脑又进入快速发育阶段,到分娩时,胎儿脑细胞数已达到 100 亿—140 亿个。所以孕妇的营养好坏与能否生一个聪明的小孩关系甚密。若孕妇营养不足,可使胎儿大脑细胞总数减少,将严重影响孩子的智力发育。

　　新生儿的大脑在结构上已初具成人的规模,脑的发

---

　　① 转引自《中外文摘》1999 年第 1 期。
　　② 〔鞘〕 读作"qiào"。

育其细胞数不再增加,主要是脑重量的增长,即细胞体积的增大。脑重由出生时的 400 克左右增加到 1 岁的 950 克左右。出生后的第 3 个月到第 6 个月,是脑发育的第二高峰,脑细胞发育极快,大脑皮层的沟回也迅速形成。沟回越多,记忆贮量就越大,脑功能则明显增强,母乳的营养也就显得十分重要。因而孕妇怀孕后两个半月到胎儿出生后 6 个月,是胎儿大脑发育的最旺盛时期。然后延伸到两周岁,整个脑的将近 90% 的发育过程,都集中在两周岁以前。至 4 周岁时脑的发育基本完善。脑在发育过程中,脑细胞数、脑细胞体积的大小、沟回的多少,与饮食中营养的好坏密切相关。在婴幼儿期,脑因营养不足,可发生永久性的、不可逆转的障碍。若延续到 6 岁,以后即使再营养合理,已形成的缺陷也很难弥补。

　　青少年的脑发育完成了,其具有记忆力功能的神经元能达 140 亿个之多。这些脑细胞只要获得足够的营养,最多可贮存 1 000 亿个信息单位。要知道大脑贮存的信息越多,人就越聪明。大脑皮质是人类所有思维活动和意识的物质基础,是机体所有活动机能的调节中枢。大脑皮质的总面积达 2 000 平方厘米,需要有充足而优质的能量物质来维持它们的活动。代谢中还需要大量蛋白质等营养物质作自我更新。比如,人在思维记忆过程中,大量消耗"记忆素",即乙酰①胆碱。胆碱是以卵磷脂的形式存在于蛋黄、大豆、肝脏和鱼类等食物中的。吃进这些食物,其中的卵磷脂在肠内消化后放出胆碱,胆碱在血液中被大脑直接吸收,与醋酸结合成乙酰胆碱——"记忆素",从而改善人的记忆力。因此,人们记忆的好坏、思维敏捷与否与供给脑细胞营养物质的质与量有密切关系。

　　老年人大脑的衰退,主要表现为智力减退、记忆力下降、思维紊乱和反应迟钝等,这是因为老年人脑神经细胞数量减少,神经细胞中出现老年色素(脂质氧化物),以及脑血管出现不同程度的硬化引起的,而通过饮食调整可

----

①〔酰(xiān)〕化学名词。

以推迟大脑衰老的进程。

对脑发育有重要作用的营养成分有 8 种：脂质、维生素 C、钙、糖类、蛋白质、维生素 B 族、维生素 A、维生素 E。

充足、优质的脂质可使头脑健全。脂质是构成脑的第一位重要成分，脑细胞的 60% 是由脂质构成的，这里指的脂质不是引起人们肥胖的能量脂肪，而是作为细胞结构成分的并有重要生理功能的结构脂肪。能量脂肪人们可通过糖合成，而结构脂肪人体不能合成，只能通过饮食获得，称必需脂肪酸，如亚油酸、亚麻酸、花生四烯酸，它们是聚不饱和脂肪酸，各有 2 个或 3 个双键，食后在肝脏中聚合成 4 个到 6 个双键的长链，然后进入脑内，成为脑细胞的结构成分。核桃、松子、榛子①、花生、葵花籽、西瓜子、南瓜子、芝麻油、红花油等含量较多；另外，野生动物、鱼类、虾、牡蛎②、贝等含量亦丰富。

维生素 C 能使脑的功能敏锐。维生素 C 在促进脑细胞结构的坚固、消除脑细胞结构的松弛与紧缩方面起着相当大的作用，并能防止输送养料的神经细管堵塞、变细、迟缓。大量摄取维生素 C，使神经细管通过性好转，就能使脑及时顺利地补充营养，从而使脑力好转，智商提高。但是除哺乳期婴儿外，人体是不能合成维生素 C 的，只能通过饮食补给，猕猴桃、鲜枣、草莓、柿子、金橘、辣椒、花菜、青蒜、小白菜、芜荽、韭菜、油菜、菠菜等食物中含量较丰富。断奶幼儿可补充维生素 C 片剂，每日 0.1 克左右。

钙能保证大脑顽强地工作。钙可以抑制脑神经的异常兴奋，保持脑的正常状态，使脑细胞得以正常行使自己的职能。钙还是一种使人具有良好注意力的营养素，充足的钙能使精神疲劳减轻，已产生的疲劳也易消除。海带、芝麻、牛奶及其制品、大豆及其制品、金针菜、野菜、茶叶、大黄鱼、鱼松、虾等食物中含钙丰富。

---

① 〔榛子〕榛树的种子，可食用或榨油。
② 〔牡蛎〕简称"蚝"。海产品，分布于热带与温带海洋，肉味鲜美。

糖类是脑活动的能源。脑是大量消耗葡萄糖的器官,消耗量为全身能量消耗总数的 20%,糖虽是脑活动的"燃料",但过多摄入会损害脑功能,产生神经过敏和神经衰弱现象,导致儿童多动症。这是因为糖的分解会消耗体内大量的维生素 B_1,使脑处于缺钙状态,造成大脑细胞不能正常工作。以米、面为主食的人不会缺糖,不必另外摄取。

蛋白质是脑保持复杂智力活动的基本物质。蛋白质是脑细胞的主要成分之一,约占脑重的 35%,仅次于脂质。优质蛋白质能促进脑细胞的增长发育。蛋白质在脑神经的兴奋与抑制方面起重要作用。兴奋的组成是由阳性物质而发生,抑制的组成是由阴性物质而发生的,这两种物质均为蛋白质,因此蛋白质具有两性电解质性质。蛋白质中有许多离子化的基因,有的能结合氢离子成为阳性物质,有的能离解出氢离子,成为阴性物质。蛋白质在记忆、语言、思考、神经传导等方面都有重要作用,如核酸掌管着记忆,谷氨酸能解除氨对脑的毒害作用,保护脑组织,使脑机能活跃。谷氨酸在脑内的含量是体内的 100 倍。色氨酸、酪氨酸可转化为神经传导物质,加强脑的思维活动。在蛋白的氨基酸中,亮氨酸缺乏可使大脑发育不全。由于蛋白质中的氨基酸只能被脑使用 3 小时就要更新,所以要经常从饮食中摄取蛋白质。优质蛋白质食品有鱼、肉、禽、蛋、大豆及其制品、花生、核桃、芝麻等。

B 族维生素是智力活动的助手,可预防精神障碍。B 族维生素在脑内帮助蛋白质代谢,维生素 B_1 和维生素 B_2 是从 r-氨酪酸制造阳性物质的辅酶,维生素 B_6 和泛酸是从 r-氨酪酸制造阴性物质的辅酶,维生素 B_1 可防酸性体质,保障脑的正常功能,防止精神疲劳,防止多发性神经炎和急性出血脑灰质炎,维生素 B_2 是脑进行记忆不可缺少的物质。

维生素 A 能促进脑的发达,因其有促进脑的成长作用,若缺乏可导致脑生长发育迟缓。

维生素 E 可保持脑的活力。维生素 E 是强抗氧化剂,能防止不饱和脂肪酸的过氧化,而脑组织含有大量易于氧化的不饱和脂肪酸,一旦被氧化,细胞的活力便要衰退,脑的活力便下降。所以,维生素 E 供应不足会引起各种智能障碍或情绪障碍。小麦胚芽、棉籽油、米糠油、大豆油、红花油、芝麻油、玉米油、豌豆、红薯、禽蛋、黄油等食品中的维生素 E 含量丰富。

思考与练习

一、在大脑生长发育及功能代谢的过程中,哪些营养成分是最为重要的? 它们的作用各是什么?

二、组织一次口语训练,互相介绍一些有关青少年健康成长方面的医疗保健知识和经验。可以从以下几个问题中任选一至二题:

　① 人的身高由哪些因素决定? 你知道现在中国的城市和农村青少年平均身高的差别及其变化和原因吗?

　② 你知道胃和肠的关系以及容易得肠胃病的原因和保养方法吗?

　③ 如何预防近视?

　④ 怎样才能让自己的牙齿不患龋齿病?

　⑤ 为什么有些人会被传染上肝炎等疾病?

5. 白　蚁　王　国①

赵立魁

阅读提示

　　本文是一篇童话般的说明文,生动、有趣,集说明、描写、叙述于一身。作者用拟人化的写法,介绍了白蚁的洞穴、种类、习性、群居情况及防治白蚁的方法等知识,体现了文艺性说明文与平实性说明文写法上的区别。阅读本文,主要学习准确、清晰、有条理的说明方法及把说明与叙述、描写相结合的表达方式。

　　由国王来统治一国的臣民,在人类历史上还是出现阶级分化以后的事;然而早在人类出现以前,地球上已经存在一种社会性的昆虫——白蚁了。它有自己的"国王"和"王后",在这个国度里生活着几十万到几百万"臣民",它有一支数量可观的军队,保卫地下王国的安全,甚至连生儿育女都是计划控制。

　　乍听起来真有点夸大其词,其实不然。不久前,我得到一次去西双版纳密林工作的机会,亲眼看到了黄土层下的"异国风情",才使我由开始的惊疑变为今日的叹服。

　　泼水节刚过,我们就钻进密林中寻找那个神奇的国度。没出多远就见林中有三五个一米多高、馒头状的土丘,专家告诉我们:这正是你们要找的蚂蚁包。好,让我们拜访一下这个地下王国吧。

　　几把银锄同时挥舞,不久就切开了一个"馒头包"。沿着左弯右拐的蚁路跟踪挖掘,终于找到了一个蚁巢。巢内有一块灰黄色的东西,很软、很轻,外表遍布孔洞,类似蜂窝又不是蜂窝,好像一个玲珑剔透的雕刻品。专家告诉我们:"这是白蚁的菌圃②。"它既是白蚁生息的场

----

① 选自《百科知识》1981年第10期。
② 〔菌圃〕 位于巢穴的空腔里。白蚁利用它把自己的排泄物培养成一种特殊的细胞群,有很高的营养价值。

所，又可以当做食物，有人把它叫做面包沙发床。像这样的菌圃，一个地下白蚁王国往往有十几个，年代越久，数量越多。这个蚁巢仅仅是一个副巢，在地下王国里还只能算是一个边远的"别墅"。

忽然，一锄落下，好像是空腔振动的声音。专家喊了一声："慢点！"我们怀着紧张而好奇的心情，小心翼翼地开了一个洞口，往里一瞧，果然非同一般，正中一个菌圃有水桶般大小，众多的白蚁出出进进，好不热闹。毫无疑问，这就是白蚁的主巢了。在阴暗中生活惯了的白蚁突然暴露在光天化日之下，它们感到发生了意外，但并没有仓皇逃命，而是纷纷奔向破口处的出事现场。头部大而光滑的兵蚁扬起一对上颚，仿佛举着一对钩连枪，时而"嗒、嗒、嗒"敲击地面，发出警报；时而头部高昂，剪动颚齿，作攻击状。兵蚁不断涌来，王国的军队大概全部出动了。平时这些兵蚁总把又笨又大的上颚（它的武器）举在头顶，无法取食，要靠工蚁来喂饭。"养兵千日，用在一时"，一旦有了敌情，它们自然格外卖力。你若把手伸过去，其硬颚就会钳进你的皮肤，咬住不放。当兵蚁在前沿进行战斗的同时，数万只工蚁加紧抢修破损的洞口，一个个口衔土粒，络绎不绝，大有同仇敌忾、众志成城之势。若洞口不大，几小时便会修好。不过，我们求见国王心切，没等它补完，又把泥土扒开，然后轻轻地解剖开主巢。在巢的中心，我们发现了一个由白色透明的小颗粒组成的卵堆，它的下面有一个像钱包大小的扁平状的泥盒，这便是"国王"和"王后"的皇宫。尽管众多的兵蚁守护在周围，做出种种威吓的姿态，我们还是用小刀挖开了皇宫的墙壁。在皇宫里躺着一只巨大的白蚁，它有小拇指那样粗，比仅有米粒般大小的普通白蚁大几百倍，这就是王国的最高统治者——蚁后。它的丈夫蚁王趴在旁边，只有它的十分之一大小，看上去极不般配。一大群侍役（工蚁）在蚁后的周围忙忙碌碌，有的给蚁后喂食，有的把蚁后产的卵搬走，它们得到的御赐和奖赏就是舐①食蚁后

----

① 〔舐(shì)〕舔。

身上的分泌物。

专家向我们介绍说："一只蚁后一生能产五亿粒卵。"一个社群的白蚁有时多达几十万只，甚至几百万只。数量多还不足为怪，令人惊奇的是蚁王和蚁后表面上看起来昏庸无能，每天除了交配就是产卵，然而它们属下的百万之众却秩序井然，各安职守。兵蚁专管打仗，保卫王国的安全；工蚁专管取食、建筑，王国的兴衰都包在它们身上。更妙的是兵蚁和工蚁的数量有一定的比例。工蚁在王国里占 80％ 以上，兵蚁不能太多，太多了养不起。维持这个比例的方法更是绝妙。在卵孵化成幼蚁后，发育成工蚁还是兵蚁，是根据当时的情况随机应变的。如果当时兵蚁少，它就变成补缺的兵蚁，反之亦然。有人做过这样的实验，在蚁巢的周围不断进行干扰，这个巢兵蚁的数量就会增加，也就是说会本能地扩充兵源。经过无数次观察试验证明，在白蚁王国里存在着一种抑制因素——"社会性荷尔蒙①"，它默默地控制和维持整个王国成员之间的平衡。这种激素是由蚁王、蚁后和成虫制造的。

王国里还有一个奇特的现象，无论兵蚁还是工蚁都没有恋爱结婚的权利，因此无法生育。那么，传宗接代的任务由谁来完成呢？原来每年到了一定季节就会有专门负责繁殖的繁殖蚁产生。蚁王和蚁后严格限制它们，不许在自己的家里配偶，于是，赋予每只繁殖蚁一对翅膀，让它们远走高飞，另立门庭。在它们出发之前，工蚁在接近地表的地方修建若干个扁状空腔，临出飞时繁殖蚁都聚集在那里等候，故名候飞室。一般在阴雨的黄昏和夜晚能看到繁殖蚁出飞的情景。届时还会出现各种天敌大显身手的生动场面。

第二天黄昏，天要下雨了，我们跑到土丘前去观察。拨开遮挡视线的草叶，见地表处扁平状的出飞孔已经打开，首先爬出来的是一群兵蚁，它们为了防止敌人的攻击，在出飞口旁边站岗放哨。随后是繁殖蚁爬出，先是三

---

① 〔荷尔蒙〕 激素的旧称。

三两两,继而成批地涌出孔外,乘着潮湿而闷热的空气振翅腾上了天空。这时,各种空中的鸟雀、蜻蜓,地面的青蛙、蜥蜴、黑蚂蚁……都跃跃欲试,伺机而动。这是它们开荤解馋的好时机。我们亲眼看到一只正在爬行的繁殖蚁被一只黑蚂蚁咬住了肚皮,笨拙的繁殖蚁挣扎翻滚,怎么也甩不掉黑蚂蚁的袭击。没多久,黑蚂蚁的同伙陆续赶来,这个咬头,那个咬尾,最后它们同心协力把奄奄一息的战利品拖进洞里去了。初见它们餐食繁殖蚁的情景,不禁想到,怎么繁殖蚁一点反抗的能力也没有呢?然而,大自然中的生物本来就是这样相互依存、相互制约的。在这个生物链中,白蚁早就做好了大量牺牲的准备。面对天敌的进攻,部分繁殖蚁照样飞上天空,以虫海战术迎接敌人的挑战。在成千上万的繁殖蚁当中总会有勇敢者冲出虎口,那些落在地上没被天敌伤害的繁殖蚁,抓紧时间寻求配偶。雌虫振动翅膀,腹部高翘,施放激素,发出求爱信息。雄虫闻讯赶来,爬到雌虫身后,开始一段有趣的恋爱追逐。它们一前一后,恋恋不舍,边跑边脱掉双翅,最后爬到一个自己觉得满意的地方,立即自力更生挖掘洞房,它们把衔出的土粒堆在洞口,直到封严为止。繁殖蚁的蜜月是极为隐蔽的,目前世界上还没有一个昆虫学家观察到白蚁交尾的情景,只知道它们一星期之后就开始生儿育女,它们自己也随着社群的不断扩大,而登上了"国王"和"王后"的宝座,一个新的白蚁帝国就这样诞生了。

西边的天空渐渐拉上了黑色的帷幕,在回来的路上,专家告诉我们:"世界上已知的白蚁有二千多种,我国目前已发现的有一百多种。"这次我们观察的是云南土垄黑翅白蚁,还不能说是白蚁中最高明、最奇妙的种类。白蚁和人类的关系应当怎样看呢?我们一下子想到了这个人们共同关心的问题。专家尽量使问题的解答避免片面性:"白蚁作为生物链中的一员总有它存在的价值和意义。"且不说今天我们看到的白蚁在分飞时给一些生物提供了美味佳肴;即使在平时,森林里的白蚁在采食的过程中,也能分解植物体,加速物质循环,肥沃土壤,这说明白蚁和祸害不能完全划等号。但有些白蚁能直接侵入人类的生活领域，"千里长堤，溃于蚁穴"，"高楼大厦，毁于蚁害"，一些铁路、桥梁、地下电缆、名胜古迹也常常遭到白蚁的破坏。对此，人们要进行防治。例如建筑物减少木结构，白蚁能啃食的材料，如枕木、地下电缆的塑料外皮等，用药水浸泡处理。防治的方法很多，如挖老巢，连窝端是其中一种，但这个办法费力。省力的办法有往蚁巢里灌浆、压烟以及药物诱杀等。目前有人研究利用螨①类杀死白蚁；利用放射性同位素寻找大型建筑物内的巢；利用人工合成白蚁跟踪激素类似物等方法防治白蚁。有人说白蚁是世界上最难消灭的昆虫，但对于人类来讲，征服白蚁王国并不是可望而不可及的。在这方面，我国科学工作者已经取得了不小的胜利。

思考与练习

一、基础知识训练：

1. 读读写写，并用下列词语造句：

　　玲珑剔透　络绎不绝　同仇敌忾　众志成城
　　光天化日　跃跃欲试　奄奄一息　可望而不可及

2. 在括号中填写一个恰当的字：

玉 兰

　　（　　）柔的花瓣，优美的花形，（　　）洁的白色，构成一朵朵圣洁美丽的玉兰花。她确实是天工神（　　）用洁白无（　　）的美玉（　　）成的（　　）世珍品，她和国色（　　）香的牡丹一样奔放，又如（　　）波仙子一样飘（　　），她比荷花更秀丽细（　　），比菊花更（　　）实亲切。可是她在人间（　　）留的时间不长，仅仅几天就先后（　　）谢。一霎时，洁白的花瓣（　　）落一地，常引起人们的（　　）惜。然而她的神（　　）依然浮现在人们脑海里——她已把美好的形象（　　）刻在人们心间。

二、本文的说明准确清晰，读来生动有趣，请说说文章采用了哪些说明方法来写白蚁大家族的？观察事物，学习写一篇文艺性说明文习作。

---

　　① 〔螨(mǎn)〕节肢动物的一类，头、胸和腹通常成为一整块，不分环节。

6. 宇 宙 的 未 来[①]

史蒂芬·霍金

阅读提示

　　《宇宙的未来》是史蒂芬·霍金于1991年1月在剑桥大学作的一次讲演录。霍金运用了生动活泼的语言，使文章幽默风趣，更具可读性和趣味性，不同于一般科普文的拘谨、严肃。篇首从古代巫师和近代预言家谈起，然后再引出自己对宇宙的预言。作者运用天体物理学理论探讨了宇宙未来的两种命运：一是膨胀，二是收缩，最终将会如何，还是取决于宇宙的平均密度。文章结构严谨，层层推理，重点突出。

　　这篇讲演的主题是宇宙的未来，或者不如说，科学家认为将来是什么样子的。预言将来当然是非常困难的。我曾经起过一个念头，要写一本题为《昨天之明天：未来历史》的书。它会是一部对未来预言的历史，几乎所有这些预言都是大错特错的。但是尽管有这些失败，科学家仍然认为他们能预言未来。

　　在非常早的时代，预言未来是先知或者女巫的职责。这些通常是被毒药或火山隙溢出的气体弄得精神恍惚的女人。周围的牧师把她们的咒语翻译出来，而真正的技巧在于解释。古希腊的德勒菲的著名巫师以模棱两可而臭名昭著。当这些斯巴达人问道，在波斯人攻击希腊时会发生什么时，这巫师回答道：要么斯巴达会被消灭，要么其国王会被杀害。我想这些牧师盘算，如果这些最终都没有发生，则斯巴达就会对阿波罗太阳神如此之感恩戴德，以致忽视其巫师作错预言的这个事实。事实上，

----

　　① 节选自《霍金讲演录——黑洞、婴儿宇宙及其他》（湖南科学技术出版社1995年版）。史蒂芬·霍金（1942—　　），英国理论物理学家，他先后在牛津大学和剑桥大学物理系学习，23岁获得博士学位，21岁患一种运动神经细胞病，全身不能动弹，不能说话。他在大爆炸、黑洞等宇宙学理论上取得了举世瞩目的成就，被誉为当代爱因斯坦。其著作《时间简史》在全世界销售千万册，极大增进人们对宇宙的认识。本文是霍金1991年1月在剑桥大学的一次演讲录。

国王在捍卫特莫皮拉隘道①的一次拯救斯巴达并最终击败波斯人的行动中丧生了。

另一次事件，利迪亚②的国王克罗修斯③，这位世界上最富有的人有一次问道：如果他侵略波斯的话会发生什么。其回答是：一个伟大的王国将会崩溃。克罗修斯以为这是指波斯帝国，殊不知正是他自己的王国要陷落，而他自己的下场是活活地在柴堆上受火刑。

近代的末日预言者为了避免尴尬，不为世界的末日设定日期。这些日期使股票市场下跌。虽然它使我百思不解，为何世界的终结会使人愿意用股票来换钱，假定你在世界末日什么也带不走的话。

迄今为止，所有为世界末日设定的日期都无声无息地过去了。但是这些预言家经常为他们显然的失败找借口解释。例如，第七日回归的创建者威廉·米勒④预言，耶稣的第二次到来会在1843年3月21日至1844年3月21日间发生。在没有发生这件事后，这个日期就修正为1844年10月22日。当这个日期通过又没有发生什么事后，又提出了一种新的解释。据说，1844年是第二次回归的开始，但是首先要数出获救者名单。只有数完了名单，审判日才降临到那些不列在名单上的人。幸运的是，数人名看来要花很长的时间。

当然，科学预言也许并不比那些巫师或预言家的更可靠些。人们只要想到天气预报就可以了。但是在某些情形下，我们认为可以做可靠的预言。宇宙在非常大的尺度下的未来，便是其中一个例子。

我们在过去的三百年间发现了制约在所有正常情

①〔特莫皮拉隘道〕一般译做"温泉关"。公元前480年，波斯国王薛西斯一世率领大军五十多万、战舰千艘，越过达达尼尔海峡，水陆两路进犯希腊。斯巴达国王列奥尼达斯率领300名斯巴达士兵在温泉关顽强抵抗波斯军，全部战死。波斯军队占领雅典，大肆焚掠。希波战争是希腊诸城邦反抗波斯侵略的战争，以希腊的胜利而结束。

②〔利迪亚〕一般译做"吕底亚"，小亚细亚西部的奴隶制国家，在今土耳其境内。

③〔克罗修斯〕一般译做"克罗伊斯"，吕底亚的末代国王（约公元前560—前546年在位）。公元前546年，波斯国王居鲁士攻破台底亚首都萨狄斯，克罗修斯被俘。据说他是古代的巨富之一，他的名字已成为"富豪"的同义语。

④〔威廉·米勒(1782—1849)〕美国纽约州农民，近代基督复临运动的创始人。从1831年起开始传道，他根据《但以理书》的某些章节推算出基督将于1843年或1844年3月21日第二次降临，这一说法为他赢得了成千上万的追随者。他的预言虽然失败，但该派仍坚持教义，并于1863年成立了基督复临安息日会。

形下物体的科学定律。我们仍然不知道制约在极端条件下物体的精确的定律。那些定律在理解宇宙如何起始方面很重要，但是它不影响宇宙的未来演化，除非直到宇宙坍缩①成一种高密度的状态。事实上，我们必须花费大量金钱建造巨大粒子加速器去检验这些高能定律，便是这些定律对现在宇宙的影响是多么微不足道的一个标志。

即便我们知道了制约宇宙的有关定律，我们仍然不能利用它们去预言遥远的未来。这是因为物理方程的解会呈现出一种称作混沌的性质。这表明方程可能是不稳定的：在某一时刻对系统作非常微小的改变，系统的未来行为很快会变得完全不同。例如，如果你稍微改变一下你旋转轮赌盘的方式，就会改变出来的数字。你在实际上不可能预言出来的数字，否则的话，物理学家就会在赌场发财。

在不稳定或混沌的系统中，一般地存在一个时间尺度，初始状态下的小改变在这个时间尺度将增长到两倍。在地球大气的情形下，这个时间尺度是五天的数量级，大约为空气绕地球吹一圈的时间。人们可以在五天之内作相当准确的天气预报，但是要作更长远得多的天气预报，就既需要大气现状的准确知识，又需要一种不可逾越的复杂计算。我们除了给出季度平均值以外，没有办法对六个月以后作具体的天气预报。

我们还知道制约化学和生物的基本定律，这样在原则上，我们应能确定大脑如何工作。但是制约大脑的方程几乎肯定具有混沌行为，初始态的非常小的改变会导致非常不同的结果。这样，尽管我们知道制约人类行为的方程，但在实际上我们不能预言它。科学不能预言人类社会的未来或者甚至它有没有未来。其危险在于，我们毁坏或消灭环境的能力的增长比利用这种能力的智慧的增长快得太多了。

宇宙的其他地方对于地球上发生的任何事物根本

① 〔坍缩〕天体体积缩小，密度加大。这里指整个宇宙的坍缩。

不在乎。绕着太阳公转的行星的运动似乎最终会变成混沌，尽管其时间尺度很长。这表明随着时间流逝，任何预言的误差将越来越大。在一段时间之后，就不可能预言运动的细节。我们能相当地肯定，地球在相当长的时间内不会和金星相撞。但是我们不能肯定，在轨道上的微小扰动会不会积累起来，引起在十几亿年后发生这种碰撞。太阳和其他恒星绕着银河系的运动，以及银河系绕着其局部星系团的运动也是混沌的。我们观测到，其他星系正离开我们运动而去，而且它们离开我们越远，就离开得越快。这意味着我们周围的宇宙正在膨胀：不同星系间的距离随时间而增加。

我们观察到的从外空间来的微波辐射①背景给出这种膨胀是平滑而非混沌的证据。你只要把你的电视调到一个空的频道就能实际观测到这个辐射。你在屏幕上看到的斑点的小部分是由太阳系外的微波引起的。这就是从微波炉得到的同类的辐射，但是要更微弱得多。它只能把食物加热到绝对温度②的 2.7 度，所以不能用来温热你的外卖比萨③。人们认为这种辐射是热的早期宇宙的残余。但是它最使人印象深刻的是，从任何方向来的辐射量几乎完全相同。宇宙背景探索者卫星已经非常精确地测量了这种辐射。从这些观测绘出的天空图可以显示辐射的不同温度。在不同方向上这些温度不同，但是差别非常微小，只有十万分之一。因为宇宙不是完全光滑的，存在诸如恒星、星系和星系团的局部无规性，所以从不同方向来的微波必须有些不同。但是，要和我们观测到的局部无规性相协调，微波背景的变化不可能再小了。微波背景在所有方向上能够相等到 100 000 分之 99 999。

上古时代，人们以为地球是宇宙的中心。在任何方

----

① 〔微波辐射〕 指宇宙微波背景辐射，即来自宇宙空间背景上的各个方向同性的微波辐射，是宇宙之初"大爆炸"的余热，温度比开氏绝对零度高 2.7 度，即−270℃，习惯上将其称为 3k 辐射。1965 年美国科学家彭齐亚斯和威尔逊因共同发现宇宙微波背景辐射而获 1978 年诺贝尔物理学奖。

② 〔绝对温度〕 即开氏温度，1848 年由英国物理学家开尔文（1824—1907）提出，1960 年第十一届国际计量大会规定热力学温度以开尔文为单位。开氏的零度被称为"绝对零度"，等于−273.15℃。

③ 〔比萨〕 一种意大利式馅饼。

向上背景都一样的事实，对于他们而言毫不足怪。然而，从哥白尼①时代开始，我们就被降级为绕着一颗非常平凡的恒星公转的行星，而该恒星又是绕着我们看得见的不过是一千亿个星系中的一个典型星系的外边缘公转。我们现在是如此之谦和，我们不能声称任何在宇宙中的特殊地位。所以我们必须假定，在围绕任何其他星系的任何方向的背景也是相同的。这只有在如果宇宙的平均密度以及膨胀率处处相同时才有可能。平均密度或膨胀率的大区域的任何变化都会使微波背景在不同方向上不同。这表明，宇宙的行为在非常大尺度下是简单的，而不是混沌的。因此我们可以预言宇宙遥远的未来。

　　因为宇宙的膨胀是如此之均匀，所以人们可按照一个单独的数，即两个星系间的距离来描述它。现在这个距离在增大，但是人们预料不同星系之间的引力吸引正在降低这个膨胀率。如果宇宙的密度大于某个临界值，引力吸引将最终使膨胀停止并使宇宙开始重新收缩。宇宙就会坍缩到一个大挤压。这和起始宇宙的大爆炸相当相似。大挤压是被称作奇性②的一个东西，是具有无限密度的状态，物理定律在这种状态下失效。这就表明即便在大挤压之后存在事件，它们要发生什么也是不能预言的。但是若在事件之间不存在因果的连接，就没有合理的方法说一个事件发生于另一个事件之后。也许人们可以说，我们的宇宙在大挤压处终结，而任何发生在"之后"的事件都是另一个相分离的宇宙的部分。这有一点像是再投胎。如果有人声称一个新生的婴儿是和某一死者等同，如果该婴儿没从他的以前的生命遗传到任何特征或记忆，这种声称有什么意义呢？人们可以同样地讲，它是完全不同的个体。

　　如果宇宙的密度小于该临界值，它将不会坍缩，而会继续永远膨胀下去。其密度在一段时间后会变得如此之低，引力吸引对于减缓膨胀没有任何显著的效应。星系

---

　　① 〔哥白尼（1473—1543）〕波兰天文学家，太阳中心说的创立者，近代天文学的奠基人。
　　② 〔奇性〕也称"奇点"，指空间-时间曲率变得无穷大而形成的点。大爆炸宇宙学认为，宇宙起源于大爆炸，在大爆炸之前，宇宙是一个没有体积的"奇点"，时间和空间都不存在。

们会继续以恒常速度相互离开。

这样,对于宇宙的未来其关键问题在于:平均密度是多少? 如果它比临界值小,宇宙就将永远膨胀。但是如果它比临界值大,宇宙就会坍缩,而时间本身就会在大挤压处终结。然而,我比其他的末日预言者更占便宜。即便宇宙将要坍缩,我可以满怀信心地预言,它至少在一百亿年内不会停止膨胀。我预料那时自己不会留在世上被证明是错的。

我们可以从观测来估计宇宙的平均密度。如果我们计算能看得见的恒星并把它们的质量相加,我们得到的,不到临界值的百分之一左右。即使我们加上在宇宙中观测到的气体云的质量,它仍然只把总数加到临界值的百分之一。然而,我们知道,宇宙还应该包含所谓的暗物质,即是我们不能直接观测到的东西。暗物质的一个证据来自于螺旋星系。存在恒星和气体的巨大的饼状聚合体。我们观测到它们围绕着自己的中心旋转。但是如果它们只包含我们观测到的恒星和气体,则旋转速率就高到足以把它们甩开。必须存在某种看不见的物质形式,其引力吸引足以把这些旋转的星系牢牢抓住。

暗物质的另一个证据来自于星系团。我们观测到星系在整个空间中分布得不均匀,它们成团地集中在一起,其范围从几个星系直至几百个星系。假定这些星系互相吸引成一组从而形成这些星系团。然而,我们可以测量这些星系团中的个别星系的运动速度。我们发现其速度是如此之高,要不是引力吸引把星系抓到一起,这些星系团就会飞散开去。所需要的质量比所有星系总质量都要大很多。这是在这种情形下估算的,即我们认为星系已具有在它们旋转时把自己抓在一起的所需的质量。所以,在星系团中我们观测到的星系以外必须存在额外的暗物质。

人们可以对我们具有确定证据的那些星系和星系团中的暗物质的量作一个相当可靠的估算。但是这个估算值仍然只达到要使宇宙重新坍缩的临界质量的百分之十左右。这样,如果我们仅仅依据观测证据,则可预言宇宙会继续无限地膨胀下去。再过五十亿年左右，太阳将耗尽它的核燃料。它会肿胀成一颗所谓的红巨星①，直到它把地球和其他更邻近的行星都吞没。它最后会稳定成一颗只有几千英里尺度的白矮星②。我正在预言世界的结局，但这还不是。这个预言还不至于使股票市场过于沮丧。前面还有一两个更紧迫的问题。无论如何，假定在太阳爆炸的时刻，我们还没有把自己毁灭的话，我们应该已经掌握了恒星际旅行的技术。

在大约一百亿年以后，宇宙中大多数恒星都已把燃料耗尽。大约具有太阳质量的恒星不是变成白矮星就是变成中子星③，中子星比白矮星更小更紧致。具有更大质量的恒星会变成黑洞④。黑洞还更小，并且具有强到使光线都不能逃逸的引力场。然而，这些残留物仍然继续绕着银河系中心每一亿年转一圈。这些残余物的相撞会使一些被抛到星系外面去。余下的会渐渐地在中心附近更近的轨道上稳定下来，并且最终会集中在一起，在星系的中心形成一颗巨大的黑洞。不管星系或星系团中的暗物质是什么，可以预料它们也会落进这些非常巨大的黑洞中去。

因此可以假定，星系或星系团中的大部分物体最后在黑洞里终结。然而，我在若干年以前发现，黑洞并不像被描绘的那样黑。量子力学的不确定性原理⑤讲，粒子不可能同时具有定义很好的位置和定义很好的速度。粒子位置定义得越精确，则其速度就只能定义得越不精确，反之亦然。如果在一颗黑洞中有一颗粒子，它的位置在黑洞中被很好地定义，这意味着它的速度不能被精确地定义。所以粒子的速度就有可能超过光速，这就使得它能从黑洞逃逸出来，粒子和辐射就这么缓慢地从黑洞中

---

① 〔红巨星〕　光谱呈橙色、红色的巨星。它是在恒星演化过程中，由于内部核燃料的耗尽，热核反应的速率减弱，打破了引力与辐射压之间的平衡，恒星的外壳开始燃烧膨胀而形成的。

② 〔白矮星〕　一类低光度、高温度、高密度的简并态恒星，是恒星演化的一种归宿。当恒星经过红巨星阶段损失大量质量后，剩下的质量若小于 1.44 个太阳质量，这颗恒星就演化成白矮星。

③ 〔中子星〕　恒星在核能耗尽后，经过引力坍缩，依靠简并中子的压力与引力平衡形成的星体。

④ 〔黑洞〕　一种特殊的天体，是时间-空间的一个区域。它的基本特征是有一个封闭的视界。由于引力过于强大，就连光也不能从中逃逸出来，所以黑洞是看不见的。

⑤ 〔量子力学的不确定性原理〕　即德国物理学家海森伯(1901—1976)提出的测不准原理。它的量子力学意义是不能在同一个态中同时准确测量出粒子的位置和速度。

泄漏出来。在一颗星系中心的巨大黑洞可有几百万英里的尺度。这样,在它之内的粒子的位置就具有很大的不确定性。因此,粒子速度的不确定性就很小,这表明一颗粒子要花非常长的时间才能逃离黑洞。但是它最终是要逃离的。在一个星系中心的巨大黑洞可能花 10^{90} 年的时间蒸发掉并完全消失,也就是"1"后面跟 90 个"0"。这比宇宙现在的年龄要长得多,它是 10^{10} 年,也就是"1"后面跟 10 个"0"。如果宇宙要永远膨胀下去的话,仍然有大量的时间可供黑洞蒸发。

永远膨胀下去的宇宙的未来相当乏味。但是一点也不能肯定宇宙是否会永远膨胀。我们只有大约为使宇宙坍缩的需要密度十分之一的确定证据。然而,可能还有其他种类的暗物质,还未被我们探测到,它会使宇宙的平均密度达到或超过临界值。这种附加的暗物质必须位于星系或星系团之外。否则的话,我们就应觉察到了它对星系旋转或星系团中星系运动的效应。

为什么我们应该认为,也许存在足够的暗物质,使宇宙最终坍缩呢?为什么我们不能只相信我们已有确定证据的物质呢?其理由在于,哪怕宇宙现在只具有十分之一的临界密度,都需要不可思议地仔细选取初始的密度和膨胀率。如果在大爆炸后一秒钟宇宙的密度大了一万亿分之一,宇宙就会在十年后坍缩。另一方面,如果那时宇宙的密度小于同一个量,宇宙在大约十年后就变成基本上空无一物。

宇宙的初始密度为什么被这么仔细地选取呢?也许存在某种原因,使得宇宙必须刚好具有临界密度。看来可能存在两种解释。一种是所谓的人择原理,它可被重述如下:宇宙之所以是这种样子,是因为否则的话,我们就不会在这里观测它。其思想是,可能存在许多具有不同密度的不同宇宙。只有那些非常接近临界密度的能存活得足够久并包含足够形成恒星和行星的物质。只有在那些宇宙中才有智慧生物去诘问这样的问题:密度为什么这么接近于临界密度?如果这就是宇宙现在密度的解释,则没有理由去相信宇宙包含有比我们已探测到的更多物质。十分之一的临界密度对于星系和恒星的形成已经足够。

然而，许多人不喜欢人择原理，因为它似乎太倚重于我们自身的存在。这样就有人对为何密度应这么接近于临界值寻求另外可能的解释。这种探索导致极早期宇宙的暴涨理论。其思想是宇宙的尺度曾经不断地加倍过，正如在遭受极端通货膨胀的国家每隔几个月价格就加倍一样。然而，宇宙的暴涨更迅猛更极端得多：在一个微小的暴涨中尺度的至少一千亿亿亿倍的增加，会使宇宙这么接近于准确的临界密度，以至于现在仍然非常接近于临界密度。这样，如果暴涨理论是正确的，宇宙就应包含足够的暗物质，使得密度达到临界值。这意味着，宇宙最终可能会坍缩，但是这个时间不会比迄今已经膨胀过的一百五十亿年左右长太多。

现在小结如下：科学家相信宇宙受定义很好的定律制约，这些定律在原则上允许人们去预言未来。但是定律给出的运动通常是混沌的。这意味着初始状态的微小变化会导致后续行为的快速增大的改变。这样，人们在实际上经常只能对未来相当短的时间作准确的预言。然而，宇宙大尺度的行为似乎是简单的，而不是混沌的。所以，人们可以预言，宇宙将永远膨胀下去呢，还是最终将会坍缩。这要按照宇宙的现有密度而定。事实上，现有密度似乎非常接近于把坍缩和无限膨胀区分开来的临界密度。如果暴涨理论是正确的，则宇宙实际上是处在刀锋上。所以我正是继承那些巫师或预言者的良好传统，两方下赌注，以保万无一失。

思考与练习

一、作者对宇宙作出了怎样的预言？

二、分析说明霍金的演讲风格，结合文章具体词句说明他是如何使用幽默风趣的语言技巧的。

单 元 练 习

一、下面有三组句子,请按适当的顺序将这三组句子分别连缀成三个文章片
　　段,并说明这样连缀的依据。

第一组

1. 从国府门前经过再往东走,要蹱过一段铁路,铁路就在国府的墙下,起初觉得似乎有损宁静,但从另一方面想了一下,真的能够这样更和市井生活接近,似乎也好。

2. 从美术陈列馆走出,折往东走,走不好远便要从国民政府门前经过。

3. 再横过铁路和一条横街之后,走不好远,同在左侧的街道上有一条侧巷,那便是梅园新村的所在处了。

4. 门前也有一对石狮子,形体太小,并不威武,虽然有点现代化的写实味,也并不敢恭维为艺术品,能够没有,应该不会是一种缺陷。

5. 国府也是坐北向南的,从门口望进去,相当深远,但比起别的机关来,倒反而觉得没有那么宫殿式的外表。

6. 梅园新村的名字很好听,大有诗的意味,然而实地情形却和名称完全两样。

第二组

1. 因此,我们有理由相信,这样的生活已经离我们不远了。

2. 未来,网络将我们的生活"一网打尽",你身边的任何东西,包括电视机、电冰箱、桌子、椅子、水龙头等都可能是一台微型电脑,可以通过网络进行操作。

3. 美国麻省理工学院的尼葛洛庞帝教授曾这样预言:"未来的计算机对人来说,将像空气一样:当它们存在时,你感觉不到它;而失去它时,你才发觉它在你的生活里是多么重要。"

4. 例如,你可以在冰箱的操作屏幕上看到网上超市的当日供应而你的冰箱里又缺乏的时令佳肴。

5. 你可以在没到家的时候通过网络准备好回家洗澡的热水。

6. 但是,在充满乐观期待的同时,难免也会有一些忧虑,比如:停电了……

7. 一天结束时分,躺在床上,按下遥控启动睡眠程序,灯光逐渐变得朦胧,催眠音乐响起,那时,你会觉得生活是那样地简单和美好!

第三组

1. 直到 18 世纪末叶以前,人们还在一直用针手工缝制衣服。

2. 以前,朱启铃在《绣花笔记》中写道:"宋绣所用针为朱汤所制,大三分以制衣,小三分以作绣。"

3. 随着生产的发展,终于在 1790 年,英国人逊德制造了第一台链式线迹缝纫机。

4. 菲律宾还发现了公元前两千多年的青铜针古物。

5. 不过,缝纫机仍离不开针。

6. 我国很早就有了针,在山顶洞人遗址的文物中,就有一枚骨针,针体光滑,长 82 毫米,直径 3.3 毫米,针身略弯,尖端锋利。

7. 而我国在公元 2 至 4 世纪,就有了铸铁技术,那时也可能有金属针了。

8. 晋代冯翊的《桂苑丛谈》中谈到过金针(即绣花针),看来,至少晋代已经有了针。

9. 可见宋时的针已按不同用途制成了不同的规格,那时针更普遍了。

二、下面是一间房子和一些家具的示意图,请你利用这些家具布置房间(按原图大小画到房间里),然后加以说明,使别人不借助图也能知道这间房子的布置情况。字数宜在 600 字左右。

布置时注意:

(1) 如果选大衣柜和书橱,就不再用组合柜,反之亦然。

(2) 这是一个中年科技工作者或教师的家庭居室。

(3) 合理配置小用具和装饰品(如台灯、窗帘等)。

(4) 注意色彩的搭配。

说明时注意:要有合理的说明顺序,条理要清楚。

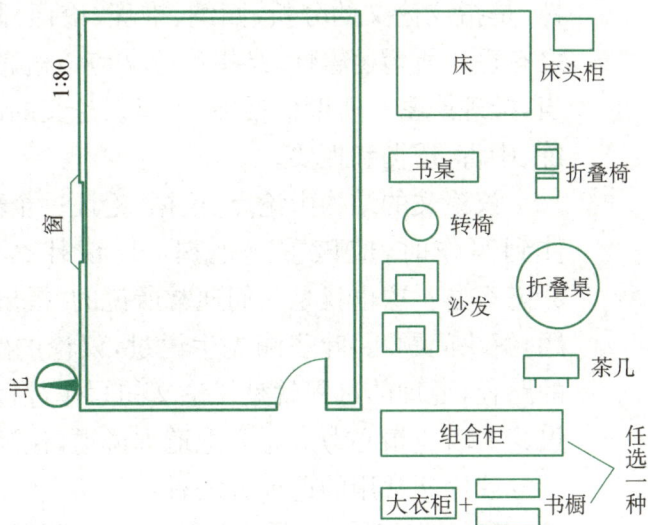

床　床头柜　书桌　折叠椅　转椅　沙发　折叠桌　茶几　组合柜　大衣柜＋书橱　任选一种　窗　北　1:80

三、仔细观察、查阅资料,练习写两篇说明文,其中一篇要求用文艺性语体来写,如《老鼠的自述》、《钢笔的诉说》等。另一篇要求用说明的语体介绍或解说你最熟悉的一个人或物件。

第三单元　议论文

　　议论文也称说理文,是以议论为主要表达方式,对客观事理进行分析评论的文章。它不是依靠演绎精彩的场面或展示人生的图景来启发和打动读者,而是运用事实或事理作为理论根据,通过推理、论证的方法来说明其观点的正确性和可靠性。一般说来,杂文、演讲和辩论的表达也是以说理为主的议论。

　　记叙文以情感人、说明文以知授人,议论文的基本特征则是以理服人。阅读和写作议论文时,应注意把握内容的理论性、思维的逻辑性和语言的概括性。所谓理论性,是指议论文的分析、归纳、推理、论证都持之有因,言之有理。所谓逻辑性,是指议论文应该概念明确、判断恰当,推理严密。所谓概括性,是指议论文的语言要讲究精练、中肯、透彻和扼要。

　　议论文的结构由论点、论据、论证三个部分组成。具体到写作时,应该重点把握:1.谈什么? 2.为什么? 3.怎么办? 这也就是人们通常所说的"提出问题,分析问题,解决问题"。叶圣陶先生说过,议论的路径就是思想的路径,说理的过程就是议论文的写作过程。所以,写作议论文时应精心考虑怎样把道理说透,让读者心悦诚服。

　　议论文常用的论证方法有:

　　(1)例证法　运用事实证据来论证观点的方法。值得注意的是:应该就事例充分展开议论,讲清道理,证明观点,不能见例不见理,以例代理,以叙代理,尤其要避免例证与观点脱节。

　　(2)引证法　运用理论论据即"事理"证明论点的方法。"事理"包括名人的言论、科学原理及定律、尽人皆知的常理等。写作中应注意:引用必须准确,避免随意改动或断章取义。

　　(3)喻证法　通过打比方论证事物的道理,使论证具体化、形象化。在喻证中,论据是喻体,论点是本体。

运用比喻论证要注意比喻恰当、贴切,突出喻体与本体的特征。

（4）归纳法　通过个别的具体的事例推断该类事物所具有的共同性质的论证方法。应注意的是,运用归纳法时通常要先列举事例,再归纳观点,且不能仅举一例,必须从一系列同类事物中归纳出其共同的性质。

（5）演绎法　由一般的原理、规律推论具体的特殊的结论的论证方法。其特征与归纳法相反,即由一般证明个别。运用演绎论证时,应注意学习和掌握逻辑推理的基本知识,增强论证的逻辑力量。

（6）类比法　通过对两个属性基本相同的事物进行类比,以特殊性的论据证明特殊性论点的论证方法。运用时应注意：进行类比的两事物之间的性质越接近,论证的结论就越可靠。

（7）对比法　对比两个截然相反的观点或完全对立的事物,以说明观点或揭示事物本质的论证方法。运用时须注意,如果不是同一范畴的事物,是无法进行对比的。

（8）归谬法　也叫引申法,是由反面论点引导出必然错误的结论的论证方法。归谬法是充分条件假言推理在反驳中的具体运用,它可以增强议论的讽刺性和幽默性,常用于论辩和杂文。

（9）反证法　一种间接论证的方法。其特点是：要证明一个观点,先对与之相反的另一观点进行论证,如果另一观点是错误的,则要证明的观点就是正确的;反之亦然。

通过本单元的学习,我们要多多留心搜集报纸杂志上说理精辟、切中时弊又短小精悍的议论文好好品味。在进行口语训练和议论文写作时,我们一要注意谈自己熟悉的有感慨的话题;二要注意事例论证是必不可少的论证方法;三要切忌装腔作势、泛泛而谈。空洞的大道理和标签式的口号是不能说服别人的。

1. 拿来主义①

鲁　迅

阅读提示

　　杂文是文艺性的文章,它既有议论文的一般特点,又讲究艺术性,通常以篇幅短小精悍、语言尖锐犀利、说理形象生动、议论精辟独到为其特点。鲁迅先生的杂文尤以思想性强、艺术水平高著称。这篇杂文就是在揭露和批判国民党统治集团的"送出主义"和帝国主义的"送来主义"的基础上,提出了"拿来主义"的鲜明口号,生动阐述了对待文化遗产应吸取精华、剔除糟粕、批判继承的观点。文章巧妙地用继承一座大宅子作比喻,通过论述对这所大宅子的态度来阐明批判继承文化遗产的道理,既批评了几种对待文化遗产的错误态度,又明确指出正确的继承、借鉴是建设新文化、塑造新人的必要条件。

　　中国一向是所谓"闭关主义②",自己不去,别人也不许来。自从给枪炮打破了大门之后,又碰了一串钉子③,到现在,成了什么都是"送去主义"了。别的且不说罢,单是学艺④上的东西,近来就先送一批古董到巴黎去展览⑤,但终"不知后事如何";还有几位"大师"们捧着几张古画和新画,在欧洲各国一路的挂过去,叫作"发扬国光"⑥。听说不远还要送梅兰芳博士到苏联去,以催进"象征主义"⑦,此

---

　　①　选自《且介亭杂文》(《鲁迅全集》第六卷,人民文学出版社1981年版)。这是一篇论述如何继承文化遗产的杂文,写于20世纪30年代。作者针对当时的情况,阐明了批判继承文化遗产的原理和方法,提倡"拿来主义",反对"闭关主义"和"送去主义",主张对文化遗产的继承要吸取精华,剔除糟粕。

　　②　〔闭关主义〕指清政府奉行的闭关自守政策。

　　③　〔碰了一串钉子〕指鸦片战争以后,清政府与英、法、俄、日、美、德、意等帝国主义国家相继签订的一系列丧权辱国的不平等条约。

　　④　〔学艺〕泛指学术文艺。

　　⑤　〔送一批古董到巴黎去展览〕指当时国民党政府在巴黎举办的中国古典艺术展览。

　　⑥　〔还有几位……叫作"发扬国光"〕指当时国民党政府在西欧各国举办的中国绘画展览。

　　⑦　〔听说不远……以催进"象征主义"〕国民党反动派的《大晚报》,在1934年5月28日刊载了一条文艺新闻,称著名美术家徐悲鸿等在莫斯科举办中国书画展览会,"切合苏俄正在盛行之象征主义作品",还说"因拟……邀中国戏曲名家梅兰芳等前往奏艺"。鲁迅针对这一则新闻,在同年5月30日写了《谁在没落?》一文,指出象征主义已在苏联没落,斥责那种认为中国画和戏剧切合象征主义的胡说。象征主义是19世纪末叶在法国兴起的文艺流派。

后是顺便到欧洲传道。我在这里不想讨论梅博士演艺和象征主义的关系，总之，活人替代了古董，我敢说，也可以算得显出一点进步了。

但我们没有人根据了"礼尚往来①"的仪节②，说道：拿来！

当然，能够只是送出去，也不算坏事情，一者见得丰富，二者见得大度③。尼采④就自诩过他是太阳，光热无穷，只是给与，不想取得。然而尼采究竟不是太阳，他发了疯。中国也不是，虽然有人说，掘起地下的煤来，就足够全世界几百年之用。但是，几百年之后呢？几百年之后，我们当然是化为魂灵，或上天堂，或落了地狱，但我们的子孙是在的，所以还应该给他们留下一点礼品。要不然，则当佳节大典之际，他们拿不出东西来，只好磕头贺喜，讨一点残羹冷炙⑤做奖赏。

这种奖赏，不要误解为"抛来"的东西，这是"抛给"的，说得冠冕⑥些，可以称之为"送来"，我在这里不想举出实例⑦。

我在这里也并不想对于"送去"再说什么，否则太不"摩登⑧"了。我只想鼓吹我们再吝啬一点，"送去"之外，还得"拿来"，是为"拿来主义"。

但我们被"送来"的东西吓怕了。先有英国的鸦片，德国的废枪炮，后有法国的香粉，美国的电影，日本的印着"完全国货"的各种小东西。于是连清醒的青年们，也对于洋货发生了恐怖。其实，这正是因为那是"送来"的，而不是"拿来"的缘故。

所以我们要运用脑髓，放出眼光，自己来拿！

---

① 〔礼尚往来〕　礼节上重在有来有往。尚，崇高、重视。
② 〔仪节〕　礼节。
③ 〔大度〕　大方，气量宽宏。
④ 〔尼采(1844—1900)〕　德国资产阶级唯心主义哲学家，主张唯意志论，提倡超人哲学，后发疯而死。
⑤ 〔残羹冷炙(zhì)〕　吃剩的饭菜，借指权贵的施舍。炙，烤肉。
⑥ 〔冠冕(miǎn)〕　"冠冕堂皇"的省语，意思是很体面、有气派。冕，古代帝王的礼帽。
⑦ 〔我在这里不想举出实例〕　暗指按1933年国民党政府与美国签订的"棉麦借款"协定运来的剩余的小麦、面粉和棉花。
⑧ 〔摩登〕　英语"modern"的音译，"现代的"、"时髦"的意思。

譬如罢，我们之中的一个穷青年，因为祖上的阴功①（姑且让我这么说说罢），得了一所大宅子，且不问他是骗来的，抢来的，或合法继承的，或是做了女婿换来的②。那么，怎么办呢？我想，首先是不管三七二十一，"拿来"！但是，如果反对这宅子的旧主人，怕给他的东西染污了，徘徊不敢走进门，是孱头③；勃然大怒，放一把火烧光，算是保存自己的清白，则是昏蛋。不过因为原是羡慕这宅子的旧主人的，而这回接受一切，欣欣然的蹩进卧室，大吸剩下的鸦片，那当然更是废物。"拿来主义"者是全不这样的。

他占有，挑选。看见鱼翅④，并不就抛在路上以显其"平民化"，只要有养料，也和朋友们像萝卜白菜一样的吃掉，只不用它来宴大宾；看见鸦片，也不当众摔在毛厕里，以见其彻底革命，只送到药房里去，以供治病之用，却不弄"出售存膏，售完即止"的玄虚⑤。只有烟枪和烟灯，虽然形式和印度，波斯⑥，阿剌伯的烟具都不同，确可以算是一种国粹⑦，倘使背着周游世界，一定会有人看，但我想，除了送一点进博物馆之外，其余的是大可以毁掉的了。还有一群姨太太，也大以请她们各自走散为是，要不然，"拿来主义"怕未免有些危机。

总之，我们要拿来。我们要或使用，或存放，或毁灭。那么，主人是新主人，宅子也就会成为新宅子。然而首先要这人沉着，勇猛，有辨别，不自私。没有拿来的，人不能自成为新人，没有拿来的，文艺不能自成为新文艺。

六月四日。⑧

① 〔阴功〕 迷信的说法，人们做了好事，阴间就给记功，可以泽及后代子孙。
② 〔做了女婿换来的〕 这里是讽刺做了富家翁的女婿而炫耀于人的邵洵美之流。
③ 〔孱（càn）头〕 懦弱无能的人。
④ 〔鱼翅〕 一种名贵的海味，用鲨鱼的鳍（qí）干制而成。
⑤ 〔玄虚〕 这里指用来掩盖真相、使人迷惑的手段。
⑥ 〔波斯〕 伊朗的旧称。
⑦ 〔国粹〕 原指国家文化中的精华，这里是反语。
⑧ 〔六月四日〕 指 1934 年 6 月 4 日。

思考与练习

一、鲁迅杂文在形象说理时,善于运用比喻手法,无论是整体还是局部的比喻都巧妙贴切,生动传神,使人不仅得到深刻启示,也获得艺术的愉悦。联系上下文,指出下列词语的比喻意义:

　　1. 大宅子

　　2. 鱼翅

　　3. 鸦片

　　4. 烟枪和烟灯

二、请结合课文,回答以下几个问题:

　　1.《拿来主义》是针对什么问题而写的?

　　2. "拿来主义"的具体内容包括哪几个方面? 为什么说创新离不开择旧,不先拿来就无从创新?

　　3. 我们今天学习本文有什么现实意义?

2. 真"重理"就不该"轻文"①

张志公

阅读提示

　　本文针对当前学生中普遍存在的"重理轻文"现象专门展开评论。持论公正，以理服人；用语委婉，朴实平和；正面引导，循循善诱。作者首先论述了文理各科基础知识都是现代化的国家公民应当具备的知识要素，然后重点论述语文课作为基础中之基础的特殊重要性，进而指出忽视文科学习的危害，最后从持续发展的观点出发，鼓励教诲学生要成为全面发展的人才。

　　文章针对某一现象进行批评，但通篇不露批评锋芒，不显谴责之意，无强加于人之感，处处体现出教育家对青年学生的关怀理解之情。这种朴实平和的说理方式有助于文章观点的阐释和传播。

　　一提到各行的"家"，比如文学家、数学家、电子学家等，你会以为，他们大概是各专一行，别的什么都不管的。不对，不是这样。任何一个称得上"家"的人，他不但专精于一样，而且一定有广博的知识基础。没有一个不懂物理的化学家；没有一个不懂物理、化学的医学家；没有一个对科学一窍不通的文学家。你看过电影《李时珍》、话剧《伽利略传》吗？如果编剧、导演、演员对科学一窍不通，这些电影、话剧能够编得好、演得好吗？

　　普通教育阶段，属于基础知识的功课一般区分为文科和理科两大类。语文、外语、历史，这些是文科；数学、物理、化学、生物、生理卫生，这些是理科；地理课里边有所谓人文地理的内容属于文科性质，自然地理的内容属于理科性质，所以这门课可以说是文、理兼而有之。此

① 选自《现代文选读》上册(人民教育出版社高中语文实验课本)。

外,还有政治、体育、音乐、图画课,也都是基础课程。所有这些功课,统统是打基础的,都不是专门性的。作一个现代化的国家公民,应当具备这些基础知识;不论日后进一步学什么、研究什么、干什么工作,这些基础知识都是有用的,并且都是必要的。每个人往往有自己的兴趣爱好,各方面的才能也并不是完全等同的,某一两门功课学得特别好,其余学得一般,这种情形是不少见的;有的人对数、理、化有兴趣,有的人对文学、历史有兴趣;这也是许可的,应该鼓励的。如果有人在某方面显示出较高的才能,我们还应当珍视它,为它的进一步发展创造条件。但是,万丈高楼平地起,只有把基础打好了,个人的爱好和特长才能得到发展。

特别需要指出的是,所有这些基础课程有一门共同的基础课,那就是语文课。语文是学习任何文化科学知识的基础工具。不论是社会科学的文、史、哲、政、经、法,还是自然科学的数、理、化、生,学习、表达和交流都要使用语文这个工具。语文不学好,不善于说,不善于读,不善于写,无论学什么,研究什么,做什么,都会受到影响,效率都不会很高。人们都知道,学不好数学会影响学物理;那就更应当知道,学不好语文还会影响到学数、理、化。因为数、理、化的叙述、论证以及公式和定理都要通过精练、严密的语言文字来表达,如果不掌握好语文这个基础工具,你怎么能很好理解这些东西呢? 比如"解方程"和"方程的解"是两个不同的数学概念,"两数的平方和"和"两数和的平方",意义完全不同,解题时往往一字之差,就可能谬以千里。语文课是基础课的基础,基础不好,就会影响其他课程。等到以后参加了工作,无论从事哪个部门的科学技术业务,总需要经常看些技术资料,如果阅读能力不高,那对工作将会有多大的影响! 当技术员写不好实验报告,当医生写不好病历,有了发明创造,写不好科学论文,有了经验,写不好总结,那对工作又会有多大的影响!

当前,在青少年学生中间有一股"重理轻文"的风气,就是重视学习数学、物理、化学,不重视学习历史、地理,尤其不重视学习语文。其实,照这样的"重"法,这个"理"就恰恰学不好。忽视了文必将影响他学理,影响他日后干理科的工作。真正重理的人,决不应轻文;同样,真正重文的人,也决不应轻理。由于志趣不同,在某方面一般地认真学习,而在另一方面特别多下功夫学习,这种情形是自然的现象。但是,"重"一样,"轻"一样,却是不正常的思想和心理的反映。普通教育阶段是打基础的,样样都不过是学点起码的知识、技能,这些起码的知识、技能对学生心智的发展有很大的作用,"轻"了一样,最终必然会影响到主观上觉得该"重"的那一样,从长远来看,这后果是很坏的。

爱吃蔬菜的可以多吃点蔬菜,爱吃肉的可以多吃点肉,但是只吃一样,别的不吃,那可不行。食谱广一些好,不能"偏食","偏食"造成营养不良,影响健康。学习也是一样。

思考与练习

一、善于简明扼要地归纳和概括,是一种非常重要的语文能力。试把每节的意思用一句话概括出来,评一评谁说得最到位。

二、议论文的结构形式主要有并列式、层递式和对比式,本文采用了哪种结构形式? 结合文章简要分析。

三、用口语讨论语文学习在人的一生中所起的作用。

3. 有物、切题、真实、适量①

王希杰

阅读提示

　　本文作为一篇杂文，杂而有序，要言不烦。文章开宗明义提出中心论点，即语言表达应遵循的"八字方针"。然后主要通过列举大量实际而又生动的示例，阐明了从信息量上考察语言运用是否得当的四个标准，读来令人耳目一新。

　　"有物、切题、真实、适量"，这是言语表达②的"八字方针"。

有　物

　　鲁迅在《祝福》中写道：

> 　　"我真傻，真的，"她开首说。
> 　　"是的，你是单知道雪天野兽在深山里没有食吃，才会到村里来的。"他们立即打断她的话，走开去了。

（《鲁迅全集》第2卷，第18页）

> 　　"唉唉，我真傻，"祥林嫂看了看天空，叹息着，独语似的说。
> 　　"祥林嫂，你又来了。"柳妈不耐烦的看着她的脸，说。

（《鲁迅全集》第2卷，第19页）

　　祥林嫂的话语没有能够收到预期的交际效果，这能够责怪听众吗？就交际理论而言，不能。因为这时候"全

---

　　①　选自于根元、王希杰著《语言学——在您身边》(浙江教育出版社1986年版)。
　　②　〔言语表达〕　即通常所说的"语言表达"。言语，语言学中的专门术语，指说话和所说的话。

镇的人们几乎都能背诵她的话",她的话没有听众所不知道的东西,即信息量等于零,因此人们"一听到就烦厌得头痛"。但是这番话祥林嫂第一次说的时候,情况就大不一样了:

> 这故事倒颇有效,男人听到这里,往往敛起笑容,没趣的走了开去;女人们却不独宽恕了她似的,脸上立刻改换了鄙薄的神气,还要陪出许多眼泪来。有些老女人没有在街头听到她的话,便特意寻来,要听她这一段悲惨的故事。直到她说到呜咽,她们也就一齐流下那停在眼角上的眼泪,叹息一番,满足的去了,一面还纷纷的评论着。

> (《鲁迅全集》第2卷,第18页)

这是因为:这个故事是他们所不知道的,它具有最大的信息量。

我们常说:"话说三遍淡如水。"意思就是说,话语多次重复,信息量就会逐渐减少,最后等于零。当然从社会学角度讲,听众又是应当受到责备的,他们缺少的是对祥林嫂的同情、关心和爱护。祥林嫂的话语虽然信息量等于零,但却是她的真情实感的体现。因此,言语表达的第一个要求是:言之有物。话语的表达效果首先取决于它所传达的信息量。当然什么信息量也没有的话语有时也是交际活动所必须的。比如两个人早上见了面:

甲　你早。
乙　你早。
甲　今天天气真好。
乙　是呀,好天气。

这样的对话,其信息量等于零。但是从社会学角度看,这是人际关系的一个友好的表现。没有它,人际关系将会淡薄,生活将会单调。

有时候,什么信息量也没有的话语也可以收到很好的修辞效果。如：

> 听说去年评级的时候，就有些人闹得不像样子，痛哭流涕。人不是长着两只眼睛吗？两只眼睛里面有水，叫眼泪。评级评得跟他不对头的时候，就双泪长流。
>
> 　　　　　　　《毛泽东选集》第 5 卷，着重点是引者加的）

"人不是长着两只眼睛吗？……"这句话没有告诉读者什么新鲜内容。但是其表达效果是很好的：幽默风趣，加重了语气。

切　题

具有一定信息量的话语，其表达效果就一定是好的吗？恐怕也未必。比如：

> 甲　您贵姓？
> 乙　今天是我生日，我 30 岁了。
> 甲　您在哪个单位工作？
> 乙　我身高 1.81 米，体重 130 斤。
> 甲　您身体好吗？
> 乙　我的儿子很可爱，我喜欢得不得了。

乙的答话，的确具有一定的信息量，但是却不是甲所要知道的，所答非所问，不切题，所以其表达效果也是等于零！可见切题是言语表达的又一个基本要求。

所谓切题，所谓题，指讨论的对象，指说话的目的。唐魏征《隋书·牛弘传》中记载：

> 有弟曰弼，好酒而酗，尝因醉，射杀弘驾车牛。弘来还宅，其妻迎谓之曰："叔射杀牛矣。"弘闻之，无所怪问，直答曰："作脯①。"坐定，其妻又曰："叔

———————————
① 〔脯（fǔ）〕肉干。

忽射杀牛，大是异事！"弘曰："已知之矣。"颜色自若，读书不辍。其宽和如此。

牛弘的妻子认为"作脯"这一回答不切题，很不满足，便再次发问，进一步挑明牛弘的责任。而牛弘认为自己的回答是切题的：牛弼射杀一牛，不必计较；既然牛已经死了，重要的是如何处置牛。"作脯"一语，意思就是：这是小事，不必再提了。可见目的是切题之题中的一个十分重要的因素。

一般说，切题，表达效果才好；不切题，表达效果就不好。但也并不是时时事事处处都如此的。有时候，故意不切题，也可以收到较好的表达效果。如：

> 他又指着德强，忽然吓唬道：
> "哈，八路，八路！"
>
> "你说什么，八姑？"老妈妈装着不懂，"噢，你问孩子几个姑姑呀。唉，告诉老总，一共两个。去年死去一个，可怜死人啦，撂①下一大堆孩子。唉，是得伤寒死的呀！我去送殡……"

（冯德英《苦菜花》）

这里故意离开了话题，反而收到了好的效果。故意离开话题，可以缓和气氛，形成委婉含蓄或者幽默风趣的情调。

真　实

具有一定的信息量而又切题的话语，其表达效果就一定好吗？也不见得。我们知道，从信息角度看，真话和假话同样可以具有最大的信息量。但是从社会学角度看，只有具有一定信息量而又切题的真话，才有可能获得最佳表达效果；具有一定信息量而又切题的假话，其表达效果同样等于零。这是人所皆知的常识，也是言语表达

---

① 〔撂（liào）〕 放下；丢。

的最重要的原则之一,这并不需要多说什么。

值得注意的是,有时候假话也可以得到好的表达效果。如:

> 高帝素善书,笃好不已,与僧虔赌书毕,谓曰:"谁为第一?"对曰:"臣书第一,陛下亦第一。"帝笑曰:"君可谓善自为谋。"

(李延寿《南史·王僧虔传》)

当然不可能有两个第一,两个人比书法总有个好坏之分的。王僧虔的回答显然是不合逻辑的,是假话。但这一回答既没有得罪齐高帝萧道成,也没有失去一个书法家的尊严。如果王僧虔说:"陛下第一,臣书第二。"则是违心的吹牛拍马的话。"臣书第一,陛下亦第一"式的修辞假话,有一个要求是:必须让对方一听便知道是假话。这是它区别于吹牛拍马的言辞的一个基本特征,吹牛拍马者是一心要别人把他的假话当作真话来看的。

这种修辞假话,是日常生活中所常见的。如:

> 甲　暑假你去旅游吗?
> 乙　去。昆明、桂林、青岛、大连、泰山、黄山、威尼斯、日内瓦、新加坡、巴格达,都去开开眼界。

其实乙是什么地方也不去旅游的,但他这么说并不是想欺骗甲,甲也决不会信以为真。

适　　量

切题的真话具有多少信息量表达效果才最好呢?一般说,要适量,少了不好,多了也不好。比如说:

> 甲　你儿子多大了?
> 乙　我儿子很小。
> 甲　你儿子读几年级?

乙　我儿子上小学。

甲　你喜欢《红楼梦》吗？

乙　我读过《红楼梦》。

　　乙的回答都具有一定的信息量，但是都少于甲所要求的信息量，所以是甲所不能满意的。

甲　你儿子多大了？

乙　我儿子今天是 8 岁零 3 个月零 3 天，到我讲话的时候，还零 3 天。

甲　你喜欢《红楼梦》吗？

乙　我喜欢《红楼梦》中的林黛玉，喜欢她的葬花词，喜欢"明媚鲜妍能几时，一朝飘泊难寻觅"。

　　乙的回答所具有的信息量又太多，多于甲所要求的，所以使甲厌烦。

　　给予对方的信息要适量，不多也不少，恰到好处，这是语言艺术的一个关键，也是一个看起来简单、其实极其复杂的问题。

　　有趣的是，有时候故意多给一些信息，或者少给一些信息，也能够收到较好的修辞效果。如：

甲　下星期我们一同上杭州去玩吧。我有 123 元，你有多少钱？

乙　我有 23 块 5 角 7 分大洋！

　　乙的答话中的"5 角 7 分大洋"，就是故意多给的信息，目的是要强调自己没有钱。这种多给的信息是不会使对方厌烦的。

　　少给信息，有时也不会使对方失望。如杭州西湖灵隐寺旁飞来峰和冷泉亭的对联：

泉自几时冷起？

峰自何处飞来?
泉自冷时冷起,
峰自飞处飞来。

　　这大概是从钟会答嵇康问的"闻所闻而来,见所见而去"演化而来的。所给予的信息量几乎等于一个零,但却别有含义,意趣盎然。

思考与练习

一、学习和运用语言的方法很多,从那些精粹的传世之作中吸收语言养料,可以说是所有语言艺术巨匠共同的路径。但吸收不是照搬,而是有所创新和转化。既要言之有物,又要注意表达上的真实恰当。例如现代作家冰心的散文《尼罗河上的春天》中,有一段文字描写了从尼罗河畔的旅馆窗户观赏到的景物:

　　　　远远的比金字塔还高的开罗塔,像细瓷烧成似的,玲珑剔透地亭亭玉立在金色的光雾之中;尼罗河水闪着万点银光,欢畅地横流过去;河的两岸,几座高楼尖顶的长杆上,面面旗帜都展开着,哗哗地飘向西方,遍地的东风吹起了!

　　这一段文字,用语清新流畅,尤其是将吹遍大地的东风,写得有声有色。冰心风趣地说,她这里用的语言是"偷"了古书里的话,即《三国演义》第四十九回中写"七星坛诸葛借风"的一段:

　　　　将近三更时分,急听风声响,旗幡转动,瑜出帐看时,旗带竟飘向西北,一霎时东南风大起。

　　请你细细比较这两段文字,体会作家是怎样巧妙地将古典作品的语言"化"入自己的文章,从而增强语言表现力的。

二、查阅资料,翻译文中的几段文言文和诗句。课外阅读小说名著《祥林嫂》和《红楼梦》。

4. 换个角度看问题[①]

王充闾

阅读提示

　　杂文取材广泛,不拘一格,评人评事,挥洒自如,常在轻松风趣的笔调中,透露出机智和不凡见解。本文是一篇侧重阐述客观事理的杂文,旨在提倡思维的多向性和灵活性。作者采用了由事及理的写法,从生活中真切、实在、形象的事例入手,通俗明快地阐述道理,娓娓道来,如话家常。通过概括分析,指出思维科学中有反向思考、侧面思考、多项思考等多种形式,使读者在阅读中产生同感,自然比较容易接受作者的看法。这种写法值得我们很好地学习借鉴。

　　日本畅销书《怎样进行创造性思维》中记叙这样一个故事:一家儿童玩具店购进许多新奇玩具,很讲究地摆放在柜台里。可是,出乎意料,儿童们来到商店却全然不顾,而是去附近其他玩具店买那些大路货。店老板请来一位中小企业咨询员帮助分析原因。这位咨询员四周巡视一番,便坐在地板上把视线降低到小孩子所能看到的高度,这回发现了问题:原来,大人容易看到的地方,对于小孩子却是一个死角。于是,他同店老板一面用膝盖在地板上行走、观测,一面按小孩子的视线高度把玩具重新摆放一遍。此后,这家儿童玩具店的生意便空前兴隆起来。

　　由此可见,观察事物的角度确是一个十分重要的问题。同是这座庐山,"横看成岭侧成峰,远近高低各不同"(苏轼诗);一部《红楼梦》,"单是命意,就因读者的眼光而有种种:经学家看见《易》,道学家看见淫,才子看见缠绵,革命家看见排满,流言家看见宫闱秘事……"(鲁迅

---

　　① 选自1988年6月2日《人民日报》海外版。

语)长沙女子郭六芳写过一首七言绝句："侬家家住两湖东,十二珠帘夕照红。今日忽从江上望,始知家在画图中。"家在自己眼中,朝夕晤对,原也平淡无奇;可是,当换个角度从江上去望,却发现它宛在画图之中,融在自然的一片美的形象里。

事物本来是复杂的,多向的,因此,应该从多种角度去考察;解决问题的途径也是多种多样的,我们应该从多方面去探索。主体考察、审视思维客体时,只有从多角度、多侧面进行多向思考,才有可能获得全面、正确的认识。可是,在日常实践中,我们却经常看到,有些同志坚持直线式思维,考虑问题往往局限在一个点、一条线、一个面上,一条道跑到黑、钻牛角尖、死胡同,而不愿多想几种可能性,多开辟几条解决问题的途径。比如,以前发生过的为了发展粮食生产而毁林开荒、拦海造田的失误,就同这种直线式思维有关系。有些同志坚持习惯性思维,头脑僵化,习惯于用过去的教条解释现实,在已知的旧路上徘徊;凡是过去存在过的,或曾被证实过的东西,就认为绝对正确,万无一失,而对现实中与传统相抵触的新事物,则往往不予承认。再比如,一谈到防治害虫,人们便习惯地想到种类繁多、浓度不断加大的化学农药。实际上,这是囿①于一种旧框框。如果换个角度考虑问题,就会发现治虫是可以不用农药的。有些植物本身具有毒杀作用,而且为某些害虫所爱吃;有些植物的根茎叶花含有挥发油、生物碱等化学物质,害虫对它们避而远之。如果我们在农作物区选择适当的农业生态体系,利用某些植物的毒杀、忌避作用,不施农药,同样可以防治害虫。

作战有正攻、反攻和绕到敌人后面或侧面进攻的迂回战术;思维科学中也有反向思考、侧面思考、多向思考等形式。在中国古代,孙膑以减灶擒庞涓,而虞诩却以增灶破羌兵,因时因地制宜变换战略战术,这是克敌制胜之道。思维活动也是如此,一个方向受阻了,不妨换个角度思考。《丝路花雨》中英娘反弹琵琶的舞姿,日常生活中

---

① 〔囿(yòu)〕 局限;拘泥。指见识不广。

"推推不成拉拉看"的俗话,对我们进行多种形式的思考都有直接的启示。听说巴黎有一家旅馆,住客乘电梯上下,抱怨速度太慢,老板发愁,想重新设计、安装,这要花一大笔钱。一位心理学家给他出了一个主意:在电梯室里装上几面镜子。老板依法行事,果然奏效。原来,住客走进电梯室都要整装、梳理一番,这样不但不嫌速度慢,反而觉得电梯太快了。

从相反的事物有同一性、既对立又统一这个前提出发,明确思维的多向性,这是开阔思路,克服直线式、习惯性思维方式的有效途径。

思考与练习

一、仔细阅读课文,分析作者所举的日常生活中的事例在阐述本文论点过程中所起的作用。

二、举例讨论社会上或生活中因为头脑僵化、办事教条所带来的苦果或恶果。

三、提倡多向思维,是辩证的思想,是发展的观点,在现代社会尤为重要。下面这篇短文,就是运用发展的观点,历史地看待"班门弄斧"的典故,反其道而行之,论证了"弄斧"必到"班门"的论点。认真阅读《"弄斧"必到"班门"》一文,谈谈作者灵活变通地运用了哪些论证方法,倡导和鼓励怎样的一种精神?

"弄斧"必到"班门"
李凤蔚

"班门弄斧"一语出自唐代柳宗元《王氏伯仲唱和诗序》,比喻在行家面前卖弄本领。然而就是这一句成语,曾使无数有才智的中国人压抑了自己的创造力。直至20世纪90年代的今天,我们清醒地认识到:我们社会的人才太少了,敢于到社会上一显身手的人才就更少。我们确实需要一批敢于到"班门"去"弄斧"的有志者。

几千年来,"谦让"、"含蓄"一直被看作是我们民族的美德而延存至今。于是,大部分人才在这种"美德"的影响下,不是主动到社会上显现自己的才能,而是等着社会来发现自己,颇有一点儿高深的涵养,最终多半以怀才不遇的心情而碌碌终生,这与我们当代突飞猛进的社会,是多么地不相称。当今的社会需要人才,就要鼓励人才出来自我表现,到班门弄斧,让有鉴赏力、有经验的行家目睹自己的才能,是让社会发现自己的一条重要途径。

人们也许不会忘记,十几年前,江西省体操队门前翻跟头的小孩儿——那是一个酷爱体操,并有着一定天赋的孩子。他每次到业余体校报名,都由于身体瘦弱而未能入选,然而这个年仅八岁的孩子最后竟走到江西体操队著名国家教练张健的门前——那是个多么难争取到的机会。每当教练一回头面对他,他就鼓足勇气翻一个跟头,每一回头,翻一个。记不清翻了多少个跟头,教练终于发现了门外这个瘦小的孩子。并精心培养,经过十几年的磨练,当年翻跟头的小孩儿终于显示了自己的体操才能,成为世界冠军。他,就是现在的体操名将童非。

试想,若不是当时的"班门弄斧",若当时在业余体校落选后就此罢休,那么我们今天的世界体坛就将失去一颗璀璨的明星。

如果有人说,童非少年时代的这一举动还算不上"班门弄斧"的话,那么,我下面要说的这位青年,就要算是"班门弄斧"了。

青年男低音歌手曹群是震惊世界歌坛的著名歌唱家。但是,大概很少有人知道以前他所经历的种种挫折。几年前,他还不过是个普通的歌唱演员,屡次在国内大赛上名落孙山。但他相信自己的能力。他做了一件令国内声乐权威瞠目的举动:自费出国,自费参加世界声乐大赛并一举夺魁。

多么强大的自信力,多么坚强的意志,多么无畏的勇气。

也许,有人会称他为"狂"。不错,他到"班门"去了,并且"弄斧"了,"弄"得漂亮,"弄"得精彩,"弄"出了中国人的潇洒和豪迈。

这样的勇士,在我们今天不是太多了,而是太少了,只有看到他们在成功领奖台上昂首的神态,我们才能感觉到我们民族压抑了许久的生命力正逐渐迸发出来。

5.　纳谏与止谤①
——重读《邹忌讽齐王纳谏》有感

臧克家

阅读提示

　　这是一篇读后感。作者在重读《邹忌讽齐王纳谏》后，以齐威王勇于纳谏的难能可贵之举立论，结合《国语》中《召公谏厉王止谤》的故事，两相对照展开论述，高度赞扬了齐威王勇于纳谏的明智和磊落胸怀，并由此引出古今对比，联系实际阐发感想。

　　读后感的重点在于有感而发。本文作者以"纳谏"、"止谤"两词为题，揭示了鲜明的对比寓意。齐威王纳谏而使国家强盛，周厉王止谤最终导致垮台。文中古今对照尤为生动。作者以流畅明快、简洁有力的语言联系实际，阐发感悟。

　　学习时，要着重领会文中对比论证方法的巧妙运用和持之有故、言之成理的说理风格。

　　　　读好文章，如饮醇酒，其味无穷，久而弥笃。《邹忌讽齐王纳谏》，读初小时就成诵了，觉得它故事性强，有情趣，引人入胜。六十年后，再读一遍，如故人重逢，格外亲切。

　　　　古人说"人非圣贤，孰能无过？"即使君子，也难免有过，不同的是"过也，人皆见之，及其更也，人皆仰之"而已。古代帝王置谏官，自己有了错误，臣下可以进谏。帝王，自以为是"天之子"，富有四海，臣服万民，行为百代师，言作万世法，坐在高高的宝座上，俯视一切，能倾听逆耳之言，采纳美芹之献②的，历史上并不多见。但是也不能一概而论。也有少数聪明一点的，为了坐稳江山，笼络

---

① 选自 1986 年 6 月 8 日《光明日报》。臧克家，当代诗人，1905 年生于山东渚城。

② 〔美芹之献〕古人对自己的上书、建议自谦言不足取；或以物赠人，谦言礼品微薄，称"芹献"或"献芹"。这里的"美芹之献"指的就是地位低微的人提出的好意见。

人心，也能从谏如流。有圣君，有贤臣，使政治稳定，国泰民安，历史上称为太平盛世。像唐太宗与魏征，就是一例。而最突出，最典型的，要数邹忌与齐威王了。

讽谏帝王，是冒险的事。批"龙鳞"①，逆"圣听"，需要大勇与大智。多少忠臣义士，赤心耿耿，进忠进谏，结果呢，有的被挖心，有的被放逐。比干②、屈原悲惨的故事，千古流传。

因此，对这位勇于纳谏的齐王，既佩服他的大智，也赞赏他的风度。这篇《邹忌讽齐王纳谏》的文章，给我们树立了一个宽大明智、精神高尚的形象，事隔几千年，栩栩如在眼前。想当年，他听了邹忌的讽谏之后，立即下令群臣，遍及全国，面刺错误，指陈弊病，不仅言者无罪，反而重赏，这是何等气度！何等磊落胸怀！千载而下，犹令人感奋不已！

事因难能，所以可贵。在同一本《古文释义》里，小时候也读过《召公谏厉王止谤》这篇古文，至今还能背出其中的名句。拿这位厉王和齐威王一比，真可谓天渊之别了。齐威王下令求谏，周厉王却以"能弭谤"自喜，天下之人，满腹不平，他要塞住万民的口，自己也捂紧耳朵。"防民之口，甚于防川③"，"止谤"使得老百姓"道路以目④"。三年之后，土壅而川决，这个特大暴君——人民之敌，被"流于彘⑤"。

齐王与厉王，那种对待谏谤的态度，得到的结果也截然相反。

历史是一面镜子。《邹忌讽齐王纳谏》、《召公谏厉王止谤》这两篇古文，我们对照着读，大有可以借鉴之处。

追古思今。现在我们有些作负责工作的领导同志，在言行方面有明显的缺点和错误，文过饰非，怕听逆耳之言，一听到正中要害的话，立即火冒三丈，像阿Q听到别

---

① 〔批"龙鳞"〕　传说龙喉下有逆鳞径尺，有触之者必怒而杀人，因以批逆鳞或批龙鳞喻触怒帝王。批，触。
② 〔比干〕　商代贵族，纣王的叔父。相传因屡次劝谏纣王，被剖心而死。
③ 〔防民之口，甚于防川〕　意思是不可阻塞言路，如这样去做，将比堵塞河流带来的后果还严重。
④ 〔道路以目〕　在路上相遇，只是互相看看，心里有怨怒，可什么话也不敢说。
⑤ 〔流于彘〕　彘，晋地，在今山西省霍县。周厉王后来被流放到彘。

人说他头上的疮疤一样。有的甚至对批评自己的同志，打击报复，仗势凌人，以冰棍对付热情，什么批评与自我批评的原则，全成为过耳东风。这样作的结果如何呢？贻误工作，伤害同志，最后，自己也难免于垮台。

说到这里，我们自然会想到"四人帮"的所作所为。他们当道之时，得意忘形，凌驾一切。江青一句屁话，成为"圣旨"，顺我者昌，逆我者亡。以棒止谤，冤狱累累。人力无穷，天网恢恢，他们的滔天大罪，终于被清算。

谏难，纳谏尤难。要得到成果，需要双方合力。有敢直谏或讽谏的良臣，还要有能纳谏的明君。邹忌的譬喻再妙，辞令再巧，没有齐威王善听的耳朵，也是白费唇舌，枉运心机。

《邹忌讽齐王纳谏》这篇文章之所以动人，不仅由于它的意义，也还因为它那委婉而讽的进谏方法。这样关系国家命运的大事，邹忌并没有板起面孔，摆出义正词严的态度，反之，却以与徐公比美、妻妾评议之闺房琐事出之，如果遇到一个暴君，责以亵渎①之罪，也是责无旁贷的。这种构思，这样笔法，与《触龙说赵太后》如出一辙，而同样奏效。这么写，生动亲切，娓娓动听，饶有情趣。这篇文章，用了大半篇幅作了譬喻的描绘，三个人物的情态和心理，真实透彻，入情入理，令人信服。譬喻止于"皆以美于徐公"，接下去，"今齐地方千里"来个陡转，入了正题。由于妻妾、朋友的"私臣"，联系全国上下"莫不私王"，譬喻与正题扣得极紧。谏议的结果是"战胜于朝廷"。

读罢这篇绝妙佳作，掩卷沉思，忽发奇想。如果现在我们的某个部门或机关，也来个"悬赏纳谏"，那该是"门庭若市"，批评、建议，雪片飞来。最后的结果呢，也可以想知。准是改进了工作，提高了效率，像不干净的身子洗了个清水澡，受到广大群众的鼓励与表扬，对四化的进展也起到了推动作用。

---

① 〔亵渎（xiè dú）〕轻慢；不尊敬。

如若不信,盍^①试为之。

1980 年 5 月 17 日

思考与练习

一、本文语言表达生动形象,富于文采。文中多次使用了四字句和四字构成的成语、短
语。例如:逆耳之言、一概而论、言者无罪、责无旁贷、久而弥笃、门庭若市、掩卷沉
思、忽发奇想、娓娓动听、天渊之别等。请把这种词汇收集起来,联系上下文,理解
它们并学会运用。

二、练习用对比论证的方法写一篇议论文。

---

① 〔盍(hé)〕 何不。

6. 鼓上蚤另有重用①

牧 惠

阅读提示

　　杂文与一般议论文不同在说理的形象化。本文既评论人物形象又借题发挥,嬉笑怒骂,挥洒成篇,没有一般文艺评论的学究气和枯燥感,使读者于文章的荒诞怪异处领悟到作者治学的严谨,于古典小说的怪论调侃中体会到杂文亦庄亦谐的风格,感受到作者对《水浒》这部作品理解的深透,见解的独到。这是一篇熔知识性、学术性、趣味性、讽刺性于一炉的好文章。

　　在《石碣受天文》中,鼓上蚤时迁排在第一百零七位,倒数第二,最后一名是金毛犬段景住。这种排列,让人未免为之抱屈。看来,这大概同作者看不起小偷小摸的鸡鸣狗盗②之徒有关。当小偷不如当打家劫舍的强盗,大有"小反革命不如大反革命"之势,是一种古怪然而又常常如此的逻辑。

　　时迁上梁山泊,不曾有谁强迫过,是他自己认识到老干这些偷鸡盗狗的勾当不是好出路,主动要求杨雄、石秀带他投奔晁盖的。途中旧性难改,偷吃了别人的报晓鸡,被祝家庄逮住。杨雄、石秀上山报信,惹得晁盖因"把梁山泊好汉的名目去偷鸡吃","连累我等受辱",要砍杨雄、石秀的头。经过宋江劝阻,才算了结。也许,这是时迁名次排得那么后的缘故吧?

　　论贡献,时迁其实不是白吃饭的。一百零八人,让读者留下深刻印象的,顶多也就是那么三四十人吧?其中有时迁。时迁盗甲可以说虽不致家喻户晓,至少也名声

---

　　① 选自《歪批水浒》(群言出版社1993年6月第1版)。牧惠,当代作家。1928年生,广东祈会人,以写杂文见长。

　　② 〔鸡鸣狗盗〕 装鸡叫骗人,装狗进行偷盗。后指卑微的技能或具有这种技能的人。

在外,他这也是偷,也是小偷小摸;但已不同以往的偷,目的是把引徐宁上山的甲弄到手。没有徐宁上山,焉能破呼延灼的连环马?论功行赏,粉碎高太尉第一次围剿,时迁立了别人不可代替的汗马功劳。孟尝君靠鸡鸣狗盗之徒逃命,宋江靠鸡鸣狗盗之徒打胜仗。可见,只要使用得当,小偷也有妙用。

时迁在梁山泊排座次后,是军中走报机密步军头领之一。这个职务,大概相当于传令官吧?所用殊非所长。此时山寨家大业大,除非碰到又需要诱使"徐宁"上山或夜袭大名府这类事情,时迁那一番"飞檐走壁,跳篱骗马"的本事实在没了用武之地。他只好吃闲饭。于是不禁替他想想出路。

近些年来,断断续续从报上读到一些小偷偷出来的新闻:某县级市领导被窃洋烟三十余条、彩电两台、相机两架及金饰品、现金若干,不曾报案,反而是小偷写信给有关部门称,如能查清这些物资的来历,我肯投案自首。安徽亳州市副市长家被盗约值五千元的金饰烟酒。这回是报案了。公安人员查勘现场时发现,还有更多未被盗的钱财:计现金两万,名烟四十余条,家用电器一批,另有驳壳枪和"六四"式手枪各一支……这类新闻还有,不抄了。于是忽然想到,以"替天行道"、"单杀赃官污吏"为己任的梁山泊,何不委任时迁为肃贪局局长或总顾问,施展他的特技,到高太尉等大官僚府邸去实地察看,或把详情报告朝廷,或公之于众,岂不妙哉?

可惜的是,当时没有人想到这一招,以至于宋徽宗手下的六个大红人富甲连城的具体细节鲜为人知。我们知道的大都是"马后炮",例如:明朝严嵩的儿子严世蕃的财富光是窖藏的金银就多得让严嵩本人害怕;清朝和珅的私蓄,总数达八百兆两,相当于他当宰相这二十年的国家收入的四分之一,顶四十个堪称巨富的法王路易十四。如果他们在位时能把这些机密曝光,岂不大快人心?前些时候报上有一故事新编,让时迁替梁山出版社去偷周邦彦所收藏的外国新潮著作回来,翻译出版赚大钱,看来仍是下下之策,突不破旧框框。

思考与练习

一、本文通过评论《水浒》中的人物鼓上蚤时迁,体现了杂文说理方面的显著特点,即说理的形象化。结合课文,说说下面两段文字通过勾勒形象阐发联想,表现了作者的哪些观点,体现了作者怎样的感情色彩。

  1. 于是忽然想到,以"替天行道"、"单杀赃官污吏"为己任的梁山泊,何不委任时迁为肃贪局局长或总顾问,施展他的特技,到高太尉等大官僚府邸去实地察看,或把详情报告朝廷,或公之于众,岂不妙哉?

  2. 论功行赏,粉碎高太尉第一次围剿,时迁立了别人不可代替的汗马功劳。孟尝君靠鸡鸣狗盗之徒逃命,宋江靠鸡鸣狗盗之徒打胜仗。可见,只要使用得当,小偷也有妙用。

二、课外查阅资料,把文中引用的典故出处和意思搞清楚。熟读《水浒》,积累古代文化知识。

单元练习

一、会读写本单元出现的常用字词,理解词语在不同语境中的具体用法,积累词汇量。

二、试根据下列材料拟两份议论文写作提纲。要求:1. 从提供的材料中确立中心论点;2. 选择两个以上具有典型意义的事实论据或理论论据;3. 拟出文章题目。

材料一:

（1）丹麦前教育大臣出访巴黎,到达时已是深夜,秘书为其订了一个费用超过国内财务标准的房间,很快被揭发出来。这位大臣被迫中断在国外的访问,急如星火地赶回去接受议会质问,虽多次做检查仍无济于事,最终被迫辞职。

（2）孔繁森殉职后,仅留下两件令人心碎的遗物:一是他的仅有钱款——8.60 元;一是他的"绝笔"——去世前四天写的关于发展阿里经济的 12 条建议。

［写作提纲］

题目:

中心论点:

论据:事实论据:

　　　理论论据:

材料二:

清代著名画家郑板桥晚年得子,十分高兴。但他对儿子从不溺爱,而是经常通过各种方法培养儿子的自立能力。他临终时,让儿子亲手做馒头给他吃,当儿子做好馒头端到床前时,郑板桥已经咽气了。儿子悲痛大哭,突然看到茶几上有一张字条,上面写道:"流自己的汗,吃自己的饭,自己的事业自己干,靠天靠人靠祖宗,不算是好汉。"这就是郑板桥的遗嘱,也是他给儿子上的最后一堂"自立课"。

［写作提纲］

题目:

中心论点:

论据:事实论据:

　　　理论论据:

三、练习写 1—2 篇议论文,题目可自拟,但是必须写自己最熟悉,感受最深切的论题。

第四单元　文言文

　　早在 20 世纪 60 年代初期,北京景山学校就从三年级开始进行文言文试点教学,学生到中学毕业时可以熟读和背诵二百多首文言诗词,一百来篇文言文,大体能读一般的文言读物。调查反映:这批学生不但记忆能力和理解能力较非试点班要强,在高考中成绩明显突出,而且在以后的工作和学习中也表现出了良好的文化素养和较强的创造能力。他们非常怀念自己的中学时代,认为那时学文言文对以后的工作和学习有很大帮助,希望学校把这项教学实验坚持下去。

　　中国的封建历史源远流长,中国的古代文化浩如烟海。让青少年学生学一点文言文,是全面培养语文能力和提高民族文化素质的需要,是继承古代文化遗产和发展社会主义新文化的需要,也是深入进行爱国主义教育和加强精神文明建设的需要。具体落实到教学中,我们应注意以下几点:

　　1. 强化文言文的诵读,诵为朗诵或背诵。在诵读的基础上去理解文章的大概意思。

　　2. 对文中脍炙人口、流传至今的名句或成语等要熟记于心。

　　3. 掌握有古今异义、一词多义、词类活用和通假字等特殊文言实词的具体用法。

　　4. 掌握"之"、"于"、"其"、"而"等常用文言虚词在不同搭配组合下的不同意义。

　　5. 了解民族历史,掌握古代文化。对某种现象作较深层次的分析和思辨,提高鉴赏能力。

1. 邹忌讽齐王纳谏①

刘 向

阅读提示

本文通过记叙邹忌巧妙作比，从自身受蒙蔽的反省中悟出道理，规劝齐王悬赏纳谏的故事，说明了修明政治、广开言路对国运兴衰的重要作用。这种纳谏除弊的做法有利于人民，有利于社会进步，是一般的统治者很难做到的。

文章虽结构简单，但采用了以身设喻、以事喻理的方法，用简练委婉的语言，讽喻的手法，由生活琐事推及国家大事，记叙详略得当，说理中肯深刻。

邹忌修八尺有余②，而形貌昳丽③。朝服④衣冠，窥镜⑤，谓其妻曰："我孰与城北徐公美⑥?"其妻曰："君美甚，徐公何能及君也?"城北徐公，齐国之美丽者也。忌不自信，而复问其妾曰："吾孰与徐公美?"妾曰："徐公何能及君也?"旦日⑦，客从外来，与坐谈，问之："吾与徐公孰美?"客曰："徐公不若君之美也。"明日⑧，徐公来。孰⑨视之，自以为不如；窥镜而自视，又弗如远甚⑩。暮寝而思之，曰："吾妻之美我⑪者，私我⑫也；妾之美我者，畏我

---

① 本文选自《战国策·齐策》。《战国策》是战国时游说之士策谋和言论的汇编。西汉刘向（约公元前77年—前6年，汉代经学家、目录学家、文学家。）对其重新编定后，将之定名为《战国策》。全书记载了春秋至秦并六国240年间的历史。该书不仅保存了很多史料，富有历史价值，而且还是一部具有很高文学价值的散文著作。邹忌，战国时人，任过齐相国。他曾以鼓琴游说齐威王，使齐国国力渐强。讽，讽刺，规劝。纳，采纳，接受。

② 〔修八尺有余〕 身高有八尺多。修，长，这里指身高。尺，古代度量衡单位，比今尺短。

③ 〔昳(yì)丽〕 光艳美丽。

④ 〔朝(zhāo)服〕 朝，早晨，名词。服，穿戴，作动词用。

⑤ 〔窥镜〕 窥，偷视。镜，这里指照镜子。

⑥ 〔我孰与城北徐公美〕 我同城北徐公比，哪个美? 孰，疑问词。

⑦ 〔旦日〕 明天。

⑧ 〔明日〕 即上文"旦日"的后一天。

⑨ 〔孰〕 同"熟"，仔细。

⑩ 〔弗(fú)如远甚〕 远远地不如。弗，不。甚，很。

⑪ 〔美我〕 以我为美，认为我美。

⑫ 〔私我〕 偏爱我。私，形容词当动词用。

也；客之美我者，欲有求于我也。"

　　于是入朝见威王，曰："臣诚知不如徐公美。臣之妻私臣，臣之妾畏臣，臣之客欲有求于臣，皆以美于徐公①。今齐地方千里②，百二十城③，宫妇左右④莫不私王，朝廷之臣莫不畏王，四境之内⑤莫不有求于王：由此观之，王之蔽⑥甚矣。"

　　王曰："善。"乃下令："群臣吏民能面刺⑦寡人之过者，受上赏；上书谏寡人者，受中赏；能谤讥于市朝⑧，闻⑨寡人之耳者，受下赏。"令初下，群臣进谏，门庭若市；数月之后，时时而间进⑩；期年⑪之后，虽欲言，无可进者。

　　燕、赵、韩、魏闻之，皆朝于齐⑫。此所谓战胜于朝廷⑬。

思考与练习

一、注意文中重要的实词和虚词的意义和用法，做以下练习：

　　1. 指出下列各句中加点实词的意义和所属词性：

　　朝　朝服衣冠，窥镜，谓其妻曰：……

　　　　于是入朝见威王。

　　　　燕、赵、韩、魏闻之，皆朝于齐。

　　美　皆以美于徐公。

　　　　吾妻之美我者。

　　　　吾与徐公孰美。

---

①〔皆以美于徐公〕都认为（我）比徐公美。于，比。
②〔方千里〕方圆千里。
③〔百二十城〕城池有一百二十座。
④〔宫妇左右〕指宫内的夫人、姬妾以及左右侍候的太监等。
⑤〔四境之内〕全国范围内的（人）。
⑥〔蔽〕蒙蔽。
⑦〔面刺〕当面指责。
⑧〔谤讥于市朝〕在公众场合议论（君王的缺点）。谤，指责别人的过错。讥，谏，这里无贬义。市朝，公共场所。
⑨〔闻〕"使……听到"的意思。
⑩〔时时而间(jiàn)进〕间或才有来人进谏。时时，有时候。间，间或。进，进谏。
⑪〔期(jī)年〕一周年。
⑫〔朝于齐〕到齐国来朝见（齐王）。这里是尊重齐国的意思。
⑬〔此所谓战胜于朝廷〕这就是人们所说的"在朝廷上战胜别国"的道理。意为只要内政修明，必然国力强盛，不须用兵，就能战胜敌国。

孰　孰视之

　　我孰与城北徐公美?

2. 指出下列各句加点"之"字的词性及意义:

① 吾妻之美我者。

② 燕、赵、韩、魏闻之。

③ 城北徐公,齐国之美丽者也。

④ 暮寝而思之。

⑤ 徐公不若君之美也。

⑥ 由此观之。

二、查阅资料,了解一下我国从古至今的执政者中哪几位最开明,愿意广开言路、多方听取百姓批评意见? 广开言路,所取意见的好处在哪里? 联系现实和自己,或课堂讨论,或写一篇读后感。

三、背诵全文,翻译全文。

2.　芙　蕖①

李　渔

阅读提示

　　本文依据芙蕖"可人"的生长习性，依次介绍了芙蕖"可目"、"可鼻"、"可口"、"可用"的观赏价值和实用特点，全文结构严谨清晰，语言简明生动，说明详略得当。

　　芙蕖之可人②，其事不一而足，请备述之③。

　　群葩当令时④，只在花开之数日，前此后此皆属过而不问之秋⑤矣。芙蕖则不然：自荷钱⑥出水之日，便为点缀绿波；及其茎叶既生，则又日高日上⑦，日上日妍⑧。有风既作飘摇之态，无风亦呈袅娜之姿，是我于花之未开，先享无穷逸致矣。迨⑨至菡萏⑩成花，娇姿欲滴，后先相继，自夏徂⑪秋，此则在花为分内之事，在人为应得之资⑫者也。及花之既谢，亦可告无罪于主人矣；乃复蒂下生蓬，蓬中结实，亭亭独立，犹似未开之花，与翠叶并擎⑬，不至白露为霜而能事不已⑭。此皆言其可目者也⑮。

----

　　①　本文选自《闲情偶寄》。该书是一部介绍戏曲、烹饪、建筑、园艺等方面的杂著。李渔（1610—1680），字笠鸿，一字谪凡，号笠翁，明末清初兰溪（今属浙江）人，戏曲理论家、作家。芙蕖（fú qú），即荷花，又名莲花，芙蓉。

　　②　〔可人〕　适合人的心意。可，动词，下文"可目"、"可鼻"的"可"，用法相同。

　　③　〔请备述之〕　请让我把它都说出来。请，敬词，表谦虚。

　　④　〔群葩（pā）当令时〕　正当各种花开的时节。葩，花。当令，适合时令。

　　⑤　〔过而不问之秋〕　无人过问的时候。秋，时候。

　　⑥　〔荷钱〕　初生的小荷叶，状如铜钱。

　　⑦　〔日高日上〕　一天天高起来，向上长。

　　⑧　〔日上日妍〕　一天天越长越好看。妍，容色美好。

　　⑨　〔迨（dài）〕　及，到。

　　⑩　〔菡萏（hàn dàn）〕　荷花的别称。

　　⑪　〔徂（cú）〕　往，到。

　　⑫　〔应得之资〕　应该得到的享受。资，资本、财富，这里是比喻用法。

　　⑬　〔擎（qíng）〕　向上举，这里指耸立。

　　⑭　〔能事不已〕　所擅长的本领不会（呈献）完毕。能事，擅长的本领。不已，不止。

　　⑮　〔此皆言其可目者也〕　以上都是说它适合于观赏的事。

可鼻，则有荷叶之清香，荷花之异馥①；避暑而暑为之退②，纳凉而凉逐之生③。

至其可人之口者，则莲实与藕皆并列盘餐而互芬齿颊④者也。

只有霜中败叶，零落难堪，似成弃物矣；乃摘而藏之，又备经年裹物之用。

是芙蕖也者⑤，无一时一刻不适耳目之观，无一物一丝不备家常之用者也。有五谷之实而不有其名，兼百花之长而各去其短，种植之利有大于此者乎？

思考与练习

一、查阅资料，找出 5 个以上荷花的别名。

二、这篇古代说明文写法上的主要特点是什么？

三、熟读、解释全文。

---

① 〔馥(fù)〕香气。

② 〔暑为之退〕暑气因它而减退。之，指叶之清香

③ 〔凉逐之生〕凉气跟着它而产生。逐，跟着。

④ 〔互芬齿颊〕莲实和藕一块使人的牙齿和嘴边感到芬芳。颊，面颊，这里指嘴边。芬，用作动词。

⑤ 〔是芙蕖也者〕这样看来，芙蕖这种东西。是，如此。也者，复指芙蕖。

3.　兰亭集序①

王羲之

阅读提示

　　序，即序言，是介绍评述一部著作或一篇文章的文字。兰亭，在今浙江省绍兴市西南的兰渚山麓。晋穆帝永和九年，王羲之曾和谢安、孙绰等四十一位名人雅士在兰亭举行了一次大规模的诗酒集会。集会上的唱和诗作后被编成了文集，王羲之为文集写了此序，名曰《兰亭集序》，意为兰亭集会的诗序。

　　《集序》一反当时盛行的玄谈、雕琢的文风，用清新朴实的语言，写景抒情，表达了作者对生死的感慨，对自然和生命的热爱。它的不足是在思想、感情上尚有人生无常、终归于尽的低沉情绪。

　　文章融叙事、写景、议论为一体，语言潇洒灵动，具有一种超远又深沉的理趣之美。被誉为"书圣"的王羲之还精心书写了全文，遒媚劲健的《兰亭贴》成为我国书法文化的瑰宝。

　　　　　　永和②九年，岁在癸丑③，暮春④之初，会于会稽山阴⑤
　　　　之兰亭，修禊事也⑥。群贤毕至，少长咸⑦集⑧。此地有崇
　　　　山峻岭，茂林修竹⑨；又有清流激湍⑩，映带左右⑪。引以

---

　　① 本文选自《晋书·王羲之传》。王羲之（321—379，一作 303—361，又作 307—365）字逸少，东晋琅琊临沂（今属山东）人。居会稽山阴（今浙江绍兴）。曾做过右军将军，故世称"王右军"。他是我国历史上杰出的书法家，也长于诗文，著有《王右军集》。其文高雅从容，清新朴实，自成风格。
　　②〔永和〕晋穆帝年号（345—356）。
　　③〔癸(guǐ)丑〕古人以天干地支纪年，永和九年为癸丑年。
　　④〔暮春〕晚春。指农历三月。
　　⑤〔会稽山阴〕会稽，郡名，治所山阴，即今浙江绍兴。
　　⑥〔修禊(xì)事也〕（为了进行）修禊这件事。禊，一种祭礼。修禊，临水祭祀，以消除不祥。为古代风俗。
　　⑦〔咸〕都。
　　⑧〔集〕聚会。
　　⑨〔修竹〕高高的竹子。修，长。
　　⑩〔激湍(tuān)〕浪花四溅的急流。
　　⑪〔映带左右〕林竹映衬，水流环绕于左右。

为流觞曲水①,列坐其次②,虽无丝竹管弦之盛③,一觞一咏④,亦足以畅叙幽情⑤。是日也,天朗气清,惠风和畅⑥。仰观宇宙⑦之大,俯察品类⑧之盛,所以游目骋怀⑨,足以极视听之娱⑩,信⑪可乐也。

夫人之相与,俯仰一世⑫。或取诸怀抱,悟言一室之内⑬;或因寄所托,放浪形骸之外⑭。虽趣舍万殊⑮,静躁⑯不同,当其欣于所遇⑰,暂得于己⑱,快然自足⑲,不知老之将至;及其所之既倦⑳,情随事迁,感慨系之矣㉑。向之所欣㉒,俯仰之间已为陈迹,犹不能不以之兴怀㉓;况修短随化㉔,终期于尽㉕。古人云:"死生亦大矣㉖。"岂不痛哉!

每览昔人兴感之由㉗,若合一契㉘,未尝不临文嗟

---

① 〔流觞(shāng)曲水〕 把盛酒的杯放在曲水上,顺流而下,止于某人面前,即取而饮之。觞,酒杯。
② 〔列坐其次〕 列坐在曲水旁边。次,处所,地方。
③ 〔丝竹管弦之盛〕 演奏音乐的热闹场面。丝竹管弦都是乐器。
④ 〔一觞一咏〕 一边饮酒,一边作诗。
⑤ 〔幽情〕 深情。
⑥ 〔惠风和畅〕 微风吹来,又爽快又温和。惠风,和风。和畅,温和。
⑦ 〔宇宙〕 "宇"指无限空间,"宙"指无限时间。一切物质及其存在形式的总体。哲学上又叫"世界"。
⑧ 〔品类〕 物类,指万物。品,众。
⑨ 〔所以游目骋怀〕 以此纵目观览,舒畅心胸。所以,是"以此"、"用来"的意思。骋,奔驰。
⑩ 〔极视听之娱〕 尽情地享受观赏和聆听的乐趣。极,尽。娱,乐趣。
⑪ 〔信〕 实在。
⑫ 〔夫人之相与,俯仰一世〕 人们聚居相处在天地间,俯仰之间一世就过去了。夫,发语词。相与,相处,指生活在一起。俯仰,一低头,一抬头,比喻时间短暂。
⑬ 〔或取诸怀抱,悟言一室之内〕 有的倾吐自己的胸怀抱负,在室内跟朋友畅谈。或,有的人。诸,之于。怀抱,胸怀抱负。悟言,对面交谈。
⑭ 〔或因寄所托,放浪形骸(hái)之外〕 有的随自己的爱好,寄托自己的情怀,摆脱一切拘束,自由自在地尽情游乐。放浪,放纵。形骸,形体。"放浪形骸"指摆脱一切礼法约束。
⑮ 〔万殊〕 千差万别。
⑯ 〔静躁〕 指性情的安静与急躁。
⑰ 〔欣于所遇〕 对所接触的事物感到高兴。
⑱ 〔暂得于己〕 暂时得到自己所需要的东西。
⑲ 〔快然自足〕 心情畅快,感到满足。
⑳ 〔所之既倦〕 对所向往或得到的东西已经厌倦。之,至。
㉑ 〔感慨系之矣〕 感慨之情随着事物的变迁就发生了。系,随着。
㉒ 〔向之所欣〕 从前感到喜悦的事。向,从前。
㉓ 〔以之兴怀〕 因它而引起心中的感触。
㉔ 〔修短随化〕 人的寿命长短听凭造化决定。化,造化。古人相信寿命自有定数。
㉕ 〔终期于尽〕 最终有穷尽(死亡)的期限。期,期限。
㉖ 〔死生亦大矣〕 死生也是人生最大的变化了。
㉗ 〔兴感之由〕 发生感慨的原因。由,原因。
㉘ 〔若合一契〕 像符契那样相合。意思说大家都很一致。

悼①,不能喻之于怀②。固知一死生为虚诞,齐彭殇为妄作③。后之视今,亦犹今之视昔,悲夫!故列叙时人④,录其所述⑤。虽世殊事异,所以兴怀,其致一也⑥。后之览者,亦将有感于斯文⑦。

思考与练习

一、这篇文章风格清新中浸润着风流,朴实中透着峻雅从容。请熟读本文,在体会这一写作风格的同时,领悟并解释下列词语:

群贤毕至　放浪形骸　游目骋怀　流觞曲水　情随事迁　修短随化
世殊事异　清流激湍　茂林修竹　畅叙幽情　惠风和畅　少长咸集

二、《兰亭集序》是宴游诗序中很著名的一篇,全文在记叙兰亭游乐、赋诗、畅饮的同时,阐述了作者对自然、生命意义的思考。阅读本文,谈谈你对作者在文章中表达的生死观的认识。

三、翻译全文,背诵全文。

①〔临文嗟悼〕对着文章忧伤感叹。临,视。嗟悼,忧伤感叹。
②〔不能喻之于怀〕自己心里也说不出什么原因。喻,说明白。
③〔固知一死生为虚诞,齐彭殇(shāng)为妄作〕这才知道把死和生看成一回事是荒谬的,把长寿的彭祖和夭折的儿童同样看待也是胡乱造作。一,一样。虚诞,虚妄的话。齐,看作相等。彭,彭祖,传说中古代长寿之人,活到八百岁。殇,幼年死去的人。妄作,胡说
④〔列叙时人〕逐一记述当时参加集会的人。
⑤〔录其所述〕写下他们所写的诗篇。
⑥〔虽世殊事异,所以兴怀,其致一也〕虽然时代不同,事态也两样,然而引起人们的感慨,其情趣是一样的。致,意趣,情趣。
⑦〔后之览者,亦将有感于斯文〕后人读了这些诗文,也将与我有同样的感慨。斯,这。

4. 垓 下 之 围①

司马迁

阅读提示

项羽，秦末农民起义领袖。名籍，字羽，下相（今江苏宿迁）人，楚国贵族出身。秦亡后，自立为西楚霸王，封刘邦为汉王。为了争夺封建统治权，项刘之间展开楚汉战争，项羽败，被刘邦追杀至垓下。本文写的就是从垓下突围到乌江边的项羽。

司马迁在文中不以成败论英雄，抓住了项羽最后三个生死攸关的场面，展现了一代枭雄的鲜明个性和英雄品格：四面楚歌中霸王别姬，慷慨悲歌；东城快战中连斩数将，英勇无比；乌江岸边愧对江东父老，拔剑自刎。

本文记录历史，但不拘泥历史，抓住了历史人物在历史事件中的个性表现，通过语言描写、行动描写和心理刻画，栩栩如生地塑造了项羽这一呼之欲出的人物形象，表现了末路英雄虽败犹荣的英雄气概。

项王军壁垓下②，兵少食尽，汉军及诸侯兵③围之数重。夜，闻汉军四面皆楚歌④，项王乃大惊曰："汉皆已得楚乎？是何楚人之多也！"项王则夜起，饮帐中。有美人名虞⑤，常幸从⑥；骏马名骓⑦，常骑之。于是项王乃悲歌忼慨⑧，自为诗⑨曰："力拔山兮⑩气盖世⑪，时不利兮骓不

---

① 本文选自《史记·项羽本纪》。司马迁（约公元前145年—？）字子长，西汉时夏阳（今陕西韩城）人。《史记》是我国历史上第一部纪传体通史，同时又是一部文学巨著，对后世影响巨大。

② 〔军壁垓（gāi）下〕 在垓下扎下营垒。壁，安营扎寨，用作动词。垓下，地名，在今安徽省灵璧县南。

③ 〔诸侯兵〕 指当时站在刘邦一边，占有齐国故地的韩信、占有魏国故地的彭越等反秦军队。

④ 〔四面皆楚歌〕 四面八方都响起用楚国方言所唱的歌曲。这说明楚人多已降汉。

⑤ 〔虞（yú）〕 即后世戏剧里的虞姬。

⑥ 〔幸从〕 得到宠爱，跟随在项羽身边。

⑦ 〔骓（zhuī）〕 毛色黑白相间的马。这里是以毛色为马命名。

⑧ 〔忼（kāng）慨〕 同"慷慨"，悲愤激昂的样子。

⑨ 〔为诗〕 作诗。

⑩ 〔兮〕 助词。相当于"啊"。

⑪ 〔盖世〕 盖过当代，高出当代。

逝①。虽不逝兮可奈何②，虞兮虞兮奈若何③！"歌数阕④，美人和⑤之。项王泣数行下，左右皆泣，莫能仰视⑥。

于是⑦项王乃上马骑⑧，麾下⑨壮士骑从者八百余人，直夜溃围⑩南出，驰走⑪。平明⑫，汉军乃觉之，令骑将灌婴⑬以五千骑追之。项王渡淮，骑能属者⑭百余人耳。项王至阴陵⑮，迷失道，问一田父⑯。田父绐⑰曰："左。"左，乃陷大泽⑱中。以故⑲汉追及之。项王乃复引兵而东。至东城⑳，乃有㉑二十八骑。汉骑追者数千人。项王自度㉒不得脱㉓，谓其骑曰："吾起兵至今八岁矣，身㉔七十余战，所当者破，所击者服㉕，未尝败北㉖，遂霸㉗有天下。然今卒㉘困于此，此天之亡我，非战之罪也。今日固决死㉙，愿为诸君快战㉚，必三胜㉛之，为诸君溃围，斩将，刈

① 〔逝〕奔驰。
② 〔可奈何〕怎么办呢?
③ 〔奈若何〕将怎样安排你? 若，你。
④ 〔阕(què)〕乐歌终了一次叫做一阕。
⑤ 〔和(hè)〕应和着一同歌唱。
⑥ 〔莫能仰视〕(因极度悲伤)没有人敢注视(项王)。
⑦ 〔于是〕在这种情况下。
⑧ 〔骑(jì)〕名词，一人乘一马为一骑。
⑨ 〔麾(huī)下〕部下。麾，帅旗。后世对将帅称麾下。
⑩ 〔直夜溃围〕当夜突破重围。直，当。溃，决，突破。
⑪ 〔驰走〕驰马奔逃。
⑫ 〔平明〕天亮。
⑬ 〔骑将灌婴〕统帅骑兵的将领灌婴。灌婴，汉功臣，后封颍阴侯。
⑭ 〔骑能属者〕能跟从而来的骑兵。属，随从。
⑮ 〔阴陵〕秦时地名，在今安徽省定远县西北。
⑯ 〔田父〕老农。
⑰ 〔绐(dài)〕欺，哄骗。
⑱ 〔大泽〕低洼多水之地。
⑲ 〔以故〕因此。
⑳ 〔东城〕秦时地名，在今安徽省定远县东南五十里。
㉑ 〔乃有〕才有。乃，才，只。
㉒ 〔度(duó)〕揣测，估计。
㉓ 〔脱〕脱身。
㉔ 〔身〕亲自参加。
㉕ 〔所当者破，所击者服〕所遇到的敌方无不攻破，所攻击的敌人无不降服。
㉖ 〔未尝败北〕从未打过败仗。尝，曾。败北，战败，败走。
㉗ 〔霸〕称霸。动词。
㉘ 〔卒〕最终。
㉙ 〔固决死〕必定决一死战。固，必，一定。
㉚ 〔快战〕痛痛快快地打一仗。
㉛ 〔三胜〕指下文溃围、斩将、刈旗。刈(yì)，割，砍。

旗，令诸君知天亡我，非战之罪也。"乃分其骑以为四队，四向①。汉军围之数重。项王谓其骑曰："吾为公取彼一将。"令四面骑驰下，期山东为三处②。于是项王大呼驰下，汉军皆披靡③，遂斩汉一将。是时④，赤泉侯⑤为骑将，追项王，项王瞋目⑥而叱⑦之，赤泉侯人马俱惊，辟易⑧数里。与其骑会为三处。汉军不知项王所在，乃分军为三，复⑨围之。项王乃驰，复斩汉一都尉⑩，杀数十百人⑪。复聚其骑，亡其两骑耳。乃谓其骑曰："何如?"骑皆伏⑫曰："如大王言。"

于是项王乃欲东渡乌江⑬。乌江亭长舣船待⑭，谓项王曰："江东虽小，地方千里，众数十万人，亦足王也。愿大王急渡。今独臣有船，汉军至，无以渡。"项王笑曰："天之亡我，我何渡为! 且籍与江东子弟八千人渡江而西，今无一人还，纵⑮江东父兄怜而王我⑯，我何面目见之! 纵彼不言，籍独不愧于心乎?"乃谓亭长曰："吾知公长者⑰。吾骑此马五岁，所当无敌，尝一日行千里，不忍杀之，以赐公。"乃令骑皆下马步行，持短兵⑱接战。独籍所杀汉军数百人。项王身亦被十余创⑲。顾见汉骑司马

---

① 〔四向〕 面朝四个方向。
② 〔期山东为三处〕 约定冲过山的东面，分作三处集合。期，约定。山东，山的东面。
③ 〔披靡〕 惊溃散乱的样子。
④ 〔是时〕 这个时候。
⑤ 〔赤泉侯〕 汉将杨喜。那时尚未封侯，这是史家追称。
⑥ 〔瞋(chēn)目〕 瞪大眼睛。
⑦ 〔叱(chì)〕 大声呵斥。
⑧ 〔辟易〕 退避。
⑨ 〔复〕 又，再。
⑩ 〔都尉〕 武官名。
⑪ 〔数十百人〕 相当于现在的百八十人。
⑫ 〔伏〕 通"服"，心服。
⑬ 〔乌江〕 今安徽省和县东北的乌江浦。
⑭ 〔亭长舣(yǐ)船待〕 亭长移船靠岸等待(项羽)。亭长，乡官。秦汉时制度，十里一亭，设亭长一人。舣，移船靠岸。
⑮ 〔纵〕 即使。
⑯ 〔王我〕 让我为王。
⑰ 〔长者〕 性情谨厚的人。
⑱ 〔短兵〕 短小轻便的武器。
⑲ 〔创〕 创伤。

吕马童①，曰："若非吾故人乎②？"

马童面之③，指王翳④曰："此项王也。"项王乃曰：

"吾闻汉购⑤我头千金，邑万户⑥，吾为若德⑦。"乃自

刎⑧而死。

思考与练习

一、项羽、刘邦都是家喻户晓的历史人物，请课外查阅资料，试对二人进行比较，谈谈项
羽失败的原因。

二、找出文中广为传诵的成语、名句。

三、了解《史记》及其作者的相关知识。

四、熟读并解释全文。

---

① 〔顾见汉骑司马吕马童〕 回头看见汉军武官吕马童。骑司马，官名，骑兵将领。

② 〔若非吾故人乎〕 你不是我的老朋友吗？

③ 〔面之〕 面对着项王。

④ 〔指王翳(yì)〕 把项王指给王翳看。王翳，汉将，后封杜衍侯。

⑤ 〔购〕 悬赏购求。

⑥ 〔邑万户〕 封为万户。

⑦ 〔吾为若德〕 我就给你这个好处吧。德，恩惠，好处。

⑧ 〔刎(wěn)〕 割脖子。

5. 劝 学①

荀 况

阅读提示

在先秦诸子中，和孟子的"性善论"相反，荀子主张"性恶论"，他认为人性是丑恶的，必须用教育、礼法来陶冶、约束，才能使人改恶从善。因此荀子强调教育的教化功能，强调学习的重要性。《劝学》就是一篇体现他这种教化思想的文章。

"劝学"就是规劝、劝勉人们学习。全文在篇首提出"学不可以已"的中心论点基础上，分层论述了学习的意义、作用，以及学习中应采取的态度和方法。他主张学习必须逐渐积累、持之以恒、专心致志，这种具有朴素唯物主义思想的观点，是有积极意义的。

《劝学》一文运用了比喻论证和归纳推理的写作手法，全文喻中见理，以喻代议，句式表达整齐，语势流畅自然，顿挫铿锵，富有节奏，是一篇优秀的典范文言文。

君子②曰：学不可以已。青，取之于蓝③，而青于蓝④；冰，水为之，而寒于水。木直中绳⑤，𫐓以为轮⑥，其曲中规⑦。虽有槁暴⑧，不复挺⑨者，𫐓使之然⑩也。故木受绳⑪则直，金就砺则利⑫。君子博学而日参省乎己⑬，则

---

① 本文节选自《荀子·劝学》。荀子(约公元前313年—约前238年)，名况，时人尊其为荀卿，战国后期赵国人，著名思想家、教育家。《荀子》一书共三十二篇，是他思想的集中表现。荀子的文章论证严密，风格丰富，长于就近取譬，在先秦诸子中具有独特风格。

② 〔君子〕 这里指有学问有修养的人。

③ 〔青，取之于蓝〕 靛(diàn)青是从蓝草中取得的。青，靛青，是一种染料。蓝，蓝草，也叫蓼(liǎo)蓝，叶子可制染料。

④ 〔青于蓝〕 (颜色)比蓼蓝更深。

⑤ 〔中(zhòng)绳〕 (木材)合乎拉直的墨线。绳，木工取直用的墨线。中，合乎，合适。

⑥ 〔𫐓(róu)以为轮〕 (使它)弯曲成车轮。𫐓，使……弯曲。

⑦ 〔规〕 圆规。

⑧ 〔虽有(yòu)槁(gǎo)暴(pù)〕 即使又经过干枯曝晒。"有"通"又"。槁，枯。暴，晒。

⑨ 〔挺〕 直。

⑩ 〔然〕 这样，代词。

⑪ 〔受绳〕 经墨线量过。

⑫ 〔金就砺(lì)则利〕 金属制成的刀剑等拿到磨刀石上打磨就会变得锋利。就，靠拢，动词。砺，磨刀石。

⑬ 〔参(cān)省(xǐng)乎己〕 对自己的行为进行检查、省察。参，检查。省，省察。乎，相当于"于"。

知明①而行无过矣。

吾尝终日而思矣，不如须臾②之所学也；吾尝跂③而望矣，不如登高之博见④也。登高而招，臂非加长也，而见者远⑤；顺风而呼，声非加疾⑥也，而闻者彰⑦。假舆马者⑧，非利足⑨也，而致⑩千里；假舟楫者，非能水⑪也，而绝⑫江河。君子生非异⑬也，善假于物⑭也。

积土成山，风雨兴焉⑮；积水成渊⑯，蛟⑰龙生焉；积善成德，而神明自得，圣心备焉⑱。故不积跬步⑲，无以⑳至千里；不积小流，无以成江海。骐骥㉑一跃，不能十步；驽马十驾㉒，功在不舍㉓。锲㉔而舍之，朽木不折；锲而不舍，金石可镂㉕。蚓无爪牙之利，筋骨之强，上食埃土，下饮黄泉，用心一也㉖。蟹六跪而二螯㉗，非蛇鳝之穴无可寄托者，用心躁㉘也。

---

① 〔知(zhì)明〕 智慧明达。"知"同"智"。
② 〔须臾(yú)〕 片刻。
③ 〔跂(qǐ)〕 踮起脚站着。
④ 〔博见〕 见闻广博。
⑤ 〔见者远〕 人在远处也能看见。
⑥ 〔疾〕 强，大。这里指声音宏大。
⑦ 〔彰(zhāng)〕 清楚明白。
⑧ 〔假(jiǎ)舆(yú)马者〕 利用车马的人。假，凭借。舆，车。
⑨ 〔利足〕 脚走得快。利，利落。
⑩ 〔致〕 到达。
⑪ 〔水〕 游泳。名词用作动词。
⑫ 〔绝〕 渡。
⑬ 〔生(xìng)非异也〕 本性(同一般人相比)没有差别。"生"同"性"，禀赋，资质。
⑭ 〔善假于物〕 善于利用外物。这里指善于学习。
⑮ 〔兴焉〕 在这里兴起。焉，兼词，相当于代词"之"加介词"于"，译为"在这里"。以下的"生焉"也是如此。
⑯ 〔渊〕 深水。
⑰ 〔蛟〕 一种龙。
⑱ 〔积善成德，而神明自得，圣心备焉〕 积累善行成为好的品质，精神就自然而然地到了高超的境界，圣人的思想也就具备了。神明，精神。焉，了，助词。
⑲ 〔跬(kuǐ)步〕 古人以迈出一脚为跬，再迈出一脚为步。跬步，半步。
⑳ 〔无以〕 没有用来……的(办法)。
㉑ 〔骐(qí)骥(jì)〕 骏马。
㉒ 〔驽(nú)马十驾〕 劣马拉车走十天(也可能走得很远)。驽马，劣马。驾，马拉车走一天所走的路程叫"一驾"。
㉓ 〔不舍〕 不停止。
㉔ 〔锲(qiè)〕 用刀子刻。
㉕ 〔金石可镂(lòu)〕 (就是)金子、石头也能雕刻成功。镂，雕刻。
㉖ 〔用心一也〕 (这是)用心专一(的缘故)。
㉗ 〔六跪而二螯(áo)〕 蟹有六条腿，二只蟹钳。
㉘ 〔躁〕 浮躁，不能专心致志。

思考与练习

一、注意文中重要的实词和虚词的意义及用法，做以下练习：

　　1. 给下列实词注音并结合课文释义：

　　　　輮　槁　暴　砺　须臾　彰　楫　跬
　　　　骐骥　驽　锲　镂　螯　躁　疾　假

　　2. 区别下列句子中加点虚词的意义和用法：

　　　于　青，取之于蓝，而青于蓝。
　　　　　君子生非异也，善假于物也。

　　　者　假舟楫者，非能水也，而绝江河。
　　　　　虽有槁暴，不复挺者，輮使之然也。

　　　焉　积土成山，风雨兴焉。
　　　　　积善成德，而神明自得，圣心备焉。

　　　而　知明而行无过矣。
　　　　　吾尝终日而思矣。
　　　　　假舆马者，非利足也，而致千里。
　　　　　积善成德，而神明自得，圣心备焉。

二、运用比喻论证的方法，是本文主要的写作特色。找出文中各部分比喻论证的句子，
　　说明这种论证方法对阐述中心论点所起的作用。

三、背诵全文，翻译全文。

四、讨论一下，用现在的眼光看，本文存在哪些局限性？

6. 与 妻 书①

林觉民

阅读提示

这是一封滴血凝泪,充满至爱深情的遗书。遗书表露了烈士对亲人的无限情意,对祖国命运的深切忧患和对黑暗现实的强烈仇恨。展现了革命者博大的胸怀、坚强的意志和强烈的爱国主义精神。

本文寓情于理,寓情于事,感人至深,催人泪下。阅读此文,从中体会革命先烈的幸福观和情爱论,学习他们的高尚情操和自我牺牲精神。

意映②卿卿③如晤④:

吾今以此书与汝永别矣!吾作此书时,尚是世中一人;汝看此书时,吾已成为阴间一鬼。吾作此书,泪珠和笔墨齐下,不能竟书⑤而欲搁笔,又恐汝不察吾衷⑥,谓吾忍舍汝而死,谓吾不知汝之不欲吾死也,故遂忍悲为汝言之⑦。

吾至爱⑧汝,即此爱汝一念,使吾勇于就死⑨也。吾自遇汝以来,常愿天下有情人都成眷属⑩;然遍地腥云,

---

① 选自 1981 年 3 月 29 日《人民日报》。林觉民(1887—1911),中国近代民主革命烈士。字意洞,号抖飞,福建闽县(今闽侯)人。十四岁进福建高等学堂学习,毕业后留学日本,从事革命活动。1911 年回国参加广州起义,受伤被捕,从容就义,牺牲后葬于黄花岗,为"黄花岗七十二烈士"之一。

② 〔意映〕 作者妻子陈意映。

③ 〔卿卿(qīng qīng)〕 旧时丈夫对妻子的爱称。

④ 〔如晤〕 旧时书信中的习惯用语,意为好像和你(收信人)见面一样。晤,见面。

⑤ 〔不能竟书〕 不能把信写完。竟,完毕。

⑥ 〔不察吾衷〕 不明白我的心事。衷,内心。

⑦ 〔故遂忍悲为汝言之〕 所以我就忍着悲痛,来向你说明这一切。

⑧ 〔至爱〕 爱到极点。至,极,最。

⑨ 〔就死〕 赴死。

⑩ 〔常愿天下有情人都成眷(juàn)属〕 常希望天底下互相爱恋的人都成为夫妻。语出《西厢记》第五本第四折"愿普天下有情的都成了眷属"。眷属,指夫妻。

满街狼犬①，称心快意，几家能彀？司马春衫②，吾不能学太上之忘情也③。语云：仁者"老吾老以及人之老，幼吾幼以及人之幼④。"吾充⑤吾爱汝之心，助天下人爱其所爱，所以敢先汝而死，不顾汝也。汝体⑥吾此心，于啼泣之余，亦以天下人为念，当亦乐牺牲吾身与汝身之福利，为天下人谋永福也。汝其勿悲⑦！

汝忆否？四五年前某夕，吾尝语曰："与使吾先死也，无宁汝先吾而死⑧。"汝初闻言而怒，后经吾婉解，虽不谓吾言为是，而亦无词相答。吾之意盖⑨谓以汝之弱，必不能禁失吾之悲，吾先死留苦与汝，吾心不忍，故宁请汝先死，吾担悲也。嗟夫！谁知吾卒⑩先汝而死乎？吾真真不能忘汝也！回忆后街之屋，入门穿廊，过前后厅，又三四折，有小厅，厅旁一屋，为吾与汝双栖⑪之所。初婚三四个月，适冬之望日⑫前后，窗外疏梅筛月影⑬，依稀掩映；吾与（汝）⑭并肩携手，低低切切⑮，何事不语？何情不诉？及今思之，空余泪痕。又回忆六七年前，吾之逃家⑯复归也，汝泣告我："望今后有远行，必以告妾，妾愿随君行。"吾亦既⑰许汝矣。前十余日回家，即欲乘便以

① 〔遍地腥云，满街狼犬〕 形容清末的血腥统治。
② 〔司马春衫〕 春衫应为"青衫"。语出白居易《琵琶行》中的诗句"江州司马青衫湿"。
③ 〔吾不能学太上之忘情也〕 我不能学那些"忘情"的人那样对国事无动于衷。太上，旧指思想境界最高的所谓圣人。"圣人忘情"语出《晋书·王衍传》。
④ 〔老吾老以及人之老，幼吾幼以及人之幼〕 敬爱自己的老人，从而推广到敬爱别人的老人；爱护自己的子女，从而推广到爱护别人的子女。前一"老"字，敬爱，动词；后两个"老"字，老人，用作名词。前一"幼"字，怜爱，动词，后两个"幼"字，幼儿，名词。
⑤ 〔充〕 扩充，扩大。
⑥ 〔体〕 体谅。
⑦ 〔汝其勿悲〕 请你不要悲伤。其，表祈使语气。
⑧ 〔与使吾先死也，无宁汝先吾而死〕 与其我先死，还不如让你比我先死。"与……无宁"即为"与其……宁可……"。
⑨ 〔盖〕 本来，原来。
⑩ 〔卒〕 终于。
⑪ 〔双栖（qī）〕 夫妻同居。栖，居住。
⑫ 〔望日〕 通常指阴历每月十五日。
⑬ 〔疏梅筛月影〕 月光透过稀疏的梅枝，像从有孔的筛子里漏出来。
⑭ 〔汝〕 字原缺，据文意补之。
⑮ 〔低低切切〕 小声私语。
⑯ 〔逃家〕 指作者隐瞒家人外出从事革命活动。
⑰ 〔既〕 已经。

此行之事语汝，及与汝相对，又不能启口，且以汝之有身①也，更恐不胜悲，故惟日日呼酒买醉。嗟夫！当时余心之悲，盖不能以寸管②形容之。

吾诚愿与汝相守以死，第③以今日事势观之，天灾可以死④，盗贼可以死，瓜分⑤之日可以死，奸官污吏虐民可以死，吾辈处今日之中国，国中无地无时不可以死，到那时使吾眼睁睁看汝死，或使汝眼睁睁看我死，吾能之乎？抑⑥汝能之乎？即可不死，而离散不相见，徒⑦使两地眼成穿⑧而骨化石⑨，试问古来几曾见破镜能重圆⑩？则较死为苦也，将奈之何⑪？今日吾与汝幸双健。天下人之不当死而死与不愿离而离者，不可数计，钟情如我辈者，能忍之乎？此吾所以敢率性⑫就死不顾汝也。吾今死无余憾，国事成不成自有同志者在。依新⑬已五岁，转眼成人，汝其善抚之，使之肖⑭我。汝腹中之物，吾疑⑮其女也，女必像汝，吾心甚慰。或又是男，则亦教其以父志为志，则我死后尚有二意洞在也。甚幸，甚幸！吾家后日当甚贫，贫无所苦，清静过日而已。

吾今与汝无言矣。吾居九泉之下⑯遥闻汝哭声，当哭相和也。吾平日不信有鬼，今则又望其真有。今人又言心电感应有道⑰，吾亦望其言是实，则吾之死，吾灵尚

---

①〔有身〕怀孕。

②〔寸管〕毛笔的代称。

③〔第〕但，只，副词。

④〔死〕使人死，使动用法，下面四个"死"字，意思相同。

⑤〔瓜分〕1894年中日甲午战争后，各帝国主义国家争先恐后加紧侵略中国，在中国版图上划分自己的势力范围，形成瓜分中国的局势。

⑥〔抑〕还是。

⑦〔徒〕白白的。

⑧〔眼成穿〕望眼欲穿。

⑨〔骨化石〕传说古代有男子久出不归，其妻天天登山眺望，久而久之，体骨化为石头，成为望夫石。

⑩〔破镜能重圆〕比喻夫妻分离后又重新团圆。典故出自孟棨《本事诗·情感》。

⑪〔则较死为苦也，将奈之何〕长期失散比起死则更为痛苦，又能拿它怎么办呢？

⑫〔率性〕任性。

⑬〔依新〕林觉民的长子。

⑭〔肖〕像。

⑮〔疑〕推测。

⑯〔九泉之下〕犹言"黄泉"，指地下。

⑰〔心电感应有道〕唯心的说法，人死后心灵还有知觉，能和生人的精神、心情交相感应。

依依旁①汝也,汝不必以无侣悲。

吾平生未尝以吾所志语②汝,是吾不是处;然语之,又恐汝日日为吾担忧。吾牺牲百死而不辞,而使汝担忧,的的③非吾所忍。吾爱汝至,所以为汝谋者惟恐未尽④。汝幸而偶我,又何不幸而生今日之中国!吾幸而得汝,又何不幸而生今日之中国!卒不忍独善其身⑤。嗟夫!巾短情长⑥,所未尽者,尚有万千,汝可以模拟得之⑦。吾今不能见汝矣!汝不能舍吾,其时时于梦中得我乎!一恸⑧!

辛未⑨三月廿六夜四鼓⑩,意洞手书。

家中诸母⑪皆通文,有不解处,望请其指教,当尽⑫吾意为幸。

思考与练习

一、此文是一封遗书,同时又是一封写给妻子的家书,烈士博大的胸怀,崇高的精神境界和真挚的感情曾感动过无数读者,震撼了人们的心灵,升华了人们的情感。请谈谈你的感想和体会。

二、熟读全文,翻译全文。

---

① 〔旁〕 同“傍”,依靠。
② 〔语(yù)〕 告诉。
③ 〔的的(dí dí)〕 的确。
④ 〔为汝谋者惟恐未尽〕 替你考虑的只怕不够周全。
⑤ 〔独善其身〕 只知自己明哲保身,不顾国家兴亡和人民福祸。语出《孟子·尽心上》“穷则独善其身,达则兼济天下”。
⑥ 〔巾短情长〕 此书信原写在一方白布方巾上。
⑦ 〔模拟得之〕 访照上面所述之情探求我的意思。
⑧ 〔一恸(tòng)〕 心中产生一阵强烈的悲痛。
⑨ 〔辛未〕 应更为“辛亥”。
⑩ 〔三月廿六夜四鼓〕 即阴历三月二十六日夜四更的时候。
⑪ 〔诸母〕 伯母、叔母的统称。
⑫ 〔尽〕 完全理解。

阅读

与

鉴赏·泛读

实 用 语 文

　　为了开阔学生的视野,增加信息量,扩大知识面,我们编选了"阅读与鉴赏"精读与泛读两个部分。不管是"精读"还是"泛读",我们在选文时除了兼顾到题材的广泛、风格的多样和文章的艺术性、可读性、趣味性、知识性以外,还特别注意到选文主题应贴近时代、贴近社会、贴近生活、贴近现实。教材第一册的泛读部分由五个单元组成,它们是:1.生态平衡,环境保护;2.道德情操,责任追求;3.科学前沿,高新技术。4.现当代诗歌一组。5.古诗词一组。

　　《跨越百年的美丽》以一种貌似平静冷峻,细品则如同山崩海啸的笔法,用几千字就把一位"挺立在智慧高地的伟人"——居里夫人的一生追求、付出和价值观呈献给了读者;《第二次考试》则用充满悬念的误会解读了一位在关键时刻不顾自己的升学复试而去主动帮助灾民的女孩子的价值取向;《身后意识》的作者现身说法,告诫人们:只有经常检点和反省自己的言行,才能在将来多一份坦然,少一些遗憾;《永远执著的美丽》则让我们领略了杂交水稻之父袁隆平坚韧不拔的精神。

　　如果说这一单元带给读者的是惊心动魄的"美丽"和崇敬的话,那么"生态平衡　环境保护"单元的选文则充满了难以言说的苦涩与沉重:有限的资源与众多的人口,污染的长江与流失的水土,反抗的鸟儿与失衡的生态,同发达国家对比后强烈的反差……无一不令生于斯长于斯的炎黄子孙痛心、思索和反省。

　　面对当今世界科学的高度发达,文明进程的不断加快,怎样才能进一步解放思想,深化改革,振兴科技,富强祖国,这是摆在我们面前的一件值得认真思索的大事情。

　　精读和泛读是相对而言的,教学时可以根据需要灵活机动。但是,对所有的选文,我们要求大家都要反复阅读,领悟内涵,从而自觉去关心这些方面的信息变化。同时,对于课文中常用字词句和其他基础知识点,我们都必须自觉去查阅工具书,理解并掌握它们;教师则应把它们纳入考核范围。

第一单元 生态平衡 环境保护

1. 多多未必益善①

李国文

韩信用兵,讲究多多益善。多,当然要用两分法看,有时候多一点比少一点要好,但有时候,物以稀为贵,什么东西多了便不值钱。

谷贱则伤农,所谓"丰收成灾"也。"人海战术",全民这个,全民那个,十之九,劳民伤财,事倍功半。书读多了必呆,所以,现在满街拿大哥大的大款,少有博士。越是没文化的人,越会赚钱,越是有文化的,读书读迂了的甚至于只好卖包子。

官多了,轿车自然要增加,轿车多了,势必交通堵塞,于是要修四环路,五环路。机关里部门多了工作人员就得多,人一多,吃喝拉撒,问题也就多了。由此看,多,有时候是好事,有时候,也容易产生负面作用。

当然,人民币多了,倒不是什么坏事;不过,许多的人的堕落,却是和钱有关系的。一种是钱多了,还想弄更多的钱,便不择手段,无所不为,甚至为非作歹,贪赃枉法;一种是钱多了以后,便骄奢淫逸,腐化堕落,吃喝嫖赌,为富不仁。结果,轻则撤掉党票,摘掉纱帽,重则跳楼上吊,判刑坐牢,至于坑蒙拐骗,劫抢偷盗,杀人越货,黑帮绑票,无不因钱而起。一般说,"满则盈",钱多了,是很容易

---

① 选自《中国当代文学作品精选·杂文卷》(北京十月文艺出版社 1999 年出版)。李国文,小说家。1930 年生于上海。著有《冬天里的春天》《花园街五号》《没有意思的故事》等多部小说。

成患的。

其实,中国最多的一项,莫过于人口众多,这个世界人口冠军谁也抢不走。一谈到人口,可就多多未必益善了。

我记得小时候,30年代,并不觉得人之多,多到如此可怕的程度,也不知道人之多,会把国家拖累到这步田地。那时,日寇侵我中华,全民抗战,大家都唱《中国不会亡》,因为不会亡的主要原因,就因为我们人多,有四万万五千万同胞,一对一地拼刺刀,足可以打倒日本侵略者,取得最后胜利,于是很为中国的人多而自豪。可五十年过去,弹指一挥间,人口剧增到十二亿左右,如今为这个世界第一感到骄傲者,倒不多见了。

六七十年代,国人已达八九亿之众,要刹车还为时不晚,一句"人多热气高,干劲大,吐一口唾液,足可以淹没一个国家"的豪言壮语,使人口又呈爆炸之势。所以后来头脑不发热时,一想到那么多张嘴,除了吐唾沫淹死帝国主义者外,还要吃饭,仅吃饭不行,还不能光屁股,于是要穿衣、要住房、要发工资,要看病吃药,要个没完没了。稍有头脑的人士,就为愈来愈多的人口,感到不寒而栗了。仅仅喂饱这许多亿张嘴,岂是一件容易的事?

因为人到底异于禽兽,不仅仅喂饱就满足的,还有其他的生活要求和消费欲望,于是人越多,麻烦也越大。若到上海南京路、北京王府井看一眼,那人头攒动,熙熙攘攘的场面,令人有缺氧之感。有一句成语:"人多为患",或者"人满为患",恐怕是再准确不过的形容了。于是,也就明白每月发下来的工资,为什么总赶不上物价的上涨了。要是中国人口还保持四万万五千万的话,不是一个碗有三个人抢,而是三桩差事由一个人挑,整个社会不是人多于物,求大于供,而是物多于人,供大于求的话,那么眼下衣食住行的情势,怕是另外一种样子了。

人多了,人就不值钱,物少了,物就得涨价。所以,工资像行走蹒跚的老爷子,永远追不上像腿脚利索的年轻人似的物价,这是一点办法也没有的事,问题就出在这一个"多"字上。凡多,而无节制,则必生出麻烦的事端来。

　　韩信将兵，多多益善，是小农经济条件下的战争所决定了的，是"人多好种田"这种农业社会中的经验延伸，所以持小农经济思想的人，就天生地热衷于一切求大，求全，求多，成了上上下下的不可遏止的惯势，而最终无不成为一个沉重包袱，压得自己喘不过气来。人口的膨胀，就是这种心理的产物。这类不见棺材不掉泪的人，直到这种时候，才明白吸取教训，才肯于改弦易辙，可他为时晚矣！

　　多，未必就稳操胜券，著名的赤壁之战，淝水之战，曹操、苻坚纵有千军万马，不也饮恨败下阵来？韩信结果被吕后捉去杀了头。可见提倡多多益善者，也未必多么高明。

　　礼品吃多了，鼻孔流血；钞票捞多了，腐化堕落；小说中淫秽笔墨多了，害人误己。因此，我相信，提倡一下适可而止，对我们这个爱偏激，爱过头，爱矫枉过正，爱大，爱全，爱多而不餍足的民族来说，也许不是一件坏事。

　　　　　　　　　　　　（原载 1996 年 4 月 21 日《工人日报》）

2. 生物入侵者①

梅 涛

当你在路边草地或自家庭院里发现一两只从未见过的甲虫时,你肯定不会感到惊讶。但在生物学家和生态学家们看来,这或许不是件寻常小事。专家们把这种原本生活在异国他乡、通过非自然途径到新的生态环境中的"移民"称为"生物入侵者"——它们不仅会破坏某个地区原有的生态系统,而且还可能给人类社会造成难以估量的经济损失。

在人类文明的早期,陆路和航海技术尚不发达,自然界中的生态平衡并没有受到太大的破坏。在自然条件下,一颗蒲公英的种子可能随风飘荡几千米后才会落地,如果各种条件适合,它会在那里生根、发芽、成长;山间溪水中的鱼虾可能随着水流游到大江大河中安家落户……凡此种种,都是在没有人为干预的条件下缓慢进行的,时间和空间跨度都非常有限,因此不会造成生态系统的严重失衡②。

如果一种物种③在新的生存环境中不受同类的食物竞争以及天敌伤害等诸多因素制约,它很可能会无节制地繁殖。1988年,几只原本生活在欧洲大陆的斑贝(一种类似河蚌的软体动物)被一艘货物带到北美大陆。当时,这些混杂在仓底货物中的"偷渡者"并没有引起当地人的注意,它们被随便丢弃在五大湖附近的水域中。然而令人始料不及的是,这里竟成了斑贝的"天堂"。由于没有天敌的制约,斑贝的数量便急剧增加,五大湖内的疏

---

① 节选自《光明日报》2000年6月12日。梅涛(1962—),江西南城人,当代科普作家,博士生导师。
② 〔失衡〕 失去平衡。
③ 〔物种〕 生物分类的基本单位,不同物种的生物在生态和形态上具有不同的特点。

水管道几乎全被它们"占领"了。到目前为止，人们为了清理和更换管道已耗资数十亿美元。来自亚洲的天牛和南美的红蚂蚁是另外两种困扰美国人的"入侵者"，前者疯狂破坏芝加哥和纽约的树木，后者则专门叮咬人畜，传播疾病。

　　"生物入侵者"在给人类造成难以估量的经济损失的同时，也对被入侵地的其他物种以及物种多样性构成极大威胁。二战期间，棕树蛇随一艘军用货船落户关岛，这种栖息①在树上的爬行动物专门捕食鸟类，偷袭鸟巢，吞食鸟蛋。从二战至今，关岛本地的 11 种鸟类中已有 9 种被棕树蛇赶尽杀绝，仅存的两种鸟类的数量也在与日俱减，随时有绝种的危险。一些生物学家在乘坐由关岛飞往夏威夷岛的飞机上曾先后 6 次看到棕树蛇的身影。他们警告说，夏威夷岛上没有任何可以扼制棕树蛇繁殖的天敌，一旦棕树蛇在夏威夷安家落户，该岛的鸟类将在劫难逃②。许多生物学家和生态学家将"生物入侵者"的增多归咎③于日益繁荣的国际贸易，事实上许多"生物入侵者"正是搭乘跨国贸易的"便车"达到"偷渡"的目的。以目前全球新鲜水果和蔬菜贸易为例，许多昆虫和昆虫的卵附着在这些货物上，其中包括危害极大的害虫，如地中海果蝇等。尽管各国海关动植物检疫中心对这些害虫严加防范，但由于进出口货物数量极大，很难保证没有漏网之"虫"。此外，跨国宠物贸易也为"生物入侵者"提供了方便。近年来，由于引进五彩斑斓④的观赏鱼而给某些地区带来霍乱病源的消息时常见诸报端。一些产自他乡的宠物，如蛇、蜥蜴、山猫等，往往会因主人的疏忽或被遗弃而逃出，为害一方。

　　一些生物学家指出，一旦某种"生物入侵者"在新的环境中站稳脚跟并大规模繁殖，其数量将很难控制。即

----

① 〔栖息〕　停留；休息（多指鸟类）。
② 〔在劫难逃〕　命中注定要遭受祸害，逃也逃不掉。现在借指坏事情一定要发生，要避免也避免不了。
③ 〔归咎〕　归罪。
④ 〔五彩斑斓〕　灿烂多彩。

使在科学技术高度发达的今天，面对那些适应能力和繁殖能力极强的动植物，人们仍将束手无策[①]。

生物学和生态学界的一些学者主张人类不应该过多地干预生物物种的迁移过程，因为失衡是暂时的，一个物种在新的环境中必然遵循物竞天择[②]的法则。"生物入侵者"并不是都能够生存下来，能够生存下来的就是强者，即使生态系统中的强者也同样受到该系统中各种因素的制约，不可能为所欲为，因此，自然界的平衡最终会得以实现。然而更多的学者则持反对意见，他们认为自然调节的过程是非常漫长的，如果听任"生物入侵者"自由发展，许多本土物种将难逃绝种厄运，自然界的物种多样性将受到严重破坏。另外，"生物入侵者"给人类社会造成的经济损失是惊人的。仅在美国，每年由"生物入侵者"造成的经济损失就高达两千多亿美元，面对这样的天文数字，人们岂能无动于衷？

目前，世界上许多国家已开始认识到这一问题的严重性，并采取了相应的措施。例如，美国众议院已于1996年通过了一项议案，要求各有关机构加强对有可能夹带外来物种的交通工具的监控，为此，美国政府正在酝酿一个跨部门的监控计划。

---

①〔束手无策〕比喻没有办法。

②〔物竞天择〕生物在进化过程中，相互竞争，通过自然选择，能够适应的生存下来。后也指人类社会优胜劣汰的规律。

3. 自杀的鸟儿①

一辆崭新的轿车在草原上奔驰着,窗外是无边无际的海拉尔草原。随着车轮的行进,草原像一幅巨幅风景画无限地伸延着,车里的人们都在尽情地欣赏着大自然的美景。

走着走着,突然听到一声"啪!"的响声,紧接着,车窗上开放了一朵鲜红的花儿,就像一朵鲜艳的玫瑰。

又是一声声"噼噼啪啪"!一朵朵红玫瑰不断地开放着,不一会车窗上已是血红一片了。

经常奔驰于草原的司机一定见惯了这种怪事的,一直无动于衷,好像根本没看到这些飞来的红玫瑰,继续向前开车。

我却被这种情景惊呆了,车窗上已是鲜红一片,而且噼啪声还在响个不停。

"这是什么?为什么这么多的红色?"我用力拍着车座,大声地问司机。

"不用紧张,那是些撞死的鸟儿!"司机的声音很平静,像是什么事也没有发生过。

撞死的鸟儿?会有那么多的鸟儿撞车?是不是我们妨碍了鸟儿的正常生活?我像连珠炮似地又问了一串问题。

我以为是车速太快,迎着鸟群开去时,鸟群来不及躲避开,就撞在了车窗上。这样想着,心里一阵阵不安,忙让司机把车开得慢些,好给那些飞过这里的鸟儿让路。

"没用的,真的没用的,这是些自杀的鸟儿,即使你把车子停下来,它们还是要往车上撞的。"司机边说边放慢

---

① 选自英子、刘振峰、余慧编的《毒蛇的报复》(中国工人出版社1999年1月出版)。

车速，车子慢了许多，但窗外还不时传来"啪！啪！"的响声。

我不相信司机的话，心里觉得他是在为自己的急于赶路找借口。哪有那么傻的鸟儿，汽车停了还要往车窗上撞呢？

汽车又走了一阵，来到了一处小河边，司机停下车来，要下车添些水，我也下车来活动活动筋骨。

刚刚走出两步，就听到身后的汽车又是一声沉闷的声响，回头看时，就见一只鸟儿已死在汽车的引擎盖上了。

死去的是一只百灵，是那种被人称为灵巧可人，歌喉婉转的小生命。现在它静静地躺在车身上，嘴角挂着一缕血痕。

我捧起这只小百灵，却被它的那双眼睛惊呆了：这分明是一双饱含愤怒的眼睛！在它生命的最后一刻，一定对人类充满了怨恨。

我相信了司机所说的"自杀"的说法。鸟儿分明在以这种方式向人类说明着什么。

拥有广阔的蓝天美丽的草原的鸟儿，为什么会自杀呢？它们有什么自杀的必要呢？

汽车加完了水，又开始上路了，司机为我解答了鸟儿自杀的谜团。

10年前，一支钻井队开进了海拉尔大草原，他们的到来，给鸟儿带来了一场灾难。

野外生活十分艰苦，这里地广人稀，工人们几乎没有任何业余生活。从井台工作回来，青年工人闲不住，就到草原上捕鸟儿来打发多余的时光。

一个人开了头，捕鸟的活动越来越厉害，工人简直把捕鸟当成了他们生活的一部分。工人准备了气枪、铁夹、尼龙网，就像一片天罗地网等待着弱小的鸟儿们。捕来的鸟儿在营房里被煎炒烹炸。有时，一个井队工人的捕鸟量一天多达几百只，屈死的鸟儿的羽毛和残体在草原上到处可见。

每当有贵客光临钻井队，井队的工人更是以百鸟宴来招待客人。当人们在草原上摆开百鸟宴大吃大嚼的时候，也正是天空里的鸟儿们痛苦万分的时候。

鸟儿为争取自己的生存空间而进行不屈不挠的斗争。10年之间，弱小的鸟类与强大的人类的斗争从来没有停止过。它们成群结队地在高空中投下"炸弹"——将粪便洒在人们的头盔上，有时它们将粪便故意洒在工人们洗干净的衣服上，把一件好好的衣服弄得像一张地图。有时它们奋不顾身地钻进配电盘，以自己的身体将电路弄坏，不惜将自己活活烧死。

10年里鸟与人的争斗如火如荼，人类并没有因此而觉醒，他们仍将屠刀对准弱小的鸟儿。

听着司机的话，再看看窗外那鲜红的血色，我的心情沉重如铅。

"自杀，是鸟儿采用的最后一招了，它们为了保护同类不再受人类的伤害，只有用生命来擦亮人类的良知了。"司机的声音也低沉下来。

听着这个悲惨的故事，我的脑子里突然浮出了另外一件传奇故事，那也是一个关于鸟儿的故事：

深秋季节里，一个年轻人来到秦岭山区游玩，他随身带来一支鸟枪。他在一堆落叶中看到了一只鸟，青年瞄准了它。"啪!"地一声枪响，那只鸟儿应声倒下，青年欢呼了一声，就要去捡起那只死鸟。

这时，一件意外的事情发生了：树梢上另一只鸟箭一样飞蹿下来，悲鸣着，拍打着翅膀向草丛飞去，它像一个痛苦万状的人那样扑在死去的鸟儿身上，将死鸟用嘴衔起又放下，反反复复做着这个动作。一边这样做着，一边发出尖利的悲鸣，直叫到声音嘶哑，发不出声来，它才平静下来。

叫不出声的鸟儿并没有到此罢休，它飞速地在空中盘旋了几圈，似乎是在察看地形。忽然间，那只悲痛的鸟儿向青年猛扑过来，青年以为鸟儿要啄他，想举枪还击，但双臂僵硬抬不起来。那只鸟儿并没有撞向青年，而是从他的头上飞过，向青年身后的岩石撞去!

一下! 两下! 三下! 鸟儿不再鸣叫，只是这样拼死地撞去，当震惊的青年睁开眼睛看清楚时，那只鸟儿已变成了一片鲜红的血迹，印在黑色的岩石上。

它是要用自己的死来向人类抗议：不要再剥夺我们生的权利！不要再拆散我们的家庭！

震惊的青年浑身僵硬，他永远记住了这死去的鸟儿的抗议，他就在那块洒着鸟儿鲜血的黑石上，砸碎了自己的鸟枪。

和眼前撞在车窗上的这些鸟儿一样，鸟儿们一定是有情感有良知的，它们生存的欲望是那么强烈！它们保护自己家园的决心是那么坚定！

由这些不屈的鸟儿，我又联想到目前多次发生的海豚自杀事件，那么多的海豚不顾一切地冲上海滩，仿佛它们已感到末日的到来。是什么使海豚如此绝望呢？是人类对海洋的污染吗？是人类对海洋生物贪婪的掠夺吗？

我看着窗外如画的景色沉思着，我想到，这世界并不只属于人类，而一代代的人类常常把地球当成他自己的私产，人类的触角在地球的各个角落里肆无忌惮地伸延着，人类把原本不属于自己的东西也拿了过来，总有一天，他们会为自己的行为付出代价的。

但愿这些自杀的鸟儿能使人类觉醒，但愿人类能和地球上所有的生命共享生命的欢快。

4. 被缓解稀释和冲淡了的环境[①]

梁　衡

在德国旅行我真嫉妒这里的环境。在北京拥挤的自行车、汽车和人的洪流里钻惯了，一在法兰克福降落，就如春天里突然脱了棉袄一样的轻松。宽阔的莱茵河当城静静地流过，草坪、樱花、梧桐，还有古老肃穆的教堂，构成一幅有色无声的图画。我们像回到了遥远的中世纪或者进到了一个僻静的小镇。心也静得像掉进了一把玉壶里。

在几个大城市间的旅行，是自己开着车走的。这种野外的长途跋涉，却总像是在一个人工牧场里，或者谁家的私人园林里散步。公路像飘带一样上下左右起伏地摆动，路边一会儿是缓缓的绿地，一会儿是望不尽的森林。隔不远，高速公路的栏杆上就画着一个可爱的小鹿，那是提醒司机，不要撞着野生动物。这时你会真切地感到你终于回到了大自然，在与自然对话，在自然的怀抱里旅行。我努力瞪大眼睛，想看清楚那绿色起伏的坡地上是牧草还是麦苗。主人说不用看了全是牧场。这样好的地在中国早已开成农田，怎么能让它去长草呢？可是一路上也没有看到一条牛，说明这草地的负担很轻，大约也是过几天来几头牛，有一搭没一搭地啃几口，它只不过顶了个牧场的名，其实是自由自在的草原，是蓝天下一层吸收阳光水分，释放着氧气的绿色的欢乐的生命。是一块托举着我们的绿毯。当森林在绿毯的远处冒出时，它是一

---

① 选自《梁衡散文》（百花文艺出版社 1999 年 11 月出版）。梁衡，当代作家。1946 年生，山西人。作品有散文集《夏感与秋思》、《名山大川》、《人杰鬼雄》，政论集《继承与超越》等多部。

块整齐的蛋糕，或者一块被孩子们遗忘的积木。初春，树还没有完全发绿，透着深褐色。分明是为了衬托草地的平缓轻软，才生出这庄严和凝重。这种强烈的装饰美真像冥冥中有谁所为，欧洲人多信教，怕是上帝的安排吧。要是赶上森林紧靠着公路，你就可以把头贴在玻璃上去数那一根根的树。树很密，树种很杂，松、柏、杨、柳、枫等交织在一起，而且粗细相间，强弱相扶，柔枝连理，浓荫四闭。这说明很长时间已没有人去动它、碰它、打扰它。它在自由自在地编织着自己的生命之网。你会感到，你也在网中与它交流着生命的信息。从科伦到法兰克福，再到柏林，我们就这样一直在草坪上，在树林间驰过。当车子驶进柏林市区时，天啊，我们反而一头扎进森林里，是真正的大森林。车子时而穿过楼房，时而又钻进森林，两边草木森林，我努力想通过树缝去找人、找车或者房子，但是看不到，这林子太深太广了，和在深山老林里看到的一样，只不过树细了一些。主人说这林子大着呢，过去这里面都可以打猎。我突然想起有一种汽车就名"城市猎人"，看来有一点根据。城在林中，林在城中，这怎么可以想象呢？后来在商店买到柏林城的鸟瞰图，看到市中心的胜利女神碑像如一根定海神针，而周围则是一片绿色的汪洋。

在这到处是绿草绿树的环境中，自然要造些漂亮的房子。要不实在委屈了它。在德国看房子也成了一大享受。欧洲人的房子决不肯如我们那样的四方四正，虽则大体风格一致，但各自总还要变出个样子。比如屋顶，有的是尖顶，尖得像把锥子，直指天穹，你仰望一眼它就会领着你走近神圣的天国。有的是大屋顶，稚气得像一个大头娃娃，屋顶像一块大布几乎要盖住整座房子，你得细心到屋顶下去找窗户、门。较多的是盔形顶，威武结实像个中世纪的武士。还有一种仿古的草皮屋顶，在蓝天下隐隐透出一种远古的呼唤，据说是所有屋顶中造价最高的。屋顶多用红瓦，微风一起，绿树梢上就飘起一块块红布。德国人仿佛把盖房当游戏，必得玩出一个味来。要是大型建筑，他们就极有耐心地去盖，欧洲最大的科隆大教堂，千顶簇拥，逶迤起伏，简直就是一座千峰山。从一二四八年一直盖到一八八〇年才盖好，至今也没有停止过加工养护，我们去时于"山"缝间还挂着许多脚手架。至于一般的私家住房，就像小孩子过家家一样必定要摆弄出个新样子。德国人常常买一块地，邀几个朋友，自己动手盖房子。他们在充分地咀嚼生活。

和树多房美相对应的是人少。车在公路上行驶时两边看不到人，就是在城里也很少见人。有几次我有意的目测一下人数，放眼街面，数不到几个人。这是如中国的长安街、东西单一样的街道啊。一次在市中心广场停车，要向路边的收费机里喂几块硬币，兜里没有，想找人换，等了半天才从街角等着三个散步的老妇人。一次开车从高高的停车场上下来，到出口处自动栏杆挡着，不喂硬币它不弹起。我踩住刹车，旁边会德语的同志就赶快去找人换钱。这是车库门口，不能总挡人家的路。但是，大概有十分钟，任我们怎么急，就像在一个幽静的山坡下，怎么也唤不出一个人影。那条挡板无言地伸着它的长臂。我抱着方向盘，透过车窗，眼前闪出了当年朱自清写的游欧洲的情景：火车爬到半山，一头牛挡住路，车只好就停下来，等着它慢悠悠地走开。欧洲人竟是这样的舒服啊。就像在牧场上不见牛羊，只有绿绿的草；在城里不见人，只有空空的街。生存的空间是这样大，感到心里很宽，身上很轻。人越少就服务得越周到。在汉堡，大约六七十米就有一个人行过街路口，我们乘坐的庞然钢铁大物不时谦让地住脚给行人让路。有的路口电杆上画一个手掌印，你要过路时按它一下，红灯就会亮起挡住车流，人过后红灯自灭。虽然车行如海，但人在车海里是这样的从容，如同受到自然恩惠，人受到社会完好的关照。反过来如同对自然的保护，人也十分遵守社会秩序，表现出自觉的纪律性。纪律就是社会共同的利益。在国内早听说过，德国人就是半夜过路口，附近无一车一人时也要等红灯。这次真是亲身体验。汽车也是这样礼貌，尤其是如执行弯道让直行、辅道让主道之类的规则时，经常谦让得让你发急。而在北京街头汽车常常要挤着自行车，拨着人的屁股抢路走。是环境的从容养成人性的谦让，当他谦让时不是对哪一个人，是对整个生态环境的满意和尊重。

　　总之，在德国无论在乡间，在城里，都感受到一种被缓解被稀释和被冲淡了的环境。我们为什么愿意到草原、到海边去旅游，就是因为那宽松的环境，那里空间极大，大到可以尽力去望，没有什么东西会阻挡你的视线；你可以尽力去听，没有什么人为的声音会来干扰你的听觉，只有天籁之音。这时你才感到人的存在，人的主宰。人们为什么要寻找山水就是为了释放出那些在市井中被压缩许久的视力、听力和胸中的浊气。所以，当一个城市二十四小时都能给我们一汪绿色一片安宁时，这是何等的幸福啊。

一九九七年四月十二日

阅读
材料 1

新加坡人的"规矩"①

彭 龄 章 谊

古话说：没有规矩，不能成方圆。

要成"方圆"，必须有"规矩"。

新加坡的"规矩"之多、之严是人所尽知的。在世界其他都城司空见惯的事，诸如在公共场所随意抽烟，在街上乱丢烟蒂、果皮、纸屑，随意嚼口香糖或随地吐痰等等，很少有人"管闲事"去干涉。但在新加坡就不行。它有它的"规矩"。而且，要求每一个到新加坡的人，都按它的"规矩"检点和规范自己的行为。不然，就要课以重罚：你不经意地在马路上丢下一片纸屑，对不起，罚款一千新元；你习惯地在候机室"啪"地一声燃着打火机点一支香烟，正待喷云吐雾过过瘾，对不起，罚款五千新元……

记得80年代，北京也曾订过一些"文明规章"，诸如禁止随地吐痰，禁止随地扔果皮、纸屑等等，也派了检查员，戴着袖章守在街口，看见违者，也"课"以罚款，一次罚五角。大多数被罚者也都心悦诚服，表示下次注意。也有那"款"、"腕"，或流氓、痞子式的人物，掏出一块钱，拍在检查员手上，跟着"呸"地再吐一口，说声"甭找啦！"扬长而去。五角钱，也就买一根冰棍，"课"他，等于挠挠痒。

新加坡却不一样。五千新元，超过中等收入者一个月的工薪。纵使"款"、"腕"也明白，摆这种"派"，又丢脸面又赔财，不值得。而且，在新加坡，只认"规矩"不认人，纵令你是某某国家的公子王孙，在新加坡犯了"规矩"，该"课"以什么就"课"什么，一码是一码。屁股该挨笞刑的，照样挨，一鞭也不减，总统来说情也不行。以致新加坡又得了个"罚国"的别称。百姓违章，被罚得不敢再犯；劣商坑人，被罚得倾家荡产；贪官枉法，被罚得身败名裂。

---

① 选自《中外书摘》1999年第1期《受命打通"地狱之门"的人》。

以罚生威，以罚促廉，成了新加坡的治国之道。难怪来新加坡之前，朋友们频频叮嘱：在新加坡可要小心，不要随意吸烟，不要乱丢果皮，绝对绝对不要吃口香糖……我们听了，只是笑笑。自问老实本分，大大的良民，没这些不良习惯。"规矩"再严，"课"不到头上。但这些叮嘱，却激起我们的好奇，更想借来新加坡的机会看看究竟。

果然，在新加坡，马路、公园极少看见痰迹、果皮、纸屑；过街桥栏、电线杆、汽车站牌以及民居的墙壁上，没有随意张贴的五花八门的广告；候机室、餐馆、商店、展厅，没有肆无忌惮污染空气的"烟民"……天是那样蓝，树是那样绿，空气是那样清新，处处都一尘不染，仿佛连每一片叶子，都刚刚用湿布揩过，"花园城"实在是名不虚传。

老一代人告诉我们，二三十年前可不是这样。你要有兴趣，他们会像摆家长里短一样给你摆："你去过香港、九龙、花莲或者新中国成立之前的广州、上海吗？可以说二三十年前的新加坡就是那个样子，上海滩上有什么，这里就有什么。吐痰、扔果皮、随地大小便，算什么？小把戏啦！赌场、烟馆、妓院到处都是，说污染，那污染不比随地吐痰厉害千百倍！"像卖关子似地，突然打住，睁大两只眼睛看着你笑。待你问："那后来呢？"他们便又打开话闸子："后来，……就靠政府立规矩啦……"而且，告诉你，这"规矩"既要立，就要严，杀一儆百，说一不二。禁烟、禁赌、禁毒、禁娼，处处"动真格的"。在海关，查到走私毒品的过境客，他喊冤，说是好心帮别人提行李，那也不行，"该砍脑壳就砍脑壳"，不这样，能禁得住？像香港，也"禁"，妓院封了，他开浴室、按摩院，"一楼一凤"，换汤不换药。规矩不严，禁不了。

和禁毒、禁娼一样，新加坡从人人掩鼻过的垃圾城到如今亚洲乃至世界最清洁的城市，靠的仍是立严规。大约是在60年代末，新加坡政府下决心向乱丢烟蒂、果皮、纸屑和随地吐痰等等不文明不卫生的现象开火，明文规定为犯法行为。环境部门并专门派200多名官员在街头督查，一遇犯者，便"课"以重罚。宣传加严规，使人们逐渐"弃恶从善"，养成了以文明、卫生为荣的良好风习。

在新加坡，几乎办什么事都有"规矩"。有一次，我们乘小吴的车从郊区进城，在城市入口处的路边有一条白线，他将车开到白线边停下，看看表，说还有几分钟，我们在这里等一等。我们不解。他解释说为避免城内交通过于拥挤，每天几点到几点开车进城都需持有一定的证券，没有证券的，需过了这个时间才能进城，否则就要受罚。

　　其实,那里根本看不到警察,但没有证券的车,也都像小吴一样自觉地在白线边停下。

　　小吴说,每个司机每年24分,违章(包括抢红灯、乘客未系安全带等等)都要依据交通法规扣分。听说女作家尤今有一次车轮刚过停车线一点点,也照样被扣分和"吃"罚金。待扣完24分,不仅"课"一笔为数不小的罚金,还要吊销执照,一年之后,才可重新办理执照。停车一年,受得了? 特别是出租车司机,等于砸他饭碗。所以这里开车都小心翼翼。

　　"你们习惯吗?"我们问。

　　小吴笑笑说:"有时候一时疏忽,譬如说汽车忘了擦洗,警察说车子太脏影响市容,被重罚一笔,也觉得好心疼。但话说回来,我们国家小,不立规矩,不就乱了套了吗?"

　　国家小,要立规矩。国家大呢? ……

阅读材料2

环球城市　风行绿墙①

宋淑运

　　综观各国城市,中国与外国最大的不同就是围墙。据不完全统计,全国公共单位(不含住宅)的围墙总长达500多万公里,可绕地球125圈,占地面积达1 100多平方公里,加上两侧墙脚不能利用的死角共达3 350平方公里。

　　迈出国门,浏览包括发展中国家在内的世界各国的城市,哪里都看不到如此"壮观"的围墙阵!

　　外国一些城市所谓的"墙",或是雅致的栏杆,镂空的铁丝网,或是生趣盎然的"绿色围墙":建筑物在"墙"内若隐若现,既不破坏城市的环境整体美,也不妨碍市民的视野空间。

　　所谓"绿色围墙",就是利用植物代替砖、石或钢筋水泥"砌墙"。这种生机盎然的绿色墙,不但占地面积少,省料省钱,而且在绿化美化市容市貌、改善环境、减噪防尘、净化空气、调节温度等方面效果显著,颇受人们欢迎。

　　世界上最独具特色的城市绿色围墙建筑中首推巴西的"植物墙"。在巴西,人们看到的绿色墙是用空心砖砌成,砖上附有树胶和肥料,再在其上种上草籽,只要气候适宜,小草便从里面长出来,绿满墙面。这种植物墙不仅具有审美价值,而且可减少噪声和空气污染。

　　巴西各大城市的楼房常见绿色荡漾,青草摇摆,原来外墙使用了一种特殊的"生物砖"。墙面平时适当喷水,就可以常年碧绿,隔热隔音,吸收二氧化碳,净化居住区的空气。在巴西首都巴西利亚,人均绿地近百平方米,雄踞世界第一。巴西法律规定,没有绿化设计的施工项目不得施工;有绿化设计的施工项目施工完后,地面上有裸土不予验收。因此,房屋落成之日,草坪、花坛、绿篱亦同时建成交工。每10栋左右公寓楼组成一个"方街",即住

---

① 选自《百科知识》2000年第4期。

宅小区。它由一条大绿色植物带环围,其中包括四季常青的灌木墙、小花园和草坪,起过滤空气、阻止噪音的作用。巴西利亚是 1960 年才建立起来的新首都,毫无历史价值可言,1987 年却被联合国定为"人类文化遗产",除了构思奇巧的三权广场、布局新颖的城市风格外,还因为该城突出绿化,人与环境和谐共存,成了现代化新城的典范。1990 年巴西巴拉那州首府库里蒂巴市又被联合国命名为"生态之都"。该市虽然从战后的 50 万人猛增到 150 万人,人均绿地面积却从 0.5 平方米增加到 54 平方米。市民将建筑围墙的精力用在绿化上,营造了重重"绿墙"。

澳大利亚 1927 年建都堪培拉时,明确规定公私建筑都不许构筑非植物墙。今日堪培拉除了总理府保留一道围墙,设有一个岗亭和一名警卫外,整座城市不见第二道围墙。机关团体为了掩蔽办公场所,便以参天的合欢花树、桉树等围起一道道绿色屏障。各国使馆都引进本国特有花木,精心编织绿色篱墙,让路人感觉如在游览各国植物园。单门独户的两层宅院,由政府免费提供苗木,以蔷薇、仙人掌、珊瑚树、梨树等组成矮墙。悉尼市和墨尔本市亦与首都相同,让茵茵绿墙加入绿化队伍。墨尔本的公园外缘与街道相连,没有任何栅栏。悉尼的各种建筑多以樟树、法国梧桐为屏蔽,常绿树和落叶树适当搭配,冬暖夏凉;别墅区则以矮乔木和灌木丛为篱,以不遮挡建筑物为准。

登上新加坡最高点——73 层 226 米的斯坦福酒店远眺近望,满目只见树木葱茏,芳草如茵,根本找不到围墙样的建筑。在 641 平方公里的袖珍国家,300 万国民生活在大大小小的花园中。新加坡法律规定,有花园的住宅不筑围墙,让花木供路人欣赏,可予减缴房地产税;住宅楼须距马路 15 米以上,绿地应占 65%,建筑面积占 35%。为此,国人只建绿篱不建围墙,从 1971 年开始大种其树,大铺草坪,连天桥、候车棚、电线杆都攀上藤蔓,使城市环抱在绿色之中。

在日本,建筑材料研究人员把制好的壁网框架放在水里,让苔藓类植物繁衍附在上面,经过一段时间生长后再打捞上来,使其成为一块块新奇独特的生态预制件,然后再放置到城市需要绿化的地方去。

非洲尼日利亚因首都拉各斯人口爆满,1979 年决定迁都到内陆的阿布贾,迁都伊始就颁布取缔围墙令,确定新都为开放型城市。1985 年市府下令拆除 10 多个单位擅自修建的砖石围墙,使今日的阿布贾砖石围墙绝迹,处处绿树成荫,视野开阔,到处是万紫千红的花草、树墙、藤萝墙。

在南非博茨瓦纳的桑尼塔斯镇，"生态墙"更是令人叫绝。这里的外墙都突出一列列空心砖，砖内置土，种上花卉和蔬菜，施以水肥，保持常年碧绿，有效地利用了空间。

北非的突尼斯首都突尼斯市选用龙牙树为围墙。龙牙树为仙人掌属，矮胖粗壮，有强大的生命力，寿命可达数百年，茎干膨大，花叶茂密，果实累累，有很高的观赏价值。割去树的顶部抑制其向上生长，使其底部越来越粗胖，终于成长为很少空隙的"实墙"，结实而美观。全城公宅私院多由这种绿墙包围起来，挡住了风沙又成了户权的分界线。突尼斯的哈拉特植物园栽培成片的龙牙树，精心修剪成 244 平方米大的"运动场"：绿色场地上龙牙树高仅 60 厘米，横生的枝权抱成一团，剪平如枕木横陈，怒放绿叶，形如草质台地。

美国华盛顿近年流行绿墙绿门。砌墙垒门的材料是填满泥土的塑料砖，砖的孔洞向外，内植花草蔬菜。苗木出土后，伸出洞外，弯曲向上吸取阳光，怒放各色花朵，结出苞米棒、向日葵、辣椒等，长短不一地垂挂着丝瓜、葫芦等，一墙青菜，满门鲜花。更为有趣的是，凡是构筑绿门、绿墙的服务单位，来客也特别多，生意格外兴隆。

近年来，我国的上海、天津、广州等地也营造绿化带，工厂、学校、机关的四周也建造了大量的植物墙。放眼望去，绿意盎然，受到市民的普遍称赞。上海西部著名的龙柏饭店和上海同济大学的围墙，也均是生态效果甚佳的植物墙，一片葱绿，颇有一番情趣。大连市绿化工作成绩卓著，过去公园的围墙和一些临街单位及住宅的围墙都已拆除，代之的低矮铁栏杆和绿色草坪，绿化了城市，开阔了人们的视野，使人感到舒畅、轻松和愉快。

中国筑墙已有几千年历史，筑墙虽有安全、分界的功能，但在科技发达的今天已无多大作用。"欲攻之，欲窃之，岂在乎一墙之隔"。冲破围墙重地，既可节约用地，又可节约 1‰—10% 的建筑造价，还可以增加绿化面积，扩大视野，改善景观，美化、净化城市环境。以绿墙代替砖墙是时代的需要，是开放的需要，也是美化我们的家园，保护生态环境，改善居住条件的需要。

第二单元　道德情操　责任追求

1. 跨越百年的美丽①

梁　衡

今年是居里夫妇发现放射性元素镭一百周年。

一百年前的一八九八年十二月二十六日，法国科学院人声鼎沸，一位年轻漂亮，神色庄重又略显疲倦的妇人走上讲台，全场立即肃然无声。她叫玛丽·居里，就是后来名扬于世的居里夫人。她今天要和她的丈夫皮埃尔·居里一起在这里宣布一项惊人发现，他们发现了天然放射性元素镭。本来这场报告，她想让丈夫来作，但皮埃尔·居里坚持让她来讲。因为在此之前还没有一个女子登上过法国科学院的讲台。玛丽·居里穿着一袭黑色长裙，白净端庄的脸庞显出坚定又略带淡泊的神情，而那双微微内陷的大眼睛，则让你觉得能看透一切，看透未来。她的报告使全场震惊，物理学进入了一个新时代，而她那美丽而庄重的形象也就从此定格在历史上，定格在每个人的心里。

居里夫人一直是我崇拜的少数名人中的一个。如果说到女性的名人她就更是非第一莫属了，余后大概还有一个中国的李清照。我大约是在上中学时读到介绍居里夫人的小册子，从此她坚毅的形象便在脑海里永难拂去。以后我几乎搜读了所有关于她的传记。一个人的伟大不

---

① 选自《梁衡散文》（百花文艺出版社 1999 年 11 月出版）。梁衡，当代作家，1946 年出生，山西人。作品有散文集《夏感与秋思》、《名山大川》、《人杰鬼雄》等多部。

外乎两个方面,一是他对社会作出的贡献,二是他的人格,他的精神。对居里夫人来说,这两方面她都具备,而且超群绝伦,值得我们永远怀念和学习。

关于放射性的发现,居里夫人并不是第一人,但她是关键的一人。在她之前,一八九六年一月,德国科学家伦琴发现了X光,这是人工放射性;一八九六年五月,法国科学家贝克勒尔发现铀盐可以使胶片感光,这是天然放射性。这都还是偶然的发现,居里夫人却立即提出了一个新问题,其他物质有没有放射性? 物质世界里是不是还有另一块全新的领域? 别人在海滩上捡到一块贝壳,她却要研究一下这贝壳是怎样生,怎样长,怎样被冲到海滩上来的。别人摸瓜她寻藤,别人摘叶她问根。是她提出了放射性这个词。两年后,她发现了钋,接着发现了镭,冰山露出了一角。为了提出纯净的镭,居里夫妇搞到一吨可能含镭的工业废渣。他们在院子里支起了一口大锅,一锅一锅地进行冶炼。然后再送到化验室溶解、沉淀、分析。而所谓化验室是一个废弃的、曾停放解剖用尸体的破棚子。玛丽终日在烟熏火燎中搅拌着锅里的矿渣。她衣裙上,双手上,留下了酸碱的点点烧痕。一天,疲劳之极,玛丽揉着酸痛的后腰,隔着满桌的试管、量杯问皮埃尔:"你说这镭会是什么样子?"皮埃尔说:"我只是希望它有美丽的颜色。"终于经过三年又九个月,他们在成吨的矿渣中提炼出了零点一克镭。它真的有极美丽的颜色,在幽暗的破木棚里发出略带蓝色的荧光。还会自动放热,一小时放出的热能融化等重的冰块。

旧木棚里这点美丽的淡蓝色荧光,是用一个美丽女子的生命和信念换来的。这项开辟科学新纪元的伟大发现好像不该落在一个女子的头上。千百年来,漂亮就是一个女人的最高荣誉,最大资本。只要有幸得到这一点,其余便不必再求了。莫泊桑在他的名著《项链》中说:"女人并无社会等级,也无种族差异;她们的姿色、风度和妩媚就是她们身世和门庭的标志。"居里夫人是属于那一类很漂亮的女子,她的肖像如今挂遍世界各国的科研教学机构,我们仍可看到她昔日的风采。但是她偏偏没有利用这一点资本,她的战胜自我也恰恰就是从这一点开始的。当她还是个小学生时就显示出上帝给她的优宠,漂亮的外貌已足以使她讨得周围所有人的喜欢。但她的性格里天生还有一种更可贵的东西,这就是人们经常加于男子汉身上的骨气。她坚定、刚毅,有远大、执着的追求。为了不受漂亮的干扰,她故意把一头金发剪得很短,她对哥哥说:"毫无疑问,我们家里的人有天赋,必须使这种天赋由我们中的一个表现出来!"她不但懂得个人的自尊,更懂得民族的自尊。当时的波兰为沙皇所统治,她每天上学的路上有一座沙皇走狗的雕像,玛丽路过此地,总要狠狠唾上一口,如果哪一天和女伴说话忘记了,就是已走到校门口也要返回来补上。她中学毕业后在城里和乡下当了七年家庭教师,积攒了一点学费便到巴黎来读书。当时大学里女学生很少,这个高额头,蓝眼睛,身材修长的漂亮的异国女子,很快成了人们议论的中心。男学生们为了能更多地看她一眼,或有幸凑上去说几句话,常常挤在教室外的走廊里。她的女友甚至不得不用伞柄赶走这些追慕者。但她对这种热闹不屑一顾。她每天到得最早,坐在前排,给那些追寻的目光一个无情的后脑勺。她身上永远裹着一层冰霜的盔甲,凛然使那些"追星族"不敢靠近。她本来是住在姐姐家中,为了求得安静,便一人租了间小阁楼,一天只吃一顿饭,日夜苦读。晚上冷得睡不着,就拉把椅子压在身上,以取得一点感觉上的温暖。这种心无旁骛,悬梁刺股,卧薪尝胆的进取精神,就是一般男子也是很难做到的啊。宋玉说有美女在墙头看他三年而不动心。范仲淹考进士前在一间破庙里读书,晨起煮粥一碗,冷后划作四块,是为一天的口粮。而在地球那一边的法国,一个波兰女子也这样心静,这样执着,这样地耐得苦寒。她以二十五岁青春难再的妙龄,面对追者如潮而不心动。她只要稍微松一下手,回一下头,就会跌回温软的怀抱和赞美的泡沫中。但是她有大志,有大求。她知道只有发现创造之花才有永开不败的美丽。所以她甘愿让酸碱啃蚀柔美的双手,让呛人的烟气吹皱她秀美的额头。

本来玛丽·居里完全可以换另外一个活法。她可以趁着年轻貌美如现代女孩吃青春饭那样，在钦羡和礼赞中活个轻松，活个痛快。但是她没有。她知道自己更深一层的价值和更远一些的目标。成语言"浅尝辄止"是指人对外部世界的认识，殊不知有多少人对自己也常是浅知辄止，见宠即喜。你看有多少女孩子王婆"赏"瓜，顾影自怜而不知前路。数年前一位母亲对我说她刚上初中的女儿成绩下降。为什么？答曰："知道爱美了，上课总用铅笔杆做她的卷卷头。"美对人来说是一种附加，就像格律对诗词也是一种附加。律诗难作，美人难为，做得好惊天动地，做不好就黄花委地。玛丽·居里让全世界的女子都知道，她们除了"身世"和"门庭"之外，还有更值钱、更重要的东西。

一八五二年斯佗夫人写了一本《汤姆叔叔的小屋》导致了美国南北战争爆发，林肯说是一个小妇人引发了一场解放黑奴的大革命。比斯佗夫人约晚五十年，居里夫人发现了镭，也是一个小妇人引发了一场大革命，科学革命。它直接导致了后来卢瑟夫对原子结构的探秘，导致了原子弹的爆炸，导致了原子时代的到来。更重要的是这项发现的哲学意义。哲学家说事物无时无刻不在变。西方哲人说，人不能两次踏进同一条河流。公元一〇八二年东方哲人苏东坡在赤壁望月长叹道："盖将自其变者而观之，则天地曾不能以一瞬；自其不变者而观之，则物与我皆无尽也。"现在，居里夫人证明镭便是这样"不能以一瞬"而存在的物质，它会自己不停地发光、放热、放出射线。能灼伤人的皮肤、能穿透黑纸使胶片感光、能使空气导电，它刹那间是自己又不是自己。哲理就渗透在每个原子的毛孔里。玛丽·居里几乎在完成这项伟大自然发现的同时也完成了对人生意义的发现。她也在不停地变化着，当工作卓有成效的同时，镭射线也在无声地侵蚀着她的肌体。她美丽健康的容貌在悄悄地隐退，她逐渐变得眼花耳鸣，苍白乏力。而皮埃尔不幸早逝，社会对女性的歧视更加重了她生活和思想上的沉重负担。但她什么也不管，只是默默地工作。她从一个漂亮的小姑娘，一个端庄坚毅的女学者，变成科学教科书里的新名词"放射线"，变成物理学的一个新计量单位"居里"，变成一条条科学定理，她变成了科学史上一块永远的里程碑。"自其不变者而观之"，它得到了永恒。"长恨春归无觅处，不知转入此中来。"就像化学的置换反应一样，她的青春美丽已换位到了科学教科书里，换位到了人类文化的史册里。

居里夫人的美名从她发现镭那一刻起就流传于世，迄今已经百年。这是她用全部的青春、信念和生命换来的荣誉。她一生共得了十项奖金、十六种奖章、一百零七个名誉头衔，特别是两次诺贝尔奖。她本来可以躺在任何一项大奖或任何一个荣誉上尽情地享受。但是她视名利如粪土，她将奖金赠给科研事业和战争中的法国，而将那些奖章送给六岁的小女儿去当玩具。上帝给的美形她都不为所累，尘世给的美誉她又怎肯背负在身呢？凭谁论短长，漫将浮名换了精修细研。她一如既往，埋头工作到六十七岁离开人世，离开了她心爱的实验室。直到她死后四十年，她用过的笔记本里，还有射线在不停地释放。爱因斯坦说："在所有的世界著名人物中，玛丽·居里是唯一没有被盛名宠坏的人。"她用事求世，超形脱俗，知道自己的目标，更知道自己的价值。在一般人要做到这两个自知，排除干扰并终生如一，是很难很难的，但居里夫人做到了。她让我们明白，人有多重价值，是需要多层开发的。有的人止于形，以售其貌；有的人止于勇，而逞其力；有的人止于心，只用其技；有的人达于理，而用其智。诸葛亮戎马一生，气吞曹吴，却不披一甲，不佩一刃；毛泽东指挥军民万众，在战火中打出一个新中国，却不背枪支，不受军衔。大音希声，大道无形，大智之人，不耽于形，不逐于力，不恃于技，他们淡淡地生活，静静地思考，执着地进取，直进到智慧高地，自由地驾驭规律，而永葆一种理性的美丽。

居里夫人就是这样一位挺立在智慧高地的伟人。

一九九八年九月五日

2. 第二次考试[①]

何　为

　　著名的声乐专家苏林教授发现了一件奇怪的事情：在这次参加考试的二百多名合唱训练班学生中间，有一个二十岁的女生陈伊玲，初试时的成绩十分优异：声乐、视唱、练耳和乐理等课目都列入优等，尤其是她的音色美丽和音域宽广令人赞叹。而复试时却使人大失所望。苏林教授一生桃李满天下，他的学生中间不少是有国际声誉的，但这样年轻而又有才华的学生却还是第一个，这样的事情也还是第一次碰到。

　　那次公开的考试是在那间古色古香的大厅里举行的。当陈伊玲镇静地站在考试委员会里几位有名的声乐专家面前，唱完了冼星海的那支有名的《二月里来》，门外窗外挤挤挨挨地都站满了人，甚至连不带任何表情的教授们也不免暗暗递了个眼色。按照规定，应试者还要唱一支外国歌曲，她演唱了意大利歌剧《蝴蝶夫人》中的咏叹调《有一个良辰佳日》，以她灿烂的音色和深沉的理解惊动四座，一向以要求严格闻名的苏林教授也不由颔首表示赞许，在他严峻的眼光下，隐藏着一丝微笑。大家都默无一言地注视陈伊玲：嫩绿色的绒线上衣，一条贴身的咖啡色西裤，宛如春天早晨一株亭亭玉立的小树。众目睽睽下，这个本来笑容自若的姑娘也不禁微微困惑了。

　　复试是在一星期后举行的。录取与否都取决于此。这时将决定一个人终生的事业。经过初试这一关，剩下的人现在已是寥寥无几；而复试将是在各方面更为严格

---

　　① 选自《中国当代文学作品精选·散文卷》（北京十月文艺出版社 1999 年出版）。何为，散文家。1922 年生，浙江人。作品有《织锦集》《小树与大地》等多部。

的要求下进行的。本市有名的音乐界人士都到了。这些考试委员和旁听者在评选时几乎都带着苛刻的挑剔神气。但是全体对陈伊玲都留下了这样一个印象：如果合乎录取条件的只有一个人，那么这唯一的一个人无疑应该是陈伊玲。

谁知道事实却出乎意料之外。陈伊玲是参加复试的最后一个人，唱的还是那两支歌，可是声音发涩，毫无光彩，听起来前后判若两人。是因为怯场、心慌，还是由于身体不适，影响声音？人们甚至怀疑到她的生活作风上是否有不够慎重的地方！在座的人面面相觑，大家带着询问和疑惑的眼光举目望她。虽然她掩饰不住自己脸上的困倦，一双聪颖的眼睛显得黯然无神，那顽皮的嘴角也流露出一种无可诉说的焦急，可是就整个看来，她通体是明朗的，坦率的，可以使人信任的；仅仅只因为一点意外的事故使她遭受挫折，而这正是人们感到不解之处。她抱歉地对大家笑笑，于是飘然走了。

苏林教授显然是大为生气了。他从来认为，要做一个真正为人民所爱戴的艺术家，首先要做一个各方面都能成为表率的人，一个高尚的人！歌唱家又何尝能例外！可是这样一个自暴自弃的女孩子，永远也不能成为一个有成就的歌唱家！他生气地侧过头去望向窗外。这个城市刚刚受到过一次今年最严重的台风的袭击，窗外断枝残叶狼藉满地，整排竹篱委身在满是积水的地上，一片惨淡的景象。

考试委员会对陈伊玲有两种意见：一种认为从两次考试可以看出陈伊玲的声音极不稳固，不扎实，很难造就；另一种则认为给她机会，让她再试一次。苏林教授有他自己的看法，他觉得重要的是了解造成她先后两次声音悬殊的根本原因，如果问题在于她对事业和生活的态度，尽管声音的禀赋再好，也不能录取她！这是一切条件中的首要条件！

可是究竟是什么原因呢？

苏林教授从秘书那里取来了陈伊玲的报名单，在填着地址的那一栏上，他用红铅笔划了一条粗线。表格上的那张报名照片是一张叫人喜欢的脸，小而好看的嘴，明快单纯的眼睛，笑起来鼻翼稍稍皱起的鼻子，这一切都像是在提醒那位有名的声乐专家，不能用任何简单的方式对待一个人——一个有生命有思想有感情的人。至少眼前这个姑娘的某些具体情况是这张简单的表格上所看不到的。如果这一次落选了，也许这个人终其一生就和音乐分手了。她的天才可能从此就被埋没。而作为一个以培养学生为责任的音乐教授，情况如果是这样，那他是绝对不能原谅自己的。

第二天，苏林教授乘早上第一班电车出发。根据报名单上的地址，好容易找到了在杨树浦的那条偏僻的马路，进了弄堂，蓦地不由吃了一惊。

那弄堂里有些墙垣都已倾塌，烧焦的栋梁呈现一片可怕的黑色，断瓦残垣中间时或露出枯黄的破布碎片，所有这些说明了这条弄堂不仅受到台风破坏，而且显然发生过火灾。就在这灾区的瓦砾场上，有些人大清早就在忙碌着张罗。

苏林教授手持纸条，不知从何处找起，忽然听见对屋的楼窗上，有一个孩子有事没事地张口叫着：

"咪—咿—咿—咿—，吗—啊—啊—啊—"仿佛歌唱家在练声的样子。苏林教授不禁为之微笑，他猜对了，那孩子敢情就是陈伊玲的弟弟，正在若有其事地学着他姊姊练声的姿势呢。

从孩子口里知道：他的姊姊是个转业军人，从文工团回来的，到上海后就被分配到工厂里担任行政工作。她是个青年团员，——一个积极而热心的人，不管厂里也好，里弄也好，有事找陈伊玲准没有错！还是在两三天前，这里附近因为台风而造成电线走火，好多人家流离失所，陈伊玲就为了安置灾民，忙得整夜没有睡，终于影响了嗓子。第二天刚好是她去复试的日子，她说声"糟糕"，还是去参加考试了。

这就是全部经过。

"瞧，她还在那儿忙着哪！"孩子向窗外扬了扬手说，"我叫她！我去叫她！"

　　"不。只要告诉你姊姊：她的第二次考试已经录取了！她完全有条件成为一个优秀的歌唱家,不是吗？我几乎犯了一个错误!"

　　苏林教授从陈伊玲家里出来,走得很快。是的,这天早晨有什么使人感动的东西充溢在他胸口,他想赶紧回去把他发现的这个音乐学生和她的故事告诉每一个人。

　　　　　　　　　（原载《人民日报》1956 年 12 月 26 日）

3. 身后意识①

杨继红

在以前的话题中,我谈到过"公民意识"、"环保意识"、"法制意识"……今天我想提出一个"身后意识"以求教于大方——没敢创造什么新词,只是有那么两回"旁观者"的经历,使我产生了一种人生感慨,无以名之,姑妄名之而已。

头一回是在别人家里作客。聊到正酣,又进来一位。这后来者是一位小有名气的"星"——那种穿衣戴帽都可以入新闻的"星"。她时而写诗,时而客串几个配角,时而主持节目——兼得"各行各业"风头,难免自负,一屋里全是她口若悬河,笑声朗朗,指点江山,激扬文字,粪土当今诸名流。我们一时插不上话,再加上作主人的与作客人的都出于礼貌,只有诺诺。等她慷慨陈辞尽了兴起身告辞,人还没拐出楼梯口,主人把门一掩:"俗不可耐,俗不可耐!"

——这就是在有些人转身之后经常发生的事情。

另一回是在一家公司作客。我随公司主管一起下到基层,沾他的光,受到了非同凡响的礼遇:吃住车马不提,只说平生第一回拎着进口渔具在人工垒造的"杨柳岸"垂钓了一把。

人们鞍前马后围着转,搜肠刮肚地玩着花样博"主管"一笑。眼见他们跑一里多地到附近鱼塘去买了名贵的黑鱼,倒进池水里请贵宾"下饵"——也正是那几个东跑西颠买鱼提桶的人,刚刚把贵宾"钓"到的鱼送上车,刚刚把渔具包好放进贵宾的袋中,刚刚笑容可掬地把车门

---

① 选自《中国当代文学作品精选·杂文卷》(北京十月文艺出版社 1999 年出版)。

轻轻关上，转身就是一句，"什么东西！巧取豪夺！"

对于有些人来说，自己是"什么东西"，也就只有自己才不知道。那主管若有幸听到"身后话"，他今后也许会检点很多——人对财之爱，对便宜之爱，并不总是有甚于对面子之爱。

可惜，很少有人能听到那关在门后头的话，很少有人能看见自己转过身后人们的表情。

所以人难得"自知"，难得一个真实的参照系来评估自己，所以我们往往能够很自信地干着傻事。

"文革"初期，有一个青年，刚刚从部队转业到工厂，每天早出晚归，响应"联合指挥部"的号召，兴致勃勃地"转战"在一个个批斗会场。

那天早晨，有那么一位"歌会唱一箩，字不识一个"的老人，叫住了急匆匆又要出门的青年，忧心忡忡地对他说："男娃是该什么事风光就干什么。可除了风光，还得想想自己干的事亏心不亏心。出门前你问三回：我干下这事了，十年之后怕不怕见人，百年之后怕不怕见鬼？问三回心里不犯嘀咕，就大胆干去。"

这青年就是我的父亲，这老人就是我的奶奶。

我的哲人一般的奶奶！正如她所料，恰恰是十年，所有被颠倒了的是非，又被颠倒了过来。在拨乱反正的年代里，问心无愧的父亲无数次对我们提起这件事，无数次念叨这句话，我便在心里无数次感谢着只字不识的奶奶——她用极朴素的良知，感悟到了"身后"的事情。

多一份"身后意识"，就像多了一双睿智①的眼睛，时时给我们添一点远见、一点清醒、一点对现实更为透彻的察看与认知。借这份认知，可以少干很多日后追悔莫及的事情。把"身后"二字放在嘴里嚼一嚼，并不比捶胸顿足、哭天抢地多费力气。

记得什么影片有这样一幕：一位老人弥留之际，紧握着女儿的手："我如果知道死亡会这样突如其来，我一定善待所有人。"

①〔睿（ruì）智〕英明有远见。睿，看得深远。

　　——假如人们能常怀一种对生命的危机感，也许我们会少一些遗憾。你看踢加时赛的足球队员，哪一个不是竭尽全力拼命冲杀？因为他们非常清楚：一旦闪失，就会"突然死亡"。常揣着一分危机感，在漫长的有生之年，我们会选择真诚与磊落——对反正总是要到来的生命终点，时刻保持一分坦然。这样的危机感，这样的"身后意识"，对于生命来说，沉重还是轻松？

（原载 1995 年 9 月 22 日《中国青年报》）

4. 永远执著的美丽①

曲志红

从没想过非把"美丽"这个词和袁隆平拉扯在一起，尽管71岁的他，依然显得精干，活力充沛，不乏睿智和幽默。而且，也没有必要把他和美丽联系起来。他以自己不懈的努力和才华，在古老的土地上创造了非凡的奇迹——目前在我国，有一半的稻田里播种着他培育的杂交水稻，每年收获的稻谷，60%源自他培育的杂交水稻。但凡一个人能有这样的成就，无论是男是女，是老是少，是中国人还是外国人，"美丽"这等词语都已经成为浅薄而无谓的媚俗②，无法与他们并列。

但是，就在他荣获首届国家最高科学技术奖的喜庆日子，在他接受首都新闻媒体的联合采访时，我忽然听到了"美丽"这个词，突然发现，这位享誉世界、功勋卓著的杂交水稻之父的横空出世，竟然和美丽有那么直接的关系。

那是我在这次采访中唯一有机会提出的一个问题，因为我始终不解，像他这样出生在北京，生长在武汉、重庆等大城市，从小上教会学校的人，为什么在风华正茂之时违背母愿选择了艰苦而陌生的农学？

袁隆平没有丝毫犹豫地说出了这个大出我意料的答案："大约我6岁时一次郊游，在武汉郊区参观了一个园艺场。满园里郁郁葱葱，到处是芬芳的花草和一串串鲜艳的果实。我觉得那一切简直是太美丽了！美得我当时就想，将来我一定要去学农。"

时隔六十多年的漫长岁月，袁隆平忆及当年儿时的

---

① 选自《北京日报》2001年2月20日，略有改动。曲志红（1956—　），河北保定人，新华社记者。
② 〔媚俗〕 讨好世俗。

感受,仍不免双眼灼灼,神采焕发。可见那片花艳果鲜的园艺场,在风雨飘摇、国事艰难的年代,曾多么深刻地打动了一个孩子的心。

这片美丽的记忆,成了他心目中永远的梦幻,使袁隆平从此与"农"结下不解之缘。

但当他第一次真的来到农村时,不禁大吃一惊:难道这就是自己多年来向往的最美的梦境?

现实中农村的落后、贫瘠和疮痍①,让寻找美丽的袁隆平大失所望,但却绝没有让他就此退缩,"真的,我从没后悔,我这个人有点'痴',认准的路一定要走到底。"60 年代初那场席卷全国的饥饿,深深震撼了他的心灵,他把童年的憧憬②蕴藏心底,将"所有人不再挨饿"奉为终生的追求。

他义无反顾地一头扎进了杂交水稻这个世界性的难题之中。为了杂交水稻,他几乎奉献了自己美好年华中的一切,知识、汗水、灵感、心血,没有什么不是围着"杂交稻"而运转。在他研究的最初阶段,为了获得一株必需的水稻天然雄性不育株,他和新婚妻子一起,用了整整两年时间,顶着烈日差不多踏遍了当地所有的稻田,前前后后共检查了 14 000 个稻穗。

这样巨大的付出,在他几十年的育种研究生涯中,可以说成了家常便饭。无论是科学道路上必然的挫折、失败,还是人为的干扰、破坏,所有可能遇到的磨难都曾经跳出来考验他的心智。如果他仅仅是美丽的欣赏者,也许他早就被沉重的现实消磨一空;但作为以自己的生命和科学的力量去创造美好的科技工作者,袁隆平百折不挠,坚韧不拔。

或许上天也被这种精诚所感化,自 1966 年他的第一篇论文《水稻的雄性不孕性》在中科院《科学通讯》第 4 期发表,引起了国内外瞩目之后,他的研究成果一个接着一个,他的杂交水稻创造的神话一个接着一个,三十多年间他在这个领域始终保持着世界领先地位。而新千年里,

---

① 〔疮痍(chuāng yí)〕 创伤。这里比喻遭受破坏或灾害后的景象。
② 〔憧憬(chōng jǐng)〕 向往。

他主持的国家"超级稻"研究项目又传佳音,续写了"绿色革命"的新突破……

从 1976 年至 1999 年,我国累计推广种植杂交水稻 35 亿多亩,增产稻谷 3 500 亿公斤,相当于每年解决 3 500 万人的吃饭问题,确保了我国以仅占世界 7% 的耕地,养活了占世界 22% 的人口。

对于一个几千年未曾真正解决吃饭问题的大国,这是一个多么巨大而深远的贡献!难怪一些地区的农民称他为当代"神农",而国际同行称他的研究是"带给全人类的福音"。他先后获得了国内国际多项顶尖大奖,身兼数十个学术和社会职务。浩瀚①宇宙中,以他名字命名的小行星闪烁翱翔;风云市场上,以他的名字命名的股票隆重上市。

不知多少人梦寐以求的这些辉煌、荣耀、名利,似乎丝毫也没有使袁隆平产生任何改变。从播种到收获,他依然风尘仆仆地骑着摩托车去试验田;从春夏到秋冬,他依然追赶着阳光从北到南察看育种基地。即使这次来京领奖,他也无时不惦记着他的试验。

"我们'超级稻'的培育十分紧张,不管我在哪,都要求基地三天报一次数据,这样可以随时分析情况,"一再声称不善言辞的袁隆平,谈起他的水稻育种却雄辩而流畅,"我们有信心,提前两年实现亩产 800 公斤的目标。"

已经功成名就的袁隆平仍驱赶着自己不断前行"我在有生之年还有两大心愿,一是要把超级杂交水稻培育成功,这样,21 世纪谁来养活中国的问题就解决了;再一个是把杂交水稻推向世界,造福全人类"。

袁先生儿时的园艺场如今已经变成水稻田,生活、事业甚至梦里,全是稻子……

"我做过一个好梦,我们种的水稻,像高粱那么高,穗子像扫把那么长,颗粒像花生米那么大。几个朋友就坐在稻穗下面乘凉。"

古稀之年的科学家之梦,已没有了园艺场的五彩缤纷,但那种淳美的境界却依依相随,如幻如真。

———————————

①〔浩瀚(hào hàn)〕浩大,多。形容广大或繁多。

第三单元　科学前沿　高新技术

1. 预测科学未来[①]

杨振宁

两百多年前，美国科学家富兰克林[②]曾经讲过这样一句话，他说：将来人类的知识将会大大增长，今天我们想不到的新发明将会屡屡出现，我有时候几乎后悔我自己出生过早，以致不能知道将要发生的新事物。

我坐下来想一想，他所讲的新事物，包括些什么呢？我可以随手列出一个很长很长的单子：火车、轮船、飞机、高楼、升降机、自来水、电话、电灯、电影、电视、手提电话、光纤、计算机、胰岛素、器官移植、心脏搭桥、原子弹、核能发电、人造卫星等等，几乎无穷无尽。

为什么能够在这两百年产生这么多的新事物呢？归根到底，其实原因很简单，是因为工业的发展大大增长了人类的生产力。这个变化是一个非常惊人的事情。

我可以随便举个例子：一百年以前，世界的农业人口占人口总数的 80％ 以上；今天，美国的农业人口，只占全国人口的 1％ 到 2％，他们生产出来的成果，不仅可以

---

① 选自《中华读书报》2000 年 2 月 2 日，是杨振宁《预测科学未来》一文的摘要。全文载《走好，新千年——人类叩响新世纪之门》，邱永生主编，新华出版社 2000 年版。杨振宁（1922—　），安徽合肥人。华裔美国物理学家。美国科学院院士，中国科学院外籍院士。获清华大学硕士学位、美国芝加哥大学哲学博士学位。先后任普林斯顿高等研究所研究员、纽约州立大学爱因斯坦讲座物理学教授和理论物理研究所所长。1957 年，因发现弱相互作用中宇称不守恒，与李政道一起获得诺贝尔物理学奖。

② 〔富兰克林（Benjamin Franklin, 1706—1790）〕美国社会活动家、科学家。建立美国第一个公共图书馆，襄助创办宾夕法尼亚大学。参加独立战争，参加起草《独立宣言》，主张废除农奴制度。在研究大气电方面有重要贡献，发明了避雷针。

供全美国人食用，还可以出口到世界各地去。

我可以再举个例子。去年《财富》杂志说，近三十年来新成立的科技公司的总资产，已经接近1万亿美元，而这个增长速度还在与日俱增。所以，我们可以想一想，这两百年尤其是近一百年、五十年来，世界是由三个互相关联的环节推动着前进的：一个是科学，科学带动了工业；工业则带动了经济；而经济的发展反过来又促进了科技的发展。工业发展过程中提出来的问题、题目，由科学家来研究解决。科学研究也可以直接促进经济的发展，如20世纪发展出来的统计学，在农业、工业、医学等方面都有决定性的影响，当然经济的发展也可以使得更多的投资在工业。科技、工业、经济这三个互相连锁的因素，是近代世界发展的总的趋势。这个趋势发展下去，对将来的世界会产生什么影响，今天很难讲。比如说，前些时候我在报纸上看到了一个很惊人的消息，它说，有生物学家估计，到2050年，人类的平均寿命可能增长到150岁。我不知道将来是否会发生这样的事情。我想很多人可能会同意我的想法，就是希望这件事情不要发生。因为这件事情如果发生，对整个世界不可想象的影响实在是太大了。

我们再看看过去五十年的发展，就会得出另一个重要的结论，就是从基本原理转变为工业的速度在这五十年尤其是近二三十年大大增加。我可以举出的例子：在半导体方面，有名的"摩尔定律"在1965年提出，芯片的容量每18个月就要加倍；1971年，一个芯片上差不多有3 000个晶体管，但到去年就已经有10的7次方个晶体管在一个芯片上，而且没有人知道这个发展的极限在哪里。我们现在可以得出的结论是：更新的事物将会层出不穷，一些今天不容易梦想到的东西不久将会变成事实；人类的生产力将会大大提高，自然科学将会更蓬勃地发展；科学、工业、经济的连锁发展将会持续下去。我想这些都是我们今天可以有很大的自信心讲的话。

在这种情形之下，对于每一个人、每一家学校、每一个国家，都会立刻产生这样一个问题，就是你是多用

"科"，还是多用"技"？我们知道，全世界每一个国家都有"科技部"，科技部既要管"科"，也要管"技"，问题是对"科"多注进一点资源，还是对"技"多注进一点资源。这是一个非常复杂的问题。对个人、学校、国家，都会是一个非常困扰的问题。

在1921年4月，爱因斯坦第一次到了美国，准备到爱迪生①的机构去做研究，抵美后受到盛大欢迎。他到波士顿的时候，有一个记者给了他一张纸，上边有一系列实际的问题，包括谁发明"对数"？美国哪一个城市制造最多的洗衣机？纽约到水牛城有多远？声音的速度是多少？……因为爱迪生对每一个要聘用的人都会进行考试，问的就是这一类题目，所以记者就先拿这些题目来考一考爱因斯坦，结果爱因斯坦完全不合格。这个故事要描述的是爱迪生和爱因斯坦这两个人，他们的着眼点不一样，价值观不一样，所以会发生刚才那个故事。这是一个真的故事。对"科"与"技"的重要性，哪一个更重要一些的问题，没有一个简单的回答。

今天，大家在讲科技的时候都要讲创新，"创新"在中国已经是一个非常流行的名词，在报上经常都可以看到。究竟怎样才可鼓励创新呢？这又是一个非常复杂的问题。在这个问题上，我个人有深深的感受。因为我是在中国出生、成长，念完了中学、大学，还拿到了一个硕士学位之后才到美国去的；博士学位是在美国拿的，然后做研究、教书，到现在已经五十多年。我觉得自己对中国、美国的教育哲学都有相当深入的认识。这两个教育哲学是相当不一样的，而这两个不同的教育哲学在怎样鼓励创新这件事情上的差异，是值得我们深思的。到底这两种教育哲学哪个好、哪个不好？这是一个非常复杂的问题，得要用辩证的方法来仔细了解。我认为这两种教育哲学都能够鼓励创新，不过它们各自对不同类型的学生产生的最大效应是不一样的。我觉得，美国的教育哲学对排

----

① 〔爱迪生（Tomas Alva Edison，1847—1931）〕　美国发明家、企业家。在电报、留声机、电灯、电话、发电机、电影技术等诸多方面都有重要发明。

在前面的 30%—40% 的学生是有益的,因为这些学生不需要按部就班地训练,他们可以跳跃式学习,给了他自由,他可以自己发展出很多东西,当然他的知识不可避免地会有很多漏洞,但如果他真是很聪明的话,将来他自己可以弥补这些漏洞。所以这种学生受到美国式的教育训练,会比较快、比较容易成功。可是,亚洲的教育哲学对排在后面的 30%—40% 的学生较有益处,为什么呢? 因为这些学生通过按部就班地训练,可以成才,而且成才之后可以跟比他聪明的人竞争,因为他有扎扎实实的知识,可以了解很多不是几天就可以学会的东西。

　　究竟哪一种教育哲学比较好呢? 或者说,对于学生来讲,应该着重哪一种哲学? 我最后得出的结论是:如果你在讨论的是一个美国学生,那就要鼓励他多学一些有规则的训练;如果讨论的是一个亚洲学生,他的教育是从亚洲开始的,那么就需要多鼓励他去挑战权威,以免他永远太胆怯。

　　那么,如果你要问这样一个问题,中国血统的科学工作者在世界所有不同的科目里头,哪些科目可以最先达到领先的地位? 这可以很容易地回答:数学是最先的。华罗庚、陈省身,毫无问题在 40 年代就已经达到世界的最前线。其次是理论物理,到了 50 年代,华裔的理论物理学者也达到了最前线。那时如果看最重要的生物科学的杂志,那上面中国学者写的文章是很少的,可是到今天,中国人的名字在这些杂志上已屡见不鲜。

　　这里面是什么原因呢? 其实很简单,因为数学跟理论物理比较简单。我们学物理的人很聪明,专门选能够解决的问题去解决。而人的身上可能发生的病可以有好几百种,所以选题很难。数学和物理是非常深奥,但是可以单刀直入,所以如果是非常聪明的小孩,你给了他方向以后,他可以非常快的一下子就达到最前线。所以,数学最先成功,理论物理最先成功,然后是实验物理,才到生物学。有新闻记者问我:杨教授,你觉得华裔的学者什么时候才能够得到生物学的诺贝尔奖? 我说,我相信十年之内就可以得到。到现在,最少已经有五位华裔的生物学家被提名过诺贝尔奖。

　　然后第二个问题是，在中国本土上的中国学者能拿到诺贝尔奖又是什么时候呢？这个问题比较复杂。因为里面有一个很重要的问题是经费的限制，今天中国的科研经费比起二十年以前已经有大大的增长，比起五十年前更是天文数字的增长，可是比起先进国家还是差很远。这是第一个困难原因。第二个困难是，这还需要有传统，这传统不是一天两天、一年两年甚至十年二十年可以建立起来的。因为这些困难，所以到今天还没有一个在中国本土上的学者得到诺贝尔的科学奖。但我跟那个新闻记者说，我相信二十年到四五十年内，这件事一定会发生。

2.　痛与不痛的秘密

韩济生[①]

　　一提起鸦片，几乎每个人都会产生一种厌恶的感觉，因为帝国主义正是利用鸦片来毒害中国人民，甚至用洋枪洋炮为鸦片开路，达到侵略和消灭中国的目的。对于这些，中国人民是绝不会忘记的。但是在医学上，鸦片却有着广泛的用途。特别是170年前，一位德国青年科学家从鸦片中提取出有效成分——吗啡以后，它很快就成为医生与疼痛作斗争的强有力的武器。当诸如严重骨折、大面积烧伤或其他疾病引起剧烈疼痛，病人几乎晕厥的时候，只要注射上一针吗啡，很快就能减轻病人的痛苦，使他安静下来接受进一步的治疗。因为这类药物既能镇痛又有一定的麻醉作用，所以医学上称之为"麻醉性镇痛药"。这类药物虽然疗效高，但也有一个很大的缺点，就是头几次用，效果很好，但随着用药次数增加，效果就越来越差，必须成倍地增加剂量才能保持药效，这就是说身体对它产生了"耐受性"。不仅如此，病人在连续注射吗啡以后，就觉得离不开它，不给打针就难受，这就是说病人对吗啡"成瘾"了。一旦成瘾以后，必须花很大力气才能把它戒掉。由于存在着这些缺点，医生往往不敢轻易使用这种药物。人们多么希望有一种药物，既具有吗啡那么强的止痛作用，又没有耐受性和成瘾的缺点！这种强烈的愿望，推动人们进行大量的科学实验，其中一个重要的方面，就是改变吗啡的化学结构，人工合成大量的吗啡代用品。到

---

　　①〔韩济生（1928—　）〕浙江萧山人，神经生理学家，中国科学院院士。现任北京大学医学部神经生物学系教授、博士生导师，北京大学神经科学研究所所长，兼任国务院学位委员会学科评议组成员、中华医学会疼痛学分会主任委员、《生理科学进展》杂志名誉主编、《中国疼痛医学杂志》主编等职。著有《神经科学纲要》、《神经科学原理》、《针刺镇痛的神经化学原理》（第一卷、二卷）、《针刺镇痛原理》等。

目前为止，有些人工合成的药品，镇痛效果比吗啡还强，超过吗啡几十倍，甚至几百倍，但还是避免不了成瘾的弊病。

科学的道路是曲折的。学术上的顽固堡垒，往往需要各路兵马从不同角度加以围攻，才有可能攻克。100多年来，化学家、药物学家、医学家从各个方面对吗啡进行了大量的研究，我国科学家也对此作出了自己的贡献。20世纪60年代初期，年轻的药理学工作者邹冈在我国著名药理学家张昌绍教授的指导下，把很少量的吗啡直接注射到家兔的脑子里，发现只用十万分之几克，也就是全身用量的五百分之一至千分之一，就能引起明显的镇痛效果。这说明，吗啡起止痛作用的部位就在脑子很有限的区域。后来人们又发现，吗啡的分子结构有左旋、右旋两种形式。左旋吗啡和右旋吗啡结构非常相似，就像人照镜子时看到镜中人像和自己一模一样，所差的只是自己的左手成了镜中人的右手。尽管这两种分子结构很相似，但在人体内的作用却不相同：只有左旋吗啡有效，右旋就没有止痛作用。这些表面看来很奇特的现象促使人们推想，身体里可能有一些特定的部位，是专管止痛的，但它上面挂着一把锁，只有左旋吗啡这把钥匙，才能打开这把"镇痛之锁"。别的钥匙即使表面看来很相像，也无法把它打开。这把"锁"就是医学上所说的"吗啡受体"或者叫"鸦片受体"。由于这种科学幻想的驱使，人们付出很大努力去寻找"吗啡受体"。到1973年，人们终于找到了它，而且证明人、猴、猫、兔、鼠等动物的脑子里都存在着"吗啡受体"。这就说明它是进化过程中发展起来的、各种动物所共有的一种结构。

一个问题得到解决，另一个问题又产生了。人们要问，既然"吗啡受体"存在于体内至少已有几千万年，难道说，它只是等到最近170年人类发现了吗啡以后才有用武之地，而在此之前一直没有发挥作用吗？显然，这是不可能的。惟一的可能性就是，身体里本来就存在着类似吗啡的一些物质，可以去打开"吗啡受体"这把锁；而从植物中提取出来的吗啡只是和它有相似的作用罢了。用一个通俗的比喻：我们只能说儿子长得像父亲，很难说父亲长得像儿子,但根据儿子的长相,就可以比较容易地找出他的父亲来。人们既然认识了作为药物应用的吗啡,就应该能够找到存在于人们自己身体里的"吗啡"。这种强烈的自信和求知欲,促使人们花费大量的劳动去探索。"吗啡受体"发现两年后,即1975年,一位英国科学家终于完成了这个历史任务,找到了这种想象中的东西。因为它存在于动物和人的脑子里,作用与吗啡相似,化学上属于由五个氨基酸联合起来的一种肽类物质,所以起名叫"脑啡肽"。把它注射到动物脑子里,可以和吗啡一样产生镇痛作用。这个消息像山谷里轰了一炮,引起了四面八方的反响。制药厂的人对此特别感兴趣,希望从此能生产出一种不成瘾的镇痛药。医生们也很感兴趣,他们想知道,一些顽固性疼痛的病人,是不是因为他们脑子里缺乏脑啡肽;他们更想知道,用什么办法可以使身体自己制造出更多的脑啡肽,来对抗疼痛,治疗疼痛性疾病。

　　发现脑啡肽的消息,在我国医学界引起的兴趣尤其强烈。这与针刺麻醉的研究有关。祖国医学早就知道用针灸的方法可以治疗很多疼痛性疾病。从1958年以来,通过中医和西医的共同努力,发现用针刺麻醉的方法可以开刀做手术。经过十几年的研究,我们认识到针刺麻醉的原理之一就是因为针刺可以把身体原有的与疼痛作斗争的力量充分发挥出来,包括产生出一系列化学物质来对抗疼痛。这些物质的种类很多,已经发现的有5-羟色胺、乙酰胆碱等等。而现在新发现的脑啡肽,很可能是身体内部与疼痛作斗争的队伍中一名强有力的成员。我们通过动物实验,证实了它具有这样的资格。针刺以后,脑子里脑啡肽一类物质含量越高,镇痛效果就越好;取消它的作用,针刺的镇痛效果就减弱。

　　当今国内外对动物和人体进行的大量研究工作,归纳起来,可以初步描绘出这样一个轮廓,这就是正常人脑子里本来就存在着包括脑啡肽在内的有镇痛作用的物质,它们的含量在正常情况下是有一定范围的。如果脑啡肽太少了,人的痛觉就特别敏感。事实证明,患有偏头痛、三叉神经痛的病人,脑子里这类物质就比正常人少;如果它的含量太多了，痛觉就迟钝。有一种人生来不知道什么叫疼痛，称为"先天性无痛症"，可能是因为脑啡肽过多。当用药物把脑啡肽的作用给对抗掉以后，这种人才生平第一次尝到疼痛的滋味。当然，这样的人毕竟是非常少见的。在大多数情况下，人们希望有一些办法使脑子能产生一些脑啡肽，能治疗疼痛性疾病。从目前情况看，祖国医学中的针刺疗法是引起脑啡肽产生和释放的最有效的手段之一。

实践中遇到的一个新问题是，同样的针刺，对有的人效果很好，对另一些人就无效，这种现象医学上叫做"个体差异"。中医治病要求"辨证论治"，病人体质和其他条件不同，治疗方法也不相同，这就是重视"个体差异"的具体表现。毫无疑问，个体差异这种客观现象必然有它的物质基础。为了探索针刺疗效个体差异的原因，我们给家兔、大白鼠等动物进行针刺，发现十只动物中总有两三只镇痛效果特别好，另有一两只镇痛效果特别差。对它们脑子里化学成分的测定结果表明，针刺效果好的，脑内 5 - 羟色胺和脑啡肽这两类物质的含量都很高；针刺无效的，这两类物质非但没有增多，反而有减少的趋势。更有意思的是，如果其中一类的含量特别高，还可以弥补另一类的不足。这就说明，针刺之所以能镇痛，脑啡肽起着很重要的作用，但它决不是引起针刺镇痛的惟一因素。只有当脑啡肽和 5 - 羟色胺等其他因素适当配合时，才能发挥最大的镇痛效果。对不同的病人采用什么穴位，应用什么手法，才能最大限度地调动脑内 5 - 羟色胺和脑啡肽等对抗疼痛的物质的作用呢？如果能够解决这个问题，针刺治疗疾病和针刺麻醉的效果可能还会进一步提高。

到目前为止，对于脑内鸦片样物质的研究还只有几年的历史，可以说还只是一个开始。初步看来这类物质好像是一个大家族，有很多成员，目前已发现的大概有十种，前面谈到的脑啡肽只是其中最小的成员。脑啡肽的分子由五个氨基酸组成，而这类物质中大的分子是由 16 个甚至 31 个氨基酸组成的。据目前所知，这类物质不仅具有镇痛作用，而且和精神病、癫痫等病症可能也有一定关系，这方面的研究具有非常广阔的前景。

3. 数学和中国文学的比较①

丘成桐

很多人会觉得我今日的讲题有些奇怪，中国文学与数学好像是风马牛不相及，但我却讨论它。其实这关乎个人的感受和爱好，不见得其他数学家有同样的感觉，"如人饮水，冷暖自知"。每个人的成长和风格跟他的文化背景、家庭教育有莫大的关系。我幼受庭训，影响我至深的是中国文学，而我最大的兴趣是数学，所以将他们作一个比较，对我来说是相当有意义的事。

中国古代文学记载最早的是诗三百篇，有风、雅、颂，既有民间抒情之歌，朝廷礼仪之作，也有歌颂或讽刺当政者之曲。至孔子时，文学为君子立德和陶冶民风而服务。战国时，诸子百家都有著述，在文学上有重要的贡献，但是诸子如韩非却轻视文学之士。屈原开千古辞赋之先河，毕生之志却在楚国的复兴。文学本身在古代社会没有占据到重要的地位。司马迁甚至说："文史、星历，近乎卜祝之间，固主上所戏弄，倡优畜之，流俗之所轻也。"一直到曹丕才全面肯定文学本身的重要性："盖文章，经国之大业，不朽之盛事。"即使如此，曹丕的弟弟曹植却不以为文学能与治国的重要性相比。他写信给他的朋友杨修说：

吾虽德薄，位为蕃侯，犹庶几戮力上国，流惠下

①　选自《数学与生活》（浙江大学出版社 2007 年出版）。丘成桐（1949—　　），广东汕头人，后迁居香港。1966 年考入香港中文大学数学系，三年修完大学课程，被美国加州大学伯克利分校破格录取，跟随国际数学大师陈省身，三年后获博士学位。25 岁时任美国斯坦福大学教授。27 岁时证明世界数学难题卡拉比猜想。1982 年获数学领域最高荣誉菲尔兹奖，是第一位获此殊荣的华裔科学家。现任美国哈佛大学讲座教授。诗文近著有《丘成桐诗文集》。

民,建永世之业,留金石之功。岂徒以翰墨为勋绩,辞赋为君子哉。

至于数学,中国儒家将它放在六艺之末,是一个辅助性的学问。当政者更视之为雕虫小技,与文学比较,连歌颂朝廷的能力都没有,政府对数学的尊重要到近年来才有极大的改进。西方则不然,希腊哲人以数学为万学之基。柏拉图以通几何为入其门槛之先决条件,所以数学家得到崇高地位,在西方蓬勃发展了两千多年。

一、数学之基本意义

数学之为学,有其独特之处。它本身是寻求自然界真相的一门科学,但数学家也如文学家般天马行空,凭爱好而创作,故此数学可说是人文科学和自然科学的桥梁。

数学家研究大自然所提供的一切素材,寻找它们共同的规律,用数学的方法表达出来。这里所说的大自然比一般人所了解的来得广泛。我们认为数字、几何图形和各种有意义的规律都是自然界的一部分,我们希望用简洁的数学语言将这些自然现象的本质表现出来。

数学是一门公理化的科学,所有命题必须由三段论证的逻辑方法推导出来,但这只是数学的形式,而不是数学的精髓。大部分数学著作枯燥乏味,而有些却令人叹为观止,其中的区别在哪里呢?

大略言之,数学家以其对大自然感受的深刻程度,来决定研究的方向。这种感受既有其客观性,也有其主观性,后者则取决于个人的气质。气质与文化修养有关,无论是选择悬而未决的难题,或者创造新的方向,文化修养皆起着关键性的作用。文化修养是以数学的功夫为基础,自然科学为副,但是深厚的人文知识也极为要紧。因为人文知识也致力于描述心灵对大自然的感受,所以司马迁写《史记》除了"通古今之变"外,也要"究天人之际"。

刘勰在《文心雕龙·原道篇》说文章之道在于:

写天地之辉光,晓生民之耳目。

　　刘勰以为文章之可贵，在尚自然，在贵文采。他又说：

　　　　人与天地相参，乃性灵所集聚，是以谓之三才，为五行之秀气，实天地之灵气。灵心既生，于是语言以立。语言既立，于是文章著明，此亦原于自然之道也。

《文心雕龙·风骨篇》：

　　　　诗总六义，风冠其首，斯乃化感之本源，志气之符契也。

　　历代的大数学家如阿基米德、牛顿，莫不以自然为宗，见物象而思数学之所出，即有微积分的创作。费马和尤拉对变分法的开创性发明也是由于探索自然界的现象而引起的。

　　近代几何学的创始人高斯认为几何和物理不可分。他说："我越来越确信几何的必然性无法被验证，至少现在无法被人类或为了人类而验证，我们或许能在未来领悟到那无法知晓的空间的本质。我们无法把几何和纯粹是先验的算术归为一类，几何和力学却不可分割。"

　　20世纪几何学的发展，则因物理学上重要的突破而屡次改变其航道。当狄拉克把狭义相对论用到量子化的电子运动理论时，发现了狄拉克方程，以后的发展连狄拉克本人也叹为观止，认为他的方程比他的想象来得美妙，这个方程在近代几何的发展中起着关键性的作用。我们对旋子的描述缺乏直观的几何感觉，但它出于自然，自然界赋予几何的威力可说是无微不至。

　　广义相对论提出了场方程，它的几何结构成为几何学家梦寐以求的对象，因为它能赋予空间一个调和而完美的结构。我研究这种几何结构垂30年，时而迷惘，时而兴奋，自觉同《诗经》、《楚辞》的作者，或晋朝的陶渊明一样，与大自然浑为一体，自得其趣。

捕捉大自然的真和美，实远胜于一切人为的造作，正如《文心雕龙》说的：

> 云霞雕色，有踰画工之妙。草木菁华，无待锦匠之奇，夫岂外饰，盖自然耳。

在空间上是否存在满足引力场方程的几何结构是一个极为重要的物理问题，它也逐渐地变成几何中伟大的问题。尽管其他几何学家都不相信它存在，我却锲而不舍，不分昼夜地去研究它，就如屈原所说：

> 亦余心之所善兮，虽九死其犹未悔。

我花了五年工夫，终于找到了具有超对称的引力场结构，并将它创造成数学上的重要工具。当时的心境，可以用以下两句来描述：

> 落花人独立，微雨燕双飞。

以后大批的弦理论学家参与研究这个结构，得出很多深入的结果。刚开始时，我的朋友们都对这类问题敬而远之，不愿意与物理学家打交道。但我深信造化不致弄人，回顾十多年来在这方面的研究尚算满意，现在卡拉比-丘空间的理论已经成为数学的一支主流。

二、数学的文采

数学的文采，表现于简洁，寥寥数语，便能道出不同现象的法则，甚至在自然界中发挥作用，这是数学优雅美丽的地方。我的老师陈省身先生创作的陈氏类，就文采斐然，令人赞叹。它在扭曲的空间中找到简洁的不变量，在现象界中成为物理学界求量子化的主要工具。可谓是描述大自然美丽的诗篇，直如陶渊明"采菊东篱下，悠然见南山"的意境。

从欧氏几何的公理化,到笛卡儿创立的解析几何,到牛顿、莱布尼兹的微积分,到高斯、黎曼创立的内蕴几何,一直到与物理学水乳相融的近代几何,都以简洁而富于变化为宗,其文采绝不逊色于任何一件文学创作。它们韧生的时代与文艺兴起的时代相同,绝对不是巧合。

数学家在开创新的数学想法的时候,可以看到高雅的文采和崭新的风格。例如欧几里得证明存在无穷多个素数,开创反证法的先河。高斯研究十七边形的对称群,使伽罗华群成为数论的骨干。这些研究异军突起,论断华茂,使人想起五言诗的始祖苏(武)李(陵)唱和诗和词的始祖李太白的《忆秦娥》。

三、数学中的赋比兴

中国诗词都讲究比兴,钟嵘在《诗品》中说:

> 文已尽而意有余,兴也。因物喻志,比也。

刘勰在《文心雕龙》中说:

> 故比者,附也;兴者,起也。附理者,切类以指事,起情者,依微以拟议。起情,故兴体以立,附理,故比例以生。

白居易:

> 噫!风雪花草之物《三百篇》中岂含之乎?顾所用何如耳,设如"北风其凉",假风以刺威虐也,"雨雪霏霏",因雪以愍征役也……比兴发于此而义归于彼。

白居易批评谢朓诗:

> "余霞散成绮,澄江净如练。"丽则丽矣,吾不知其所讽焉,故仆所谓嘲风雪,弄花草而已,于时"六

艺"尽去矣。

有深度的文学作品必须要有"义"、有"讽"、有"比兴"。数学亦如是。我们在寻求真知时,往往只能凭已有的经验,因循研究的大方向,凭我们对大自然的感觉而向前迈进,这种感觉是相当主观的,因个人的文化修养而定。

文学家为了达到最佳意境的描述,不见得忠实地描写现象界。例如贾岛只追究"僧推月下门"或是"僧敲月下门"的意境,而不在乎所说的是不同的事实。数学家为了创造美好的理论,也不必依随大自然的规律,只要逻辑推导没有问题,就可以尽情地发挥想象力,然而文章终究有高下之分。大致来说,好的文章"比兴"的手法总会比较丰富。

中国古诗十九首,作者年代不详,但大家都认为是汉代的作品。刘勰说:"比采而推,两汉之作乎。"这是从诗的结构和风格进行推敲而得出的结论。在数学的研究过程中,我们亦利用比的方法去寻找真理。我们创造新的方向时,不必凭实验,而是凭数学的文化涵养去猜测和求证。

举例而言,30年前我提出一个猜测,断言三维球面里的光滑极小曲面,其第一特征值等于二。当时这些曲面例子不多,只是凭直觉,利用相关情况模拟而得出的猜测。最近有数学家写了一篇文章证明这个猜想。其实我的看法与文学上的比兴很相似。

我们看《洛神赋》:

翩若惊鸿,婉若游龙。荣曜秋菊,华茂春松。仿佛兮若轻云之蔽月,飘飘兮若流风之回雪。

由比喻来刻画女神的体态。再看《诗经》:

高山仰止,景行行止。四牡骓骓,六辔如琴,觏尔新婚,以慰我心。

也是用比的方法来描写新婚的心情。

我一方面想象三维球的极小子曲面应当是如何的匀称，一方面想象第一谱函数能够同空间的线性函数比较该有多妙，通过原点的平面将曲面最多切成两块，于是猜想这两个函数应当相等，同时第一特征值等于二。

当时我与卡拉比教授讨论这个问题，他也相信这个猜测是对的。旁边我的一位研究生问为什么会作这样的猜测，不待我回答，卡教授便微笑说这就是洞察力了。

数学上常见的对比方法乃是低维空间和高维空间现象的对比。我们虽然看不到高维空间的事物，但可以看到一维或二维的现象，并由此来推测高维的变化。我在研究生时期企图将二维空间的单值化原理推广到高维空间，得到一些漂亮的猜测，认为曲率的正或负可以作为复结构的指向，这个看法影响至今。这个问题可以溯源到 19 世纪和 20 世纪初期曲率和保角映射关系的研究。

另外一个对比的方法乃是数学不同分支的比较，记得我从前用爱氏结构证明代数几何中一个重要不等式时，日本数学家 Miyaoka 利用俄国数学家 Bogomolov 的代数稳定性理论也给出这个不等式的不同证明，因此我深信爱氏结构和流形的代数稳定有密切的关系。这 30 年来的发展也确是朝这个方向蓬勃地进行的。

事实上，爱因斯坦的广义相对论也是对比各种不同的学问而创造成功的。它是科学史上最伟大的构思之一，可以说是惊天地而泣鬼神的工作。它统一了古典的引力理论和狭义相对论。爱氏花了 10 年功夫，基于等价原理，比较了各种描述引力场的方法，巧妙地用几何张量来表达了引力场，将时空观念全盘翻新。

爱氏所用的工具是黎曼几何，乃是黎曼比他早 50 年前发展出来的。当时的几何学家唯一的工具是对比，在古典微积分、双曲几何和流形理论的模拟后得出来的漂亮理论。反过来说，广义相对论给黎曼几何注入了新的生命。

20世纪数论的一个大突破乃是算术几何的产生，利用群表示理论为桥梁，将古典的代数几何、拓扑学和代数数论比较，有如瑰丽的歌曲，它的发展，势不可挡，气势如虹，"天之所开，不可当也"。

Weil研究代数曲线在有限域上解的问题后，得出高维代数流形有限域解的猜测，推广了代数流形的基本意义，直接影响了近代数学的发展。筹学所问，无过于此矣。伟大的数学家远瞩高瞻，看出整个学问的大流，有很多合作者和跟随者将支架建立起来，解决很多重要的问题。正如曹雪芹创造《红楼梦》时，也是一样，全书既有真实，亦有虚构。既有前人小说如《西厢记》、《金瓶梅》、《牡丹亭》等的踪迹，亦有作者家族凋零、爱情悲剧的经验，通过各种不同人物的话语和生命历程，道出了封建社会大家族的腐败和破落。《红楼梦》的写作影响了清代小说垂二百年。

《西厢记》和《牡丹亭》的每一段写作和描述男女主角的手法都极为上乘，但是全书的结构则是一般的佳人才子写法，由《金瓶梅》进步到《红楼梦》则小处和大局俱佳。

这点与数学的发展极为相似，从局部的结构发展到大范围的结构是近代数学发展的一个过程。往往通过比兴的手法来处理，几何学和数论都有这一段历史。代数几何学家在研究奇异点时通过爆炸的手段，有如将整个世界浓缩在一点。微分几何和广义相对论所见到的奇异点比代数流形复杂，但是也希望从局部开始，逐渐了解整体结构。数论专家研究局部结构时则通过素数的模方法，将算术流形变成有限域上的几何，然后和大范围的算术几何对比，得出丰富的结果。数论学家在研究Langlands理论时也多从局部理论开始。

好的作品需要赋比兴并用。钟嵘在《诗品》中说：

直书其事，寓言写物，赋也。宏斯三义，酌而用之，干之以风力，润之以丹采，使味之者无极，闻之者动心，是诗之至也。若专用比兴，则患在意深，意深则词踬。若但用赋体，则患在意浮，意浮则文散。

在数学上，对非线性微分方程和流体方程的深入了解，很多时候需要靠计算器来验算。很多数学家有能力作大量的计算，却不从大处着想，没有将计算的内容与数学其他分支作比较，没有办法得到深入的看法，反过来说只讲观念比较，不作大量计算，最终也无法深入创新。

有些工作却包含赋比兴三种不同的精义。近 50 年来数论上一个伟大的突破是由英国人 Birch 和 Swinneton-Dyer 提出的一个猜测。开始时用计算器大量计算，找出 L 函数和椭圆曲线的整数解的联系，与数论上各个不同的分支比较接合，妙不可言，这是赋比兴都有的传世之作。

四、数学家对事物看法的多面性

由于文学家对事物有不同的感受，同一事或同一物可以产生不同的吟咏。例如对杨柳的描述就有如下几种。

温庭筠：

柳丝长，春雨细……

吴文英：

一丝柳，一寸柔情。料峭春寒中酒……

李白：

年年柳色，灞陵伤别。
风吹柳花满座香，吴姬压酒劝客尝。

周邦彦：

柳阴直，烟里丝丝弄碧。隋堤上、曾见几番，拂水飘绵送行色……长亭路，年去岁来，应折柔条过千尺。

晏几道：

> 舞低杨柳楼心月，歌尽桃花扇底风。

柳枝既然是柔条，又有春天时的嫩绿，因此可以代表柔情，女性体态的柔软（柳腰、柳眉都是用柳条来描写女性），又可以描写离别感情和青春的感觉。

对事物有不同的感受后，往往通过比兴的方法另有所指，例如"美人"有多重意思，除了指美丽的女子外，也可以指君主，如屈原《九章》中的"结微情以陈词兮，矫以遗夫美人"，以及也可以指品德美好的人，如《诗经·邶风》中的"云谁之思，西方美人"，苏轼《赤壁赋》中的"望美人兮天一方"。

数学家对某些重要的定理，也会提出很多不同的证明。例如勾股定理的不同证明有 10 个以上，等周不等式亦有五六个证明，高斯则给出数论对偶定律 6 个不同的看法。不同的证明让我们以不同的角度去理解同一个事实，往往引导出数学上不同的发展。

记得 30 年前我利用分析的方法来证明完备而非紧致的正曲率空间有无穷大体积后，几何学家 Gromov 开始时不相信这个证明，以后他找出我证明方法的几何直观意义后，发展出他的几何理论。这两个不同观念都有它们的重要性。

小平邦彦有一个极为重要的贡献叫做消灭定理，是用曲率的方法来得到的。它在代数几何学上有奠基性的贡献。代数几何学家却不断地企图找寻一个纯代数的证明，希望对算术几何有比较深入的了解。

对空间中的曲面，微分几何学家会问它的曲率如何，有些分析学家希望沿着曲率方向来推动它一下看看有什么变化，代数几何学家可以考虑它可否用多项式来表示，数论学家则会问上面有没有整数格点。这种种主观的感受由我们的修养来主导。

反过来说，文学家对同一事物亦有不同的歌咏，但在创作的工具上，却有比较统一的对仗韵律的讲究，可以应用到各种不同的文体。从数学的观点来说，对仗韵律是一种对称，而对称的观念在数学发展至为紧要，是所有数学分支的共同工具。另外，数学家又喜欢用代数的方法来表达空间的结构，同调群乃是重要的例子，由拓扑学出发而应用到群论、代数、数论和微分方程学上去。

五、数学的意境

王国维在《人间词话》中说：

> 词以境界为最上。有境界则自成高格……有造境，有写境，此理想与写实二派之所由分。然二者颇难分别，因大诗人所造之境必合乎自然，所写之境亦必邻于理想故也。有有我之境，有无我之境。"泪眼问花花不语，乱红飞过秋千去"……有我之境也。"采菊东篱下，悠然见南山"……无我之境也。有我之境，以我观物，故物皆着我之色彩。无我之境，以物观物，故不知何者为我，何者为物。

> 无我之境，人惟于静中得之。有我之境，于由动入静时得之，故一优美，一宏壮也。自然之物互相关系，互相限制。然其写之于文学及美术中也，必有其关系限制之处。故虽写实家亦理想家也。又虽如何虚构之境，其材料必求之于自然，而其构造亦必从自然之法则。故虽理想家亦写实家也。

数学研究当然也有境界的概念，在某种程度上也可谈有我之境、无我之境。当年尤拉开创变分法和推导流体方程，由自然现象引导，可谓无我之境；他又凭自己的想象力研究发散级数，而得到 Zeta 函数的种种重要结果，开三百年数论之先河，可谓有我之境矣。另外一个例子是法国数学家 Grothendick。他著述极丰，以个人的哲学观点和美感出发，竟然不用实例，建立了近代代数几何的基础，真可谓有我之境矣。

在几何的研究中，我们发现狄拉克在物理上发现的旋子在几何结构中有魔术性的能力。我们不知道它内在的几何意义,它却替我们找到几何结构中的精髓。在应用旋子理论时,我们常用的手段是通过所谓消灭定理而完成的,这是一个很微妙的事情。我们制造了曲率而让曲率自动发酵去证明一些几何量的不存在,可谓无我之境矣。以前我提出用 Einstein 结构来证明代数几何的问题和用调和映射来看研究几何结构的刚性问题也可作如是观。

不少伟大的数学家,以文学、音乐来培养自己的气质,与古人神交,直追数学的本源,来达到高超的意境。《文心雕龙·神思篇》:

> 文之思也,其神远矣。故寂然凝虑,思接千载;悄焉动容,视通万里。吟咏之间,吐纳珠玉之声;眉睫之前,卷舒风云之色,其思理之致乎!

六、数学的品评

好的工作应当是文已尽而意有余,大部分数学文章质木无文,流俗所好,不过两三年耳。但是有创意的文章,未必为时所好,往往十数年后始见其功。

我曾经用一个崭新的方法去研究调和函数,以后和几个朋友一同改进了这个方法,成为热方程的一个重要工具。开始时没有得到别人的赞赏,直到最近 5 年大家才领会到它的潜力。然而我们还是锲而不舍地去研究,觉得意犹未尽。

我的老师陈省身先生在他的文集中引杜甫诗"文章千古事,得失寸心知"。而杜甫就曾批评初唐四杰的作品"王杨卢骆当时体,轻薄为文哂未休,尔曹身与名俱灭,不废江河万古流"。

时俗所好的作品,不必为作者本人所认同。举个例子,白居易留传至今的诗甚多,最出名之一是《长恨歌》,但他给元微之的信中却说:

> 及再来长安,又闻有军使高霞寓者欲聘娼妓,妓

大夸曰："我诵得白学士《长恨歌》，岂同他妓哉。"……诸妓见仆来，指而相顾曰："此是《秦中吟》、《长恨歌》主耳！"自长安抵江西，三四千里……每每有咏仆诗者，此诚雕虫之技，不足为多，然今时俗所重，正在此耳。

白居易说谢朓的诗丽而无讽。其实建安以后，绮丽为文的作者甚众。亦自有其佳处，毕竟钟嵘评谢朓诗为中品，以后六朝骈文、五代《花间集》以至近代的鸳鸯蝴蝶派都是绮丽为文。虽未臻上乘，却有赏心悦目之句。

数学华丽的作品可从泛函分析这种比较广泛的学问中找到，虽然有其美丽外表和重要性，但与自然之道总是隔了一层。举例来说，从函数空间抽象出来的一个重要概念叫做巴拿赫空间，在微分方程学有很重要的功用，但是以后很多数学家为了研究这种空间而不断的推广，例如有界算子是否存在不变空间的问题，确是漂亮，但在数学大流上却未能激起任何波澜。

在 20 世纪 70 年代，高维拓扑的研究已成强弩之末，作品虽然不少，但真正有价值的不多，有如"野云孤飞，去留无迹"。文气已尽，再无新的比兴了。当时有拓扑学者做群作用于流形的研究，确也得到某些人的重视。但是到了 80 年代，值得怀念的工作只有 Bott 的局部化定理。

能经得起时间考验的工作寥寥无几，政府评审人才应当以此为首选，不应以文章篇数和被引用次数来作指标。

七、数学的演化

王国维说：

四言敝而有《楚辞》，《楚辞》敝而有五言，五言敝而有七言，古诗敝而有律绝，律绝敝而有词。盖文体通行既久，染指遂多，自成习套。豪杰之士亦难于其中自出新意，故遁而作他体以自解脱。一切文体所以始盛终衰者，皆由于此，故谓文体后不如前，余未敢信。但就一体论，则此说固无以易也。

数学的演化和文学有极为类似的变迁。从平面几何至立体几何，至微分几何等等，一方面是工具得到改进，另一方面是对自然界有进一步的了解，将原来所认识的数学结构的美发挥尽致后，需要进入新的境界。江山代有人才出，能够带领我们进入新的境界的都是好的数学。上面谈到的高维拓扑文气已尽，假使它能与微分几何、数学物理和算术几何组合变化，亦可振翼高翔。

我在香港念数学时，读到苏联数学家 Gelfand 的看法，用函数来描述空间的几何性质，使我感触良深，以后在研究院时才知道，代数几何学家也用有理函数来定义代数空间，于是我猜想一般的黎曼流形应当也可以用函数来描述空间的结构。但是为了深入了解流形的几何性质，我们需要的函数必须由几何引出的微分方程来定义。可是一般几何学家厌恶微分方程，我对它却情有独钟，与几个朋友合作将非线性方程带入几何学，开创了几何分析这门学问，解决了拓扑学和广义相对论一些重要问题。在 1981 年时我建议我的朋友 Hamilton 用他创造的方程去解决三维拓扑的基本结构问题，20 多年来他引进了不少重要的工具，运用上述我和李伟光在热方程的工作，深入地了解奇异点的产生。两年前俄国数学家 Perelman 更进一步地推广了这个理论，很可能完成了我的愿望，将几何和三维拓扑带进了新纪元。

八年前我访问北京，提出全国向 Hamilton 先生学习的口号。广州的朱熹平接受我的建议，锲而不舍地钻研，他的工作已经远超国内外成名的中国学者。

当一个大问题悬而未决的时候，我们往往以为数学之难莫过于此。待问题解决后，前途豁然开朗，看到比原来更为灿烂的火花，就会有不同的感受。这点可以跟庄子《秋水篇》比较：

秋水时至，百川灌河，泾流之大，两涘渚崖之间，不辨牛马。于是焉河伯欣然自喜，以天下之美为尽在己，顺流而东行,至于北海,东面而视,不见水端,于是焉河伯始旋其面目,望洋向若而叹曰:"野语有之曰:'闻道百,以为莫己若者。'我之谓也。且夫我尝闻少仲尼之闻,而轻伯夷之义者,始吾弗信;今我睹子之难穷也。吾非至于子之门,则殆矣。吾长见笑于大方之家。"

科学家对自然界的了解,都是循序渐进的,在不同的时空自然会有不同的感受。有学生略识之无后,不知创作之难,就连陈省身先生的大作都看不上眼,自以为见识更为丰富,不自见之患也。人贵自知,始能进步。

庄子:

> 今尔出于崖涘,观于大海,乃知尔丑,尔将可与语大理矣。

我曾经参观德国的哥廷根大学,看到 19 世纪和 20 世纪伟大科学家的手稿,他们传世的作品只是他们工作的一部分,很多杰作都还未发表,使我深为惭愧,更为钦佩他们的胸襟。今人则不然,大量模仿,甚至将名作稍为改动,据为己有,尽快发表。或申请院士,或自炫为学术宗匠,于古人何如哉!

八、数学的感情

为了达到深远的效果,数学家需要找寻问题的精华所在,需要不断地培养我们对问题的感情和技巧。这一点与孟子所说的养气相似。气有清浊,如何寻找数学的魂魄,视乎我们的文化修养。

白居易说:

> 圣人感人心而天下和平,感人心者,莫先乎情,莫始乎言,莫切乎声,莫深乎义……未有声入而不应,情交而不感者。

严羽《沧浪诗话》:

盛唐诸公唯在兴趣，羚羊挂角，无迹可求。故其妙处透彻玲珑，不可凑泊，如空中之音，相中之色，水中之影，镜中之象，言有尽而意无穷。

我的朋友 Hamilton 先生，他一见到问题可以用曲率来推动，就会眉飞色舞。另外一个澳洲来的学生，见到与爱因斯坦方程有关的几何现象就赶快找寻它的物理意义，兴奋异常，因此他们的文章都是清纯可喜。反过来说，有些成名的学者，文章甚多，但陈陈相因，了无新意。这是对自然界、对数学问题没有感情的现象，反而对名位、权力特别重视。在这种情形下，难以想象他们对数学、对自然界会有深厚的感情。

数学的感情是需要培养的，慎于交友才能够培养气质。博学多闻，感慨始深，堂庑始大。欧阳永叔：

> 人间自是有情痴，此恨不关风与月。
> 直须看尽洛城花，始与东风容易别。

能够有这样的感情，才能够达到晏殊所说：

> 昨夜西风凋碧树，独上高楼，望尽天涯路。

浓厚的感情使我们对研究的对象产生直觉，这种直觉看对象而定，例如在几何上叫作几何直觉。好的数学家会将这种直觉写出来，有时可以用来证明定理，有时可以用来猜测新的命题或提出新的学说。

但数学毕竟是说理的学问，不可能极度主观。《诗经》中的《蓼莪》、《黍离》，屈原《离骚》、《九章》，汉都尉《河梁送别》，李后主《忆江南》，宋徽宗《念故宫》，俱是以血书成、直抒胸臆，非论证之学所能及也。

九、数学的应用

王国维说：

诗人对宇宙人生须入乎其内，又须出乎其外。入乎其内，故能写之；出乎其外，故能观之。入乎其内，故有生气；出乎其外，故有高致。美成能入而不能出，白石以降，二事皆未梦见。

词之《雅》《郑》，在神不在貌。永叔、少游虽作艳语，终有品格。方之美成，便有淑女与娼妓之别。

数学除与自然相交外，也与人为的事物相接触，很多数学问题都是纯工程上的问题。有些数学家毕生接触的都是现象界的问题，可谓入乎其内。大数学家如尤拉、傅里叶、高斯、维纳、冯纽曼等都能入乎其内，出乎其外，既能将抽象的数学在工程学上应用，又能在实用的科学中找出共同的理念而发展出有意义的数学。反过来说，有些应用数学家只用计算器作出一些计算，不求甚解，可谓二者皆未见矣。

傅里叶在研究波的分解时，得出傅里叶级数的展开方法，不但成为应用科学最重要的工具，在基本数学上的贡献也是不可磨灭的。近代孤立子的发展和几何光学的研究，都在基本数学上占有重要的位置。

应用数学对基本数学的贡献可与元剧比较。王国维评元剧：

其作剧也，非有藏之名山，传之其人之意也，彼以意兴之所至为之，以自娱娱人，关目之拙劣，所不问也；思想之卑陋，所不讳也；人物之矛盾，所不顾也。彼但摹写其胸中之感想与时代之情状，而真挚之理与秀杰之气时流露于其间。

例如金融数学旨在谋利，应用随机过程理论，间有可观的数学内容。正如王国维评古诗"何不策高足，先据要路津，无为久贫贱，辗轲长苦辛"，认为"无视其淫词、鄙词者，以其真也"。伟大的数学家高斯就是金融数学的创始人，他本人投资股票而获利，Klein 则研究保险业所需要的概率论。

然而近代有些应用数学家以争取政府经费为唯一目标，本身无一技之长，却巧立名目，反诬告基本数学家对社会没有贡献，尽失其真矣。有如近代小说以情欲、仇杀、奸诈为主题，取宠于时俗，不如太史公《刺客列传》中所说：

> 自曹沫至荆轲五人，此其义或成或不成，然其立意皎然，不欺其志，名垂后世，岂妄也哉。

应用数学家不能立意皎然，而妄谈对社会有贡献，恐怕是缘木求鱼了。

十、数学的训练

好的数学家需要领会自然界所赋予的情趣，因此也需向同道学习他们的经验。然而学习太过，则有依傍之病。顾亭林云：

> 君诗之病在于有杜，君文之病在于有韩、欧。有此蹊径于胸中，便终身不脱依傍二字，断不能登峰造极。

今人习数学，往往依傍名士，凡海外毕业的留学生，都为佳士，孰不知这些名士大半文章与自然相隔千万里，画虎不成反类犬矣。李义山云：

> 刘郎已恨蓬山远，更隔蓬山一万重。

很多研究生在跟随名师时，做出第一流的工作，毕业后却每况愈下，就是依傍之过。更有甚者，依傍而不自知，由导师提携指导，竟自炫"无心插柳柳成荫"，难有创意之作矣。

有些学者则倚洋自重，国外大师的工作已经完成，除非另有新意，不大可能再进一步发展。国内学者继之，不假思索，顶多能够发表一些二三流的文章。极值理论就是很好的例子。由 Birkhoff、Morse 到 Nirerberg 发展出来的过山理论，文意已尽，不宜再继续了。

推其下流，则莫如抄袭，有成名学者为了速成，竟抄袭名作，居庙堂之上，腰缠万贯而沾沾自喜，良可叹也。

数学家如何不依傍才能做出有创意的文章呢？

屈原说：

> 纷吾既有此内美兮，又重之以修能。

如何能够解除名利的束缚，俾欣赏大自然的直觉毫无拘束地表露出来，乃是数学家养气最重要的一步。

贾谊：

> 独不见夫鸾凤之高翔兮，乃集大皇之野。循四极而回周兮，见盛德而后下。彼圣人之神德兮，远浊世而自藏。使麒麟可得羁而系兮，又何以异乎犬羊。

媒体或一般传记作者喜欢说某人是天才，下笔成章，仿佛做学问可以一蹴而就。其实无论文学和数学，都需要经过深入的思考才能产生传世的作品。

柳永：

> 衣带渐宽终不悔，为伊消得人憔悴。

一般来说，作者经过长期浸淫，才能够出口成章；经过不断推敲，才有深入可喜的文采。王勃《滕王阁序》，丽则丽矣，终不如陶渊明《归去来兮辞》、庾信《哀江南赋》、曹植《洛神赋》诸作来得结实。文学家的推敲在于用字和遣词。张衡《两京》、左思《三都》，构思十年，始成巨构，声闻后世，良有以也。数学家的推敲极为类似，由工具和作风可以看出他们特有的风格。传世的数学创作更需要有宏观的看法，也唯有锻炼和推敲才能成功。

曹丕：

古人贱尺璧而重寸阴，惧乎时之过已，而人多不强力；贫贱则慑于饥寒，富贵则流于逸乐，遂营目前之务，而遗千载之功。日月逝于上，体貌衰于下。忽然与万物迁化，斯志士之大痛也。

30 年来我研究几何空间上的微分方程，找寻空间的性质，究天地之所生，参万物之行止。乐也融融，怡然自得；溯源所自，先父之教乎！

4. 真假颠倒的世界（节选）

——游迪士尼乐园有感[①]

蒋子龙

　　正像有人知道美国有个好莱坞，而不知道有个洛杉矶一样，迪士尼乐园（Disneyland）的名声越来越大，洛杉矶因为沾了它的光而吸引着越来越多的游客。我们在出访美国之前，一些去过美国的朋友都跟我谈起这个"迪士尼乐园"，认为此处不可不去。到了洛杉矶，向我推荐这个乐园的人就更多了，有些美国朋友很有点以此为荣。

　　迪士尼乐园的轮廓呈桃形，像挂在洛杉矶脖子上的一串项链。迪士尼原是个聪明的画家，但他预感到自己在绘画上不会有十分杰出的造就，于是异想天开地萌发了要建造一座乐园的念头。他的乐园不仅要使孩子们感到兴趣，更重要的是能够吸引所有的人。他邀集了各方面的技术人材，设计方案，制订规划，起草报告，招募资金，在市外购置了一大片空地。经过了一年零一天，于是这个世界上最大的游乐场就这样诞生了。当然，迪士尼和他的同事们也因此而发了财。

　　乐园果然引来了各种各样的人，青年人和成年人多于儿童。门前有巨大的停车场，还有托狗所，因为狗不得入内，那些出门离不开狗的先生太太们，只好另外再花一笔钱把心爱的宝贝托人看管起来。园里园外的一切商业福利设施也都由迪士尼乐园独家经营，而且规定游客入园不得带吃的和喝的东西，以免破坏游乐场的清洁卫生。

---

　　① 选自《中国现代散文欣赏辞典》（汉语大词典出版社 1990 年出版），原文"迪士尼"作"狄斯尼"。蒋子龙，当代作家。1941 年生，河北人。发表小说《乔厂长上任记》、《一个工厂秘书的日记》、《赤橙黄绿青蓝紫》等多部。请结合"虚拟现实"这一前沿性科学技术的介绍来阅读本文。

园里有服务周到的商店、饭店、酒吧、饮水亭和出售各种纪念品的售货台，迪士尼乐园越出名，它的纪念品越贵，出售的越多，一招鲜，带起了一大片。迪士尼处处为游客着想，也就等于处处为自己谋利，因为游客游得痛快，玩得方便，欢欢乐乐、心甘情愿地把一张张美元送进了迪士尼的计算机。

乐园里可称得上是人山人海，游乐场中心有一个极高的像跳伞塔一样的建筑，它携带着各式各样的飞行器，人们坐进去可以享受航天的快乐。下面一层是空中吊斗，坐上吊斗可以绕着游乐场的上空滑行。再下一层是电气火车，比火车轨道更低的是底下地面游动摇篮，全家人都可以坐进去。游乐场一直伸到地下几十米：古代的河道、鬼宫、地府等应有尽有。这真是一个立体的大玩具，也是一个立体的赚钱工具。

起 死 回 生

林肯是美国人的骄傲，到"林肯纪念馆"里坐上半个小时是参观迪士尼乐园不可少的节目。

"死后原知万事空"——且慢，那是过去，现在人死了以后，还不知后人怎么折腾你呐！

你瞧，早在一百多年前就已经作鬼的林肯，现在又复活了。他坐在一把古旧的椅子上——这也许是他就任美国第十六任总统之后常坐的那把椅子，他双腿叉开，两手呆板地分放在两个膝头上。他神色严峻，两腮和下巴上留着棕色的胡子，这胡子还是在他竞选总统的时候一个美国小女孩劝他留起来的，小女孩写信给他，如果他留起了胡子，她就会动员全家人和自己的同学都投他一票。他按照这个小天使的话做了，果然当上了总统。林肯先生一副深思熟虑的样子，目光锋锐地望着我们大家……

大厅里的观众发出一阵阵轻声的惊叹：呀！太像了，跟真人一模一样……

其实，目前还活在世上的人没有一个见过真实的林肯。大家不过是根据照片，根据各种材料，再加上想象，觉得眼前坐在台上的就是活林肯。他嘴唇嚅动，开始讲话了：

"人人都追求自由，却没有谁能够说清这两个字的含义……"正是那段著名的为世人传诵的讲话。

他讲话时胸音很重，声调深沉宏亮。这一刻连我都觉得林肯没有死，他怎么会死呢？这不明明还活着，正在讲出一句句富有深刻哲理的名言。

人死后有几种处理办法：火化、埋葬、把遗体放进水晶棺长期保存，这些都不能使人起死回生。现代科学技术帮助美国人又创造了一个新的林肯，仿佛一下子让时代倒退了整整一个世纪，大家好像站在了一八六〇年的美国土地上。

林肯讲着讲着居然从椅子上站起来了，他身材高大，结实有力，但动作迟缓，显得有些僵硬。导游小声告诉我，林肯活着的时候就是这样一副慢腾腾的样子。他讲到激昂处，又向前跨了两步。这时我头皮发乍，毛骨悚然。因为我想起了刚才在前厅等候开门的时候，导游向我讲的一个故事：

有一次也是当林肯站起来的时候，突然断电，总统笨重的身躯失去控制，猛地向前扑去，黑暗中发出扑通一声巨响。没有电连大门也打不开，观众只好静静地等候。几分钟后故障排除了，电流又给了林肯以生命，他高大的身躯猛然挺立起来，肩上却没有脑袋！观众发出一声惊叫，林肯的大脑袋在前排观众的脚下滚动，还在振振有词地讲着那些发人深省的话。大厅里乱做一团，孩子们被吓得鬼哭狼嚎，成年人却悲哀地笑了。

对伟人的尊重，变成了对伟人的亵渎；对前人深怀敬意的纪念，变成了一场玩笑。机器人毕竟不能代替活林肯，这场意外的事故却提醒人们深思：究竟是借助现代科学技术起死回生好呢？还是干脆一把火烧个干净、不留一点痕迹在人间更好？

物质不灭，永存的应该是精神。

刺 激 和 恐 怖

迪士尼乐园并不以"乐"为主要手段，强烈的刺激性、人为的制造恐怖，是它的又一个拿手好戏。

我们同行十个人，敢于乘坐火箭遨游太空的只有四个人。尽管如此，等着坐火箭的人还是排了长长一大队，加州大学一位年轻的女教师坐过十二次了，每次逛游乐场还非坐不可。这就是强刺激的诱惑力，刚下火箭的那一会儿，说以后再也不坐了。没过多久就非常想再去坐一次。

火箭刚一起动的时候，速度不十分快，冉冉上升，身如轻烟，渐入星际，奇妙的宇宙景物全铺在眼前。碧空渺渺，星光耀霞，卫星缓缓而转，流星急如闪电，星球变化无常，两眼为之迷离，真是奇妙大观！

火箭的速度越飞越快，乘客再也没有心思观看两边的景致了。火箭忽而垂直上升，忽而陡然下跌，要不就飞速地拐一个大锐角弯，乘客的脑袋一会朝上，一会朝下，两耳呼呼作响，两眼昏花，要不是保险杠卡得牢靠，早被甩出火箭，掉进可怕的星际之间了！当时真是觉得把这一百多斤就交给它了，真是花钱受洋罪！心想，可能快减速了，还有最后一个弯，谁知一个念头还没转完，火箭又拐了三个弯！心里又给自己鼓劲：这下可应该结束了，谁知它还在加速。这种"好吃多给"的游乐真是对心脏、大脑和意志的最好考验。事后我才知道，当时四个人中只有我还睁着眼，其他三位都闭上眼睛，听天由命了！走下火箭回到阳光里，人人都脸色发青。

至于参观"地府"，就更像是一种胡闹了。在通向地狱的大电梯内，四面都挂着美丽的女人和并不难看的男人的画像，五颜六色的灯光把他们装扮成一个个有立体感的活人。随着电梯往地心越走越深，这些人物的嘴脸逐渐变得狰狞可怖，最后变成一个个厉鬼，张牙舞爪，随时都可能向你扑过来。

下了电梯，便是阴曹地府。坐进带转椅的、东摇西晃的小车，就到了鬼的世界。大鬼、小鬼、老鬼、新鬼、鬼司令、鬼头、鬼卒、男鬼、女鬼、恶鬼、饿鬼、色鬼、吊死鬼、淹死鬼、屈死鬼……各色各样的鬼，奇形怪状，东流西窜，阴风阵阵，鬼影憧憧。再加上有的鬼哭，有的鬼笑，有的鬼嚎,有的鬼闹,时而尖厉刺耳,时而轻如唿哨,真叫人毛发倒竖! 有时你的椅子被魔鬼们推得左右旋转,东倒西歪;有时鬼影居然爬上椅子坐在你的身边;有时从地狱的大墙上忽然看见了你自己的形象,有一个鬼怪正呲牙裂嘴掐着你的脖子……当然这一切都是"鬼把戏",只是吓唬人。胆子大的人只觉得好玩,不会觉得恐怖。但有一个古代的舞厅,搞得不可思议,把鬼府的恐怖感推向最高潮。你睁大眼睛认真看,舞厅里什么也没有,空空如也。转眼间人影晃动,杯盘叮当,乐声阵阵,双双对对的男女鬼魂翩翩起舞。再仔细看又没有了,头还没转过去,人影又出现了。这种似有似无,恍恍惚惚的东西,比能看见形体的鬼更叫人可怕!

很快我就弄清这个鬼府的"社会结构"了。不论是下油锅,是锯大腿,还是掏心挖肝,迪士尼完全是按照人世间的模式设计的这个阴曹地府。鬼也分三六九等,权大权小、位高位低,鬼也争权夺势,勾心斗角,分帮分派;图财害命。恶鬼欺侮老实鬼,坏鬼欺侮善良的鬼。

迪士尼乐园建造一个鬼府让游客开开眼界,是想借这些"鬼把戏"发人深省,还是纯属搞一场恶作剧? 他们企图造成一种错觉,好像人失去了血肉就变成鬼,而人的生命和鬼的生命又是一致的:上面是阳世,下面是阴世,阳世有啥,阴世也有啥;人即鬼,鬼即人,人间地狱一般同。荒谬实属太甚,可很多游客走出地狱之后都点头说:不错,有意思。

险而后乐,怕而有趣。惊险、恐怖、刺激,增添了游乐场的魅力。

加勒比海盗

我们乘上小木船,沿着游河经过剧烈的起伏颠簸,来到地下,驶向中世纪,去会见有名的加勒比海盗。

先看见的是海盗的巢穴,里面堆满抢来的金银珠宝。守着堆积如山的财宝,海盗们却过着半原始的生活,一个年轻的海盗患了疟疾,倒卧在一块山石旁,身子缩成一团,不停地打着寒战,神态生动逼真。

所谓"海盗攻城"，不过是一场机器人的闹剧。加勒比海盗驾驶着巨大的木帆船，围住了一座城堡，用大炮向城里轰击，用火枪、弓箭射杀守城的卫兵，海盗们喝着酒，吃着烤肉，对着城堡高声叫喊："赶快开门投降，否则杀进城去，把你们统统烧死！"城堡里男女老幼团结抗敌，也有少数贵族想弃城逃跑，市长率领群众奋不顾身，最后终因寡不敌众，城堡被攻破，海盗们冲进城来烧杀抢掠，奸淫妇女，把女人撵得满街跑。他们杀人取乐，把市长吊在高杆上，杀死后又抛进水井。城堡里到处烧起漫天大火，被海盗们洗劫一空。海盗们围着火堆欢庆胜利，狂饮，狂笑，狂舞。但因分赃不匀，海盗们立刻拔枪火并。最后，侥幸免于一死的海盗被关进了监狱，监狱大门的钥匙被一只狗叼在嘴里，海盗们手里拿着一块带肉的骨头，想把看门的狗引过来，拿过钥匙，狗却对他们不理不睬。结论是——恶有恶报。

这手法同好莱坞拍摄电影《星球大战》的手法是一样的，也许还是好莱坞从迪士尼乐园得到启发。他们谁先谁后？不得而知。所不同的是：一个用科学技术幻想未来，一个用科学技术幻想过去。

迪士尼并不是为了严肃认真地告诉人们一段历史，所以选取这具有强烈传奇色彩的加勒比海上的海盗生活，再现当时的环境气氛、自然景物以及人们的生活习惯，是为了引起众多的人的兴趣。人们是不愿忘记历史的，人们对历史同对未来一样具有好奇心。迪士尼充分地利用了这一点，让历史为自己的游乐园服务。

迪士尼乐园的中央大街设计得也很别致，站在街口往里望，街道又深又长，好像通向很远的地方。其实走起来只有几步路，短得很，这样既节省占地面积，又增加神秘感。每隔一会儿，大街上就走过一队古代的乐手，他们穿着古老的骑士服装，奏着洋鼓洋号，迈着整齐的步伐行进。大街上还不时跑过一辆辆古代英国式的马车、皇家包车，赶车夫一身古装打扮，喜欢复古的人可以自由坐上去拍照、逛大街，尽其所乐。古代的警察、士兵在大街上巡逻。这一切不仅让游客感到极大的兴趣，而且给游乐场增加了一种奇妙的历史色彩。

利用"历史"可以赚钱，这碗饭大有可吃。在"民歌演唱馆"里用半个小时就把美国二百年的历史演唱了一遍。每一个历史时期都有代表性的民歌，把这些民歌串起来，一首歌换一个自然背景，歌手全部由会说人话、半人半兽的动物扮演，边唱边舞，你出我进，再配上现代化的机关布景、灯光色彩，把每一个时期的历史内容、历史环境，生动活泼地全表现出来了。历史性、艺术性、趣味性糅合一体，明朗而健康。

出我意料的是在这个大杂烩式的游乐场里还有许多严肃、健康和具有丰富的知识性、趣味性的内容。

"儿童世界"里用生动活泼、载歌载舞的形式，介绍了世界各地区、各民族不同的音乐、舞蹈、服装打扮和生活特征，欢欢笑笑，充满快乐。乘船游古老的密西西比河，饱览几个世纪以前的河两岸风光。漫游热带植物林，和各种各样的动物打一番交道，更是妙趣横生。狮子、老虎在山崖上暴跳如雷，抖尽威风，真恨不得把游人一口吞掉；三、四条巨大的鳄鱼突然钻出水面袭击我们的小船，尖利的牙齿几乎要咬上坐在船边的人；躲过了鳄鱼又碰上了洗澡的象群，一条条像炮筒一样的大象鼻子吸满水，然后向我们的身上猛喷；一条犀牛把五个印第安人赶上了一棵枯树，最后一个人上得慢了一些，险些没有被犀牛的利角穿透了屁股……真是险象丛生。站在船头的导游不得不连连开枪射击，才吓跑野兽，保住了游客的安全。当然，这一切都是假的，但假的却和真的一样。

游乐场就这样把有关历史的知识、大自然的奥秘揭示给孩子们。

"全景电影馆"则是用立体电影介绍美国最突出的自然风光、历史名胜、优美建筑以及一切值得美国人骄傲的东西。开阔而又深远的视野，真实而又富有强烈立体感的衬景，运用现代摄影技术表现出来的景物，使人比身临其境看得更清楚，更真实。我亲眼看到的华盛顿纪念塔和白宫，反而不如在"全景电影馆"里感受更深，印象更强烈。看自由神像，如站在轮船的甲板上，微微摇晃，直驶抵自由神脚下；游华盛顿街道，则似乘汽车，而且车子一直开进杰克逊纪念堂里面；看科罗拉多河大峡谷和尼亚加拉瀑布，当然是乘飞机，其失重和强烈晕眩的感觉使观众在平稳的电影馆里东倒西歪。

不少美国人在看完全景电影之后落泪了，他们为美国感到骄傲，为美国有这么多好风景，好地方感到骄傲。看看，在欢欢笑笑、玩玩乐乐的过程中，进行了一次自然而合理的爱国主义教育。该用一个什么词儿形容这个迪士尼乐园呢？

游完迪士尼乐园，我觉得脑子里装得很满、很杂。这里似乎什么都有，从古到今，由今到未来，天上地下，死的活的，名人伟事，牛鬼蛇神，虚实颠倒，以假乱真。这一切又都搞得活灵活现，靠的是科学技术、文化艺术、历史、自然等知识。而且根据时代的变化，揣度人们的心理，不断增加新内容，新技术，更新和改造游乐场的节目。但仔细一瞧，它又不是实实在在地向人们宣传科学文化知识。万变不离其宗，在当代社会，赚钱需要广泛的知识，需要技术和艺术的巧妙配合，把艺术加以技术化，把现代科学技术加以艺术化，一切知识和艺术都是为了谋利。

迪士尼乐园表现出高超的赚钱的艺术。但它毕竟有"艺术"，这是一个小小的世界，是当今美国社会一个典型的缩影。虽然它有点像哈哈镜，使人觉得荒诞和夸大，认真想它却是真实的，可信的，经过抽象和概括的。这倒也表明，美国社会不娇气，不脆弱，光怪陆离，经得起折腾。

1982 年 11 月 18 日

第四单元　现当代诗歌一组

1.　再别康桥①

徐志摩

　　轻轻的我走了，
　　　　正如我轻轻的来；
　　我轻轻的招手，
　　　　作别西天的云彩。

　　那河畔的金柳，
　　　　是夕阳中的新娘；
　　波光里的艳影，
　　　　在我的心头荡漾。

　　软泥上的青荇②，
　　　　油油的在水底招摇；
　　在康河的柔波里，
　　　　我甘心做一条水草！

　　那榆荫下的一潭，
　　　　不是清泉，是天上虹
　　揉碎在浮藻间，

---

　　① 选自《徐志摩选集》(人民文学出版社1983年出版)。徐志摩(1896—1931)，中国现代文学流派"新月派"的
代表诗人。浙江人，年轻时先后留学美国、英国。著有诗集《志摩的诗》、《翡冷翠的一夜》、《猛虎集》等。
　　② 〔荇(xìng)〕 多年生草本植物，叶子略呈圆形，浮在水面，根生在水底，花黄色。

沉淀着彩虹似的梦。

寻梦？撑一支长篙，
　　向青草更青处漫溯①，
满载一船星辉，
　　在星辉斑斓里放歌。

但我不能放歌，
　　悄悄是别离的笙箫；
夏虫也为我沉默，
　　沉默是今晚的康桥！

悄悄的我走了，
　　正如我悄悄的来；
我挥一挥衣袖，
　　不带走一片云彩。

1928 年 11 月 6 日作

————————

① 〔溯（sù）〕逆着水流的方向走。

2. 你是人间的四月天①

——一句爱的赞颂

林徽因

我说你是人间的四月天；
笑响点亮了四面风；轻灵
在春的光艳中交舞着变。

你是四月早天里的云烟，
黄昏吹着风的软，星子在
无意中闪，细雨点洒在花前。

那轻，那娉婷②，你是，鲜妍
百花的冠冕你戴着，你是
天真，庄严，你是夜夜的月圆。

雪化后那片鹅黄，你像；新鲜
初放芽的绿，你是；柔嫩喜悦
水光浮动着你梦期待中的白莲。

你是一树一树的花开，是燕
在梁间呢喃，——你是爱，是暖，
是希望，你是人间的四月天！

---

① 原载 1934 年 4 月《学文》第 1 卷第 1 期。林徽因（1904—1955），福建闽县人，著名建筑师，诗人、作家，人民英雄纪念碑和中华人民共和国国徽的设计者。代表作有《你是人间的四月天》、《莲灯》、《九十九度中》等。

② 〔娉婷 pīng tíng〕 姿态美好的样子。

3. 野兽①

穆　旦

黑夜里叫出了野性的呼喊，
是谁，谁噬咬②它受了创伤？
在坚实的肉里那些深深的
血的沟渠，血的沟渠灌溉了
翻白的花，在青铜样的皮上！
是多大的奇迹，从紫色的血泊中
它抖身，它站立，它跃起，
风在鞭挞③它痛楚的喘息。

然而，那是一团猛烈的火焰，
是对死亡蕴积的野性的凶残，
在狂暴的原野和荆棘的山谷里，
像一阵怒涛绞着无边的海浪，
它拧起全身的力。
在暗黑中，随着一声凄厉的号叫，
它是以如星的锐利的眼睛，
射出那可怕的复仇的光芒。

一九三七年十一月

---

① 选自《穆旦精选集》（北京燕山出版社 2006 年版）。穆旦（1918—1977），原名查良铮，浙江海宁人，爱国主义诗人、翻译家。

② 〔噬（shì）咬〕 吞咬。

③ 〔鞭挞（tà）〕 鞭打，驱使。

4. 面朝大海，春暖花开①

海 子

从明天起，做一个幸福的人
喂马、劈柴，周游世界
从明天起，关心粮食和蔬菜
我有一所房子，面朝大海，春暖花开

从明天起，和每一个亲人通信
告诉他们我的幸福
那幸福的闪电告诉我的
我将告诉每一个人

给每一条河每一座山取一个温暖的名字
陌生人，我也为你祝福
愿你有一个灿烂的前程
愿你有情人终成眷属
愿你在尘世获得幸福
我只愿面朝大海，春暖花开

---

① 选自《海子诗全集》（作家出版社 2009 年版）。海子(1964—1989)，原名查海生，安徽安庆人，当代朦胧诗派代表诗人。

5.　乡愁①

余光中

小时候
乡愁是一枚小小的邮票
我在这头
母亲在那头

长大后
乡愁是一张窄窄的船票
我在这头
新娘在那头

后来呵
乡愁是一方矮矮的坟墓
我在外头
母亲呵在里头

而现在
乡愁是一湾浅浅的海峡
我在这头
大陆在那头

---

① 选自《白玉苦瓜》(台湾大地出版社 1974 年出版)。余光中,台湾著名诗人、学者。1928 年生,福建人。著有多本诗集、散文集、文艺评论集和译作。

6. 假如生活欺骗了你①

普希金

假如生活欺骗了你，
不要悲伤，不要心急！
忧郁的日子需要镇静：
相信吧，快乐的日子将会来临。

心儿永远向往着未来；
现在却常是忧郁，
一切都是瞬息，
一切都将会过去；而那过去的，
就会成为亲切的怀恋。

---

　　① 选自《普希金诗选》（长江文艺出版社 2011 年版）。普希金（1799—1837），俄国诗人，有"俄罗斯诗歌的太阳"的美誉，是俄罗斯现实主义文学的奠基人，俄罗斯著名文学家。这首诗歌作于 1825 年，应一位 16 岁少女之邀而作。

7.　我愿意是激流[①]

裴多菲

我愿意是激流，
在山里的小河，
在崎岖的路上，
岩石上经过……
只要我的爱人
是一条小鱼，
在我的浪花中，
快乐地游来游去。

我愿意是荒林，
在河流的两岸，
对一阵阵的狂风，
勇敢地作战……
只要我的爱人，
是一只小鸟，
在我的稠密的
树枝间做巢鸣叫。

我愿意是废墟，
在峻峭的山岩上，
这静默的毁灭，
并不使我恼丧……
只要我的爱人

①　选自《外国名诗100首》(湖北教育出版社1996年出版)。裴多菲(1823—1849)，匈牙利著名诗人。资产阶级民主主义革命家。所写的革命诗歌《爱国者之歌》、《反对国王》，政治诗《给贵族老爷们》、《民族之歌》等影响很大。1849年在反抗沙俄军队的战斗中牺牲。

是青青的长春藤，
沿着我荒凉的额，
亲密地攀援上升。

我愿意是草屋，
在深深的山谷底，
草屋的顶上，
饱受风雨的打击……
只要我的爱人
是可爱的火焰，
在我的炉子里，
愉快地缓缓闪现。

我愿意是云朵，
是灰色的破旗，
在广漠的空中，
懒懒地飘来飘去，
只要我的爱人
是珊瑚似的夕阳，
傍着我苍白的脸，
显出鲜艳的辉煌。

第五单元　古诗词一组

1. 上　邪①

古乐府诗

上邪②！我欲与君相知③，长命无绝衰④。山无陵⑤，江水为竭，冬雷震震⑥，夏雨雪⑦，天地合⑧，乃敢与君绝⑨！

[说明]

　　这是一首爱情的誓词。诗歌以五种不可能发生的自然现象来说明自己永远不会变心，两人的交情不会断绝，充分表现了女主人公大胆热烈、忠贞不渝的爱情观。全诗情感炽烈，形象鲜明，有震撼人心之力。

---

① 这首诗是《乐府诗集·汉铙歌十八曲》第十六曲。
② 〔上邪〕 天啊。上，苍天。邪，同"耶"，感叹词。
③ 〔君〕 指心爱的人。〔相知〕 互相知心，亲爱。
④ 〔长〕 长久。〔命〕 令，使。这一句是说，我要让爱情永不断绝衰退。
⑤ 〔山无陵〕 指高山变成平地。陵，山脊，山峰。
⑥ 〔震震〕 雷声。
⑦ 〔雨（yù）〕 降落。
⑧ 〔合〕 合并在一起，即天塌下来。
⑨ 〔乃敢〕 这才。

2. 伤田家①

聂夷中

二月卖新丝②,五月粜新谷③。
医得眼前疮④,剜却心头肉⑤。
我愿君王心,化作光明烛。
不照绮罗筵⑥,只照逃亡屋⑦。

[说明]

　　这首诗极其深刻地反映了农民的痛苦生活,揭露统治阶级
剥削的残酷。诗中采用形象的比喻和鲜明对比的手法,把农民
卖丝粜谷比喻为挖心头肉及医疮;把"绮罗筵"与"逃亡屋"相对
照,寓意深刻。

---

　　① 聂夷中,唐代诗人。字坦之,河南中都(今河南沁阳)人。田家,农家。
　　② 〔二月卖新丝〕 二月蚕刚刚孵出来,就已把蚕茧抵押出去。
　　③ 〔五月粜(tiào)新谷〕 指五月份水稻未成熟,就已把青苗谷子先预卖了。粜,出卖粮食。
　　④ 〔眼前疮〕 喻眼前的窘境。
　　⑤ 〔剜(wān)却〕 用刀挖掉。这一句是以像用刀挖掉心头上的肉一样痛苦来形容把一年赖以生存的蚕茧和
谷子卖掉的心情。
　　⑥ 〔绮罗筵〕 华美的筵席。
　　⑦ 〔逃亡屋〕 贫苦农民无法生活,逃亡在外,留下空屋。

3. 杨柳枝词①

刘禹锡

塞北梅花羌笛吹②，淮南桂树小山词③。
请君莫奏前朝曲④，听唱新翻《杨柳枝》⑤。

［说明］

　　这是刘禹锡用民间通俗曲调写的一首小诗。首二句先写以前两种通俗曲子，然后笔锋一转，说前朝曲子虽说通俗，但人们已不感到新鲜，还是听他新谱成的杨柳枝吧。这就表现了作者在文艺上敢于创新的精神。现在引用"请君莫奏前朝曲"来讽刺某些思想守旧、喜欢留恋过去的人。

---

① 刘禹锡（772—842），唐代文学家。字梦得，洛阳（今属河南）人。杨柳枝，古代民间一种通俗的乐曲。
② 〔塞（sài）〕 泛指北方。〔梅花〕 指梅花曲，又名梅花引、梅花三弄等。〔羌（qiāng）〕 我国古代西部的一个少数民族。这句说：北方的梅花曲用羌笛吹奏。
③ 〔淮南〕 泛指南方。〔桂树小山词〕 楚辞《招隐士》第一句："桂树丛生兮山之幽。"旧说这篇作品是西汉淮南王手下几个以"小山"命名的文人所作，这里泛指民间歌曲。这句说：淮南小山的歌词中提到南方的桂枝。
④ 〔前朝〕 从前朝代。
⑤ 〔新翻〕 新谱成的。

4. 观书有感①

朱 熹

半亩方塘一鉴开②，天光云影共徘徊③。
问渠那得清如许④？为有源头活水来⑤。

[说明]

　　作者在观书时，可能忽然把某些难懂的书读通了，顿有所感，想到这正像一方清澈如镜的池塘，它之所以像明镜一样，清澈见底，映照着天光云影，正是因为源头常有活水流来之故。这种境界，同一个人在学习中搞通问题、提高认识的情形有相似处。"为有源头活水来"，有人引用这句诗，说明一个作家只有从生活中不断汲取养料，搜集创作素材，才能写出感人的优秀作品来。

---

　　① 朱熹(1130—1200)，宋代思想家、教育家、文学家。字元晦，一字仲晦，号晦庵、晦翁。
　　② 〔一鉴〕 一面镜子。〔开〕 打开(古代镜子用镜袱盖上，用时打开)。这句说：小小的一方池塘像一面打开的镜子。
　　③ 〔徘徊〕 来回移动。这句说：天色和云影一齐映入塘水中，不停地晃动。
　　④ 〔渠〕 它，指方塘。〔那得〕 怎么会。〔如许〕 这样。
　　⑤ 这句说：因为有活水从源头上不断流来。

5. 蜀相①

杜 甫

蜀相祠堂何处寻②？锦官城外柏森森③。
映阶碧草自春色④，隔叶黄鹂空好音⑤。
三顾频烦天下计⑥，两朝开济老臣心⑦。
出师未捷身先死⑧，长使英雄泪满襟⑨。

[说明]

　　这是公元760年春杜甫游武侯祠时所作。诗中对"鞠躬尽瘁，死而后已"的诸葛亮极为推崇，并为他未完成自己的宏愿深感遗憾，表达了作者经邦济世的思想感情。诸葛亮"出师未捷身先死"的不幸，历来为人们所惋惜。后人常用最后两句诗表达对有志之士面临身死而壮志未酬的痛惜。

---

　　① 杜甫(712—770)，唐代诗人。字子美，河南巩县(今河南巩义)人。后人誉之为"诗史"。蜀相，指诸葛亮。公元221年，刘备即帝位，以诸葛亮为丞相，故称其为"蜀相"。

　　② 〔蜀相祠〕 即武侯祠，诸葛亮的庙，在成都城南。

　　③ 〔锦官城〕 成都的别称。〔森森〕 高大茂密。

　　④ 〔自春色〕 自为春色，空自形成一派春天的景象。说明作者无心欣赏。

　　⑤ 〔空好音〕 空作好音，白白地唱得好听。说明作者无心倾听。

　　⑥ 〔三顾〕 诸葛亮隐居隆中(今湖北襄阳西)时，刘备曾三次拜访他，问以天下大计，并请他出山辅佐。〔频烦〕 即频繁，形容次数多。

　　⑦ 〔开济〕 开创扶持。这句说：诸葛亮帮助刘备开创基业，扶持刘禅度过危难。两朝：指蜀先主刘备和后主刘禅。

　　⑧ 〔捷〕 胜。这句指公元234年，诸葛亮屡次出兵伐魏，希望统一天下，却没有成功，终于病死在五丈原(今陕西眉县西南)军中。

　　⑨ 〔长〕 永远。

6. 青玉案(元夕)^①

辛弃疾

东风夜放花千树^②,更吹落,星如雨^③。宝马雕车香满路^④。凤箫声动^⑤,玉壶光转^⑥,一夜鱼龙舞^⑦。　蛾儿雪柳黄金缕^⑧,笑语盈盈暗香去^⑨。众里寻他千百度^⑩,蓦然回首^⑪,那人却在,灯火阑珊处^⑫。

[说明]

作者通过对元夕满城花灯,满街游人,通宵歌舞等景物的描写,以及对他所追慕的站在冷落处、不爱繁华、不同凡俗的美人的刻画,表现了他遭受打击排斥后不肯随波逐流、趋炎附势的孤高品格。王国维曾引用最后四句比作治学问的第三境界:豁然贯通的境界。

---

① 辛弃疾(1140—1207),宋代词人。原字坦夫,改字幼安,号稼轩居士。历城(今山东济南)人。元夕,元宵节的晚上。

② 〔花千树〕 形容灯火之多像千树花开。

③ 〔星如雨〕 形容满天的焰火。这句说:满天的焰火,就像东风把无数星星纷纷吹落下来。

④ 〔宝马雕车〕 形容有钱人家装饰华美的车马。

⑤ 〔凤箫〕 箫的美称。

⑥ 〔玉壶〕 一种精美的灯。

⑦ 〔鱼龙〕 指鱼形、龙形的灯。

⑧ 〔蛾儿〕、〔雪柳〕、〔黄金缕〕 都是当时妇女在元宵节佩戴的首饰。

⑨ 〔盈盈〕 仪态美好的样子。〔暗香〕 幽香。

⑩ 〔千百度〕 千百次。

⑪ 〔蓦(mò)然〕 忽然。〔回首〕 回头。

⑫ 〔阑珊〕 零落、稀少。

7. 虞美人①

李 煜

　　春花秋月何时了②，往事知多少③？小楼昨夜又东风④，故国不堪回首月明中⑤。　　雕栏玉砌应犹在⑥，只是朱颜改⑦。问君能有几多愁⑧，恰似一江春水向东流。

[说明]

　　这首词写对往事的回忆，表达了一个亡国之君的无限哀叹。全篇抒写一个"愁"字，美好的春花秋月，引起他"何时了"的怨恨，小楼上传来了春的信息，却触动他"故国不堪回首"的叹息。抚今追昔，愁思绵绵。最后"问君能有几多愁，恰似一江春水向东流"二句，假托问答，以滔滔的江水比喻愁思不息，令人不堪卒读。李煜也因为这首词被毒害。

---

① 这首词是李煜被囚后第三年所作。李煜（937—978），即李后主，字重光，徐州（今属江苏）人。
② 〔何时了〕 什么时候了结。这一句是说，他怕春花秋月勾引起他对往事的回忆。
③ 〔知多少〕 不知有多少。
④ 〔东风〕 春风，说明春天已经到来。
⑤ 〔故国〕 指南唐故都。
⑥ 〔雕栏玉砌〕 指华丽的宫殿。雕饰的栏杆，像玉砌的华丽台阶。
⑦ 〔朱颜改〕 红润的面容变憔悴了。
⑧ 〔问君〕 假设的问话，是把自己放在第二人称的地位。

8. 鹊 踏 枝

敦煌曲子词

叵耐灵鹊多谩语①，送喜何曾有凭据。几度飞来活捉取，锁上金笼休共语②。　　比拟好心来送喜③，谁知锁我在金笼里。欲他征夫早归来，腾身却放我向青云里④。

[说明]

　　这是一首有趣的对话之词。上片写妇女对喜鹊说的话，下片是喜鹊向那个妇女的回答。写得很新颖，思妇急切盼望征夫归来的心情，通过对话鲜明地显现出来。格调明快，富有风趣。

---

①〔叵(pǒ)耐〕不可耐，可恶。〔灵鹊〕古人以灵鹊能报喜，因此闻鹊声就认为是喜兆。〔多谩语〕多数是骗人的话。谩，不实。

②〔休共语〕不要和它说话，即不听它的报喜

③〔比拟〕刚打算。

④〔腾身……青云里〕这句是说让我自由自在地飞向天空。

普通话

与

口语表达

实 用 语 文

第一节　语音规范化

一、现代汉民族共同语和方言

共同语是一个社会全体成员通用的语言,方言是局部地区的人们使用的语言。

我们的祖国历史悠久,幅员辽阔,人口众多。在使用汉语的地方,长期以来形成了七大方言区,它们是:

1. 北方方言区。以北京话为代表,包含华北东北、西北、西南、江淮四个次方言区,分布在北京、天津、河北、河南、山东、东北三省、山西、陕西、甘肃、四川、云南、贵州等省,以及内蒙古、青海、宁夏、新疆、湖北、广西、湖南、安徽、江苏等省的部分地区。

2. 吴方言区。以苏州话(一说上海话)为代表,分布在上海市、江苏省长江以南镇江以东(不含镇江)、南通小部分和浙江省大部分地区。

3. 湘方言区。以长沙话为代表,分布在湖南省大部分地区。

4. 赣方言区。以南昌话为代表,分布在江西省大部分地区。

5. 客家方言区。以广东梅县话为代表,主要分布在广东东部和北部、福建西部、江西南部和广西东南部。

6. 闽方言区。包含闽南(以厦门话为代表)、闽东(以福州话为代表)、闽北(以建瓯话为代表)三个次方言区,主要分布在福建省大部分地区、广东潮汕地区、海南岛、雷州半岛地区、浙江南部温州的部分地区、台湾大多数汉人居住区以及南洋群岛华人、华裔居住区。

7. 粤方言区。以广州话为代表,分布在广东中部西南部、广西东部南部,以及香港和澳门。

现代汉民族共同语是汉民族几千年语言积累发展的结果。新中国成立后,国家统一,民族团结。1955 年,中国科学院召开了现代汉语规范问题学术会议,经国务院确定,现代汉民族共同语就是:"以北京语音为标准音,以北方话为基础方言,以典范的现代白话文著作为语法规范的普通话。"

"语言是人类最重要的交际工具",列宁的这一科学论断深刻地阐明了语言的社会本质和重要作用。随着我国社会主义建设的迅速发展,人们对于口语交流的重要性的认识也愈来愈深刻,推广普通话已成为全国人民的迫切要求。1994 年,国家语言文字工作委员会、国家教育委员会、广播电影电视部下发了"国语〔1994〕43 号"文件:《关于开展普通话水平测试工作的决定》,制定了普通话水平测试实施办法和普通话测试等级标准,使普通话的推广普及工作又上了一个新台阶。作为学生,我们应该充分认识到推广普通话的重要性,坚持不懈地学讲普通话,努力讲好普通话。

二、方 言 辨 正

1. 声母辨正

(1) n 和 l

在有些方言中 n 和 l 全部相混,如重庆话、南京话;在有些方言中部分相混,如宁夏的西吉话。他们常把"努力"说成"鲁力",把"泥土"说成"犁土"。

n 是鼻音,l 是边音,发准这两个音的关键是控制软腭的升降和舌头的收窄放宽。发 l 时软腭上升舌身收窄,发 n 时软腭下降,舌身放宽。

若分不清字,可采用记常用字的方法,常用字中有 n 的字比较少,注意收集;另外,可以借声旁类推,例如声旁为"仑"的字声母大都是"l",如"纶、伦、囵"等,声旁为"内"的字声母大都是"n",如"纳、呐、钠"等。

(2) zh、ch、sh 和 z、c、s

在有些方言中,这两套声母的字混成一套 z、c、s 或接近 z、c、s 的声母,如上海话、苏州话、汉口话、成都话、广州话等;在有些方言中,也会把普通话中部分声母是 zh、ch、sh 的字读成 z、c、s,如天津话、银川话、西安话等。他们常把"主力"读成"阻力","鱼翅"读成"鱼刺",把"树立"读成"肃立"。

在一些南方和东北地区,人们会把普通话中声母是 zh、ch、sh 的音发成 j、q、x,如把"祝福"读成"巨幅","迟到"读成"齐到","师范"读成"稀饭"。

若分不清字,可以根据汉字声旁进行类推,例如声旁为"朱、直、中、垂、产、昌、史、式"等的声母,大都是 zh、ch、sh;声旁为"子、曾、则、崔、桑、叟"的字,声母大都是 z、c、s;还可借助声韵配合规律来分辨(如 ua、uai、uang 三个韵母在普通话中只跟 zh、ch、sh 拼);另外,拿不准时多查字典。

发 z、c、s 时,舌尖不翘,抵住上齿背;发 zh、ch、sh 时,舌尖上翘,抵住前硬腭。

(3) f 和 h

普通话中 f 声母的字,在有的方言(如厦门话)中会被读成别的声母;有的方言(如上海浦东话)则把其中的一部分读成 h 声母。普通话中 h 声母的字,有的方言(如重庆话)会把其中一部分读成 f,有的方言(如长沙话)f、h 两读。例如把"呼声"读成"夫声",把"乏力"读成"蛤力"。

f、h 的差别在于气流的阻碍部位上,f 是上齿和下唇的阻碍,h 是舌根和软腭的阻碍。

2. 韵母辨正

(1) 前鼻音尾韵母和后鼻音尾韵母

在一些方言中,对这二类韵母分不清楚,尤其是 en 和 eng、in 和 ing 不分。例如南京话、长沙话把后鼻音都读成前鼻音;上海话、昆明话、兰州话、桂林话把大部分后鼻音读成前鼻音,如把"幸福"读成"信服","清净"读成"亲近"等;广西灵川话和西北方言中不少地区把前鼻音大多读成后鼻音,如把"新闻"读成"腥瓮",把"不信"读成"不幸"等。

分清 n 和 ng,注意发韵尾 n 时舌头向前运动,舌尖抵住上齿龈;发 ng 时舌头向后运动,舌根抵住软腭,除阻时都不发音。

(2) i 和 ü

有些方言没有撮口呼韵母,i 和 ü 都念成 i,例如昆明话、湖南话、客家话和广西钦州地区方言。在这些地方,往往把"聚会"读成"寄会","比喻"读成"比翼"。

学习发 ü 音,先发 i 音,舌位不动,慢慢把嘴唇拢成圆形发出 ü 音。

(3) o 和 e

有些方言 o 和 e 不分,如东北不少地方把 o 韵母的一些字读成了 e 韵,把"播种"读成"bē 种";西南不少方言中把 e 韵的一些字读成 o 韵,把"盒子"读成"hó 子"。

o 发音时唇形是圆的,e 发音时唇形不圆,注意区别。另外,声母 b、p、m、f 只和 o 相拼,不和 e 相拼(me 除外),不和 e 相拼的还有 j、q、x。

(4) 莫丢 i 和 u

有的方言把韵母中的 i 和 u 丢了,使齐齿呼和合口呼韵母的字变成了开口呼,例如西南方言往往把"鸟(niǎo)"读成"nǎo","队(duì)"读成"dèi","推(tuī)"读成"tēi"。

普通话里唇音声母及 n、l 与 ei 相拼,其他声母和 uei 拼,要注意这一规律。

3. 声调辨正

(1) 普通话声调

声调就是字音的音高变化。调值指声调的实际读法。五度标记法是用五度竖标来标记调值相对音高的一种方法。普通话有四个基本声调,可以用图表表示如下:

调类	阴平	阳平	上声	去声
调值	高平调 ˥ 55	高升调 ˧˥ 35	降升调 ˨˩˦ 214	全降调 ˥˩ 51
调号	—	/	∨	\
例字	chūn tiān 春　天 huā kāi 花　开	rén mín 人　民 tuán jié 团　结	yǒng yuǎn 永　远 yǒu hǎo 友　好	shèng lì 胜　利 jiàn shè 建　设

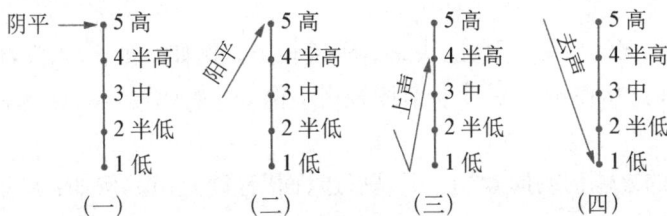

普通话调值竖标图

(2) 变调规律

音节和音节连续发音时,其中有些音节的声调会起一定的变化,叫做变调。在写拼音时习惯上不标变调标原调。

① 上声的变调

a. 上声在上声字前面变为阳平，即由 214 变为 35。例如：党委，小姐，演讲。

b. 上声在原为上声改读的轻声字前面有两种变法：一为变成阳平，即由 214 变为 35，如讲讲、想起；一为变成半上声，即由 214 变为 211，如姐姐，椅子。

c. 连续三个上声字连读，可将最后一个上声字前面的上声字均读为阳平，即由 214 变为 35，也可以按语义分组按上面方法变调。例如：展览馆，小老虎，小组长。

d. 上声在非上声字和原为非上声字改读轻声的字前面改读为半上声，即由 214 变为 211。例如：首都，好多；祖国，彩虹；广大，美术；尾巴，老爷。

② 去声的变调

去声在去声字前改读为半去声，即由 51 改为 53（重读音节仍读去声）。例如：办事，快速。

③ "一、不"的变调

a. "一、不"单念或在词句末尾以及"一"作序数时读原调："一"读阴平，"不"读去声。例如：一，不，万一，十一，来不，第一，一班。

b. 在去声前变阳平，如：一样，不够。

c. 在非去声前，"一"变去声，"不"仍读去声，如：一回，一般，不来，不走，不行。

d. "一、不"夹在词语当中念轻声，例如：来不来，想一想。

（3）声调辨正

普通话有四个声调，而许多方言中的声调不止四个；普通话的调值有平调、升调、降升调和降调，而方言中却与此不完全相同。要讲好普通话，训练时应注意把方言中与普通话不同的声调改为普通话的声调。

4. 轻声与儿化

（1）轻声

汉语中有的音节在一定场合里会失去原调，变成一种既短又轻的调子，叫轻声。

在普通话中读轻声的基本规律是：

① 助词和语气词"的、地、得、了、嘛、啊、呢"等读轻声。例如：我的，走了，去嘛，他呢。

② 名词或代词的后缀"子、儿、头、么"等读轻声。例如：儿子，木头，什么，那儿。

③ 叠音名词和动词的后一个音节读轻声。例如：妈妈，叔叔，姥姥，星星，看看，试试，合计合计。

④ 单音节的方位词或词素"上、下、里、边、面"等读轻声。例如：屋里，桌上，那边，里面。

⑤ 表示趋向的词"来、去、起来、下去"等读轻声。例如：过来，跑进来，冷下去，出去。

⑥ 某些量词"个、头、条"等读轻声。例如：这个，二个，一条毛巾，三头牛。

⑦ 一些双音节词第二个音节习惯上要读轻声。例如：太阳，大夫，耳朵，先生，消

息,干部,西瓜,体面,清楚,便宜,事情,关系,丈夫,客气,风筝。

　　(2) 儿化

　　儿化是指后缀"儿"与前面一个音节的韵母结合成一个音节,并使这个韵母带上卷舌音色的一种现象。儿化后的韵母称为儿化韵。带儿化韵的音节一般用两个汉字表示,注音只需在前一个音节的韵母上加"r"即可。如门儿——ménr,猫儿——māor。

　　儿化韵的发音关键是在上一音节末尾加上卷舌动作发出一个音,而不是先发一个音节再加上"儿"音。

　　儿化可以区分词义,如头(脑袋)——头儿(领导、首领一类);白面(面粉的一种)——白面儿(毒品或白色粉末)。儿化还可以区分词性,如盖(动词)——盖儿(名词),亮(形容词)——亮儿(名词)。

　　儿化还可以表示小、可爱、亲切或轻蔑等感情色彩。例如:小孩儿,小花儿,小草儿,金鱼儿,靠边儿,差点儿,心尖儿,小丑儿。

思考与练习

1. 读准下列词语

第1组

难挡—拦挡	留念—留连	内心—累心
女郎—吕郎	无奈—无赖	难求—篮球

第2组

阻力—主力	资源—支援	三层—山城
祠堂—池塘	桑叶—商业	塞子—筛子

第3组

制度—忌妒	不直—不急	屈伸—出生
酬劳—求劳	大使—大喜	向来—上来

第4组

飞尘—灰尘	开方—开荒	画廊—发廊
互利—富丽	大亨—大风	护士—富士

第5组

英雄—因循	清静—亲近	战俘—丈夫
担心—当心	简历—奖励	发言—发扬
手腕—守望	管饭—广泛	身世—声势
门牙—萌芽	轮子—笼子	春天—冲天
人群—人穷	勋章—胸章	

第6组

比喻—比翼	伴侣—办理	大鱼—大姨
分区—分期	防御—防疫	渔民—移民

第 7 组

拨款　播音　坡度　湖泊　压迫　博学　模范　魔鬼　佛教　佛经　默契　破坏

第 8 组

吊桥　娇小　优秀　流油　归队　嘴碎　奇怪　坠落

第 9 组

许多　奖杯　祖国　口型　讨论　美丽　尾巴　躲着　友好　许久　勇敢者　古典舞

第 10 组

一边　一半　万一　初一　一板一眼　一五一十　不安　不甘寂寞　不共戴天
说一不二　一不做二不休

2. 朗读下列绕口令

(1) **画 凤 凰**

　　粉红墙上画凤凰，

　　凤凰画在粉红墙，

　　红凤凰，

　　粉凤凰，

　　粉红凤凰，

　　花凤凰。

　　　　　　(f、h)

(2) **葡 萄 皮 儿**

　　吃葡萄不吐葡萄皮儿，

　　不吃葡萄倒吐葡萄皮儿。

　　　　　　(b、p、t)

(3) **蓝 布 棉 门 帘**

　　有个面铺面朝南，

　　门上挂着蓝布棉门帘，

　　摘了蓝布棉门帘，

　　面铺面朝南，

　　挂上蓝布棉门帘，

　　面铺还是面朝南。

　　　　　　(n、l、m)

(4) **漆 匠 和 锡 匠**

　　七巷一个漆匠，

　　西巷一个锡匠，

　　七巷漆匠偷了西巷锡匠的锡，

　　西巷锡匠偷了七巷漆匠的漆。

　　　　　　(j、q、x)

(5)　　**老爷堂上一面鼓**

　　老爷堂上一面鼓，

　　鼓上一只皮老虎。

　　老虎抓破堂上的鼓，

　　拿块破布往上补。

　　只见过破布补破裤，

　　哪见过破布补破鼓？

　　　　　　（g、k、h）

(6)　　**子、词、丝**

　　四十四个字和词，

　　组成一个子词丝的绕口令。

　　桃子李子梨子栗子橘子柿子槟子榛子，

　　栽满院子村子和寨子。

　　刀子斧子锯子凿子锤子刨子尺子，

　　做出桌子椅子和箱子。

　　名词动词数词量词代词副词助词连词，

　　写成语词诗词和唱词。

　　蚕丝生丝熟丝缫丝染丝晒丝纺丝织丝，

　　自制粗丝细丝人造丝。

　　　　　　（z、c、s）

(7)　　**练字音儿**

　　进了门儿，倒杯水儿，

　　喝了两口儿运运气儿，

　　顺手儿拿起小唱本儿，

　　唱一曲儿，又一曲儿，

　　练完了嗓子我练嘴皮儿，

　　绕口令儿，练字音儿，

　　还有单弦牌子曲儿，

　　小快板儿，大鼓词儿，

　　越说越唱我越带劲儿。

　　　　　（儿化韵）

(8)　　**相声《报菜名》节选**

　　蒸羊羔、蒸熊掌、蒸鹿尾儿、烧花鸭、烧子鹅、卤煮野鸭、酱鸡、腊肉、松花、小肚、晾肉、香肠；什锦酥盘、熏鸡、白肚儿、清蒸八宝鸭、江米酿鸭子；罐焖鸡、罐焖鸭、山鸡、兔脯儿、菜蟒银鱼、清蒸哈什蚂；烩鸭丝、烩鸭腰、烩鸭条、清拌鸭丝；焖黄鳝、焖白鳝、豆腐鲇鱼、锅烧鲤鱼、清蒸甲鱼、抓炒鲤鱼、抓炒面鱼、软炸虾腰、软炸鸡;炸白虾、炝青虾、炸面鱼、炝竹笋、汆银鱼、溜黄菜、芙蓉燕菜、炒虾仁、烩虾仁、烩银丝、烩海参、烩鸽蛋、炒蹄筋;蒸南瓜、酿冬瓜、炒丝瓜、酿倭瓜、焖鸡掌、焖鸭掌、溜鲜蘑、溜鱼肚儿、溜鱼骨儿、溜鱼片儿、醋溜鱼片儿、三鲜苜蓿汤;红丸子、白丸子、苏造丸子、南煎丸子、干炸丸子、软炸丸子、三鲜丸子、四喜丸子、葱花儿丸子、豆腐丸子;一品肉、马牙肉、红焖肉、白片肉、樱桃肉、米粉肉、坛子肉、炖肉、大肉、松肉、烤肉、酱肉、酱豆腐肉;烧羊肉、烤羊肉、涮羊肉、五香羊肉、煨羊肉;汆三样儿、爆三样儿、清炒三样儿、白煨杂碎、三鲜鱼翅、栗子鸡、红烧活鲤鱼、板鸭、童子鸡。

第二节　朗诵与态势语

一、朗诵技能

朗读,是指清晰响亮地把文章念出来,它要求朗读者发音准确,口齿清晰,声音响亮,不能漏读、添读、倒读或读破词句等。朗诵是指在大声地诵读作品时,把作品中的感情表达出来。可见,朗诵以朗读为基础,其要求也比朗读高出许多。因此要想朗诵好,首先得充分地熟悉和理解作品内涵,其次朗诵时要恰如其分地处理好不同内容中不同感情的表达以及各种不同技巧的运用,最后通过反复练习使自己的朗诵声情并茂。朗诵技能是一种综合能力,它包括普通话发音能力、理解作品的能力和语调处理能力等。语调指的就是句子的停顿、声音的轻重快慢和高低的变化,通过语调处理使有声语言表达出文章的感情。下面分说如何处理语调。

1. 确定重音

在词重音中,复音词有习惯性的固定的重音格式,如木头、朗读。在语句重音中,一种是语法重音,指句子里某些语法成分常要重读,如谓语主要动词、表性状和程度的状语、表结果或程度的补语等;另一种是逻辑重音,指句子中需要突出或强调的词语要重读。

如:在下面这句话中,突出强调不同的词语使句子有了不同的所指:

今天我值班。(明天我就不值班了)

今天我值班。(是我不是别人)

今天我值班。(我的工作是值班)

2. 确定停顿

(1) 在标点符号处的停顿。在不同的标点符号处停顿时间是不同的:顿号最短,逗号较长,分号又比逗号长,句末的句号、问号、感叹号等比分号长,章节段落之间更长。冒号一般比分号长,比句号短。省略号和破折号处也要有一定的停顿。

(2)逻辑停顿。指在没有标点处为突出某一事物、强调某一观点、表达某一感情而作的停顿。有时停顿位置不同,语句的意思也不同。

例如:您了解/我不了解?(您知道的我不知道)

您了解我/不了解?(您对我是否了解)

3. 确定语速

朗诵中语速的快慢变化对于表情达意十分重要,处理好了能使朗诵形成节奏,富有感召力。确定语速的原则有:

(1)激动、欢快、慷慨激昂、热情奔放的时候,要快一些。

例如:曾记否,/到中流击水,/浪遏飞舟。

——《沁园春·长沙》　毛泽东

又如:那就让我们去努力吧!拆掉所有挡住数学光彩的高墙,去揭示一个个神奇的数学之谜。只要数学属于我们,那么,宇宙的未来也就属于我们。

——《数学的光彩》　贺　红

(2)痛苦、悲伤、情绪低沉、抒情的时候,要慢一些。

例如:秋天,无论在什么地方的秋天,总是好的;可是啊,北国的秋,却特别地来得清,来得静,来得悲凉。

——《故都的秋》　郁达夫

又如:"鲜花掩盖着志士的鲜血"——多么平常而又触目的形象!在同一片土地上,过去的时间过去了,过去的血迹消失了,现在是鲜花,一大队孩子结队而来白衣胜雪——他们是幸福的……

——《五月的鲜花》　李　皖

(3)同一篇(节)诗文,语速一般应有变化。

如下面这段文字:

走出书店的大厅,上首有一个螺旋形楼梯,沿梯而上,相衔之处是一个宽大的平台,原来我已经到了城堡的最高处,海伊城尽在眼底。城堡在海伊城的中心地区,将城一分为二,小山丘的另一侧有一个半月形广场,广场周边是宽大的、色泽古朴的都铎式建筑物,两条呈之字形的街道与广场相连接,一直伸向远方。

——《书城断忆》　洪作稼

初读感觉此段为写景文字,舒缓流畅,只需慢速即可。但这一自然段一个速度下来一定单调乏味。细细品来"原来我已经到了城堡的最高处,海伊城尽在眼底"应充满惊喜,故应提速快读。结尾处视野宽阔,可以用中快速来读,所以整段读速可处理为慢—快—中快,显示出跌宕与层次,使朗诵更有表现力与美感。

4. 确定句调

句调是指整个句子语音高低的变化。常见句调有四种,用于表达不同的语气。

（1）升调，调子由平升高，常用来表示反问、疑问、惊异、号召等语气。

例如：让我们张开双臂，热烈地拥抱这个春天吧！

这事儿是他干的？

（2）降调：调子先平后降，常用来表示肯定、感叹或请求等语气。

例如：请你一定来。

他决不会甘于落后。

（3）平调：调子始终保持同样高低，常用来表示严肃、冷淡或叙述等语气。

例如：请不要在会场上吸烟。

天刚亮，他就起床了。

（4）曲调：调子升高再降，或降低再升，常用来表示含蓄、讽刺或意在言外等语气。

例如：是他干的，╱除非太阳从西边出来。╲

处理语调是朗诵之前要做的一项复杂的工作，我们要从各个方面进行分析，将语调确定下来，必要时标注在文中，反复练习，以求最佳的朗诵效果。

二、态　势　语

1. 态势语的含义及其作用

态势语是指有声语言之外说话者的表情、姿态、动作等形体表现所传达出的信息，也叫"体态语言"、"形体语言"或"无声语言"。

态势语的作用有：

（1）传递信息。态势语可以表达在一定的场合不便或不能直说的意思。如《鸿门宴》中"范增数目项王，举所佩玉玦以示之者三"就是讲范增在鸿门宴上以眼神给项羽示意，并用拿起自己佩挂在胸前的玉玦的动作来告诉项羽应该杀掉在座的刘邦。又如，对冗长枯燥的讲话不耐烦又不便明说时可以用环顾左右、看表、打哈欠等动作示意，使对方领会而又不致窘迫。

另外，在一定的环境中，含情脉脉、捶胸顿足、绘声绘色、拂袖而去等都能传达特定的感情和信息内容，甚至不需要有声语言的帮助。拥抱、握手、作揖、鞠躬、跪拜……这些不同时代的礼节中也都有一定的情感含义。

（2）补充强化口语信息。态势语是一种辅助性的表达手段，一般情况下总是伴随有声语言来使用的。人们在进行口语交际的同时，自觉地使用态势语，是为了使口语表达的内容更明确、更准确、更有力。

2. 态势语的运用方法

（1）表情。据研究，人们依靠面部的口、眼、肌肉等部分的运动变化所构成的表情，可表达十种基本含义：愉快、惊奇、恐惧、愤怒、悲伤、厌恶、轻蔑、感兴趣、迷惑不解和刚毅果断。在日常的工作学习生活中，我们都会自然地用表情流露出内心的感受，所以在有意识地运用态势语加强表达效果时，首先应在内心中蕴育深厚强烈的感情或感觉，以求表情自然达意。

　　在构成表情的各部分器官中，较为重要的是眼睛，"眼睛是心灵的窗户"。在台上讲话时，眼睛应略向下平视，目光要自然、亲切、大方，一般不要盯住一个人看，也不要过快移动目光。在与别人交谈时，要不时地看着对方的脸，表示自己对谈话的关注。并随谈话内容的变化恰当地用眼睛表示愉快、惊奇、同情、关切等感情。一般说，交谈时眼睛正视表示庄重诚恳，斜视表示轻蔑，环视是与听众交流，凝视表示专注，漠视表示冷淡……我们可以根据口语表达的不同内容选择不同的眼光，以加强表达的效果。

　　(2) 动作。动作包括身体各部分的运动，在口语交际中它可以表达或辅助表达很多的内容，动作中主要的是手势、头的动作等。

　　手势由手指、手掌、拳头和手臂的不同形状构成。手势根据表达内容的不同可以分为四种类型：象形手势，如比划圆、长等形状；情绪手势，如捶胸表悲痛，举起双手表示高兴；指示性手势，如数指头表数目，用手指指向一个人表示所指是谁；象征性手势，如挥手向前表示号召。

　　手势往往和有声语言同步发出，以加强表现力。在运用手势时，一定要大方潇洒，干净利索。下面列举一些通常使用的手势及其对应表达的含义，供大家参照。

　　手心向上，手掌前伸，胳膊微曲——表示恭敬、请求、欢迎、赞美等。手掌向下压，臂微曲——表示反对、否定、制止等。两手掌由合而分——表示消极、失望、分散等。两手掌由分而合——表示团结、联合等。翘大拇指——表示称赞、崇敬、钦佩等。五指收拢——表示集中力量、团结等。用食指或中指指点——表示强调、指代、斥责。手指逐一屈伸——表示数目、次序等。高高举拳——表示坚决拥护、强烈反对、严重警告等。拳头向下捶击——表示愤怒、决断等。

　　说话时，一般而言，点头表示肯定、亲近、谦虚；摇头表示否定、不信任；微仰表示自信、坦诚；垂头表示悲痛、悔过；转过头表示回避、掩饰。

　　在特殊的场合或在不同的民族地域中可能有一些动作有特定的意思或忌讳，需要调查了解并做到入乡随俗。除了我们列举的之外，在运用过程中也可以对别人的态势加以借鉴并有自己的发挥发展。

　　姿态指说话时的站姿、坐姿和动态等态势。我们应该注意的是，在正式或一般场合讲话或交谈，站立时两脚分立稳重自然，能反映出你的自信且显得精神；而弯腰弓背、东摇西晃，手足无措则会显得你萎靡颓废或底气不足。坐着时腰背挺直稍向前倾，能体现出你的谦恭和亲切；而昂首后仰、高翘大腿、手脚晃动则反映出你的傲慢无礼或心不在焉。动态指说话时身体移动的姿态。我们配合说话的动态应以自然得体、稳重大方为宜。

　　如果各个方面的形体表现在实际运用中都互相协调、自然和谐，同时，说话者的服饰打扮也得体，就能很好地反映出他个人的气质修养，其语言也会显得有分量了。

思考与练习

1. 参照《幽深秀丽的巫峡》(节录)朗诵句调标注的提示,朗诵这篇解说词。

幽深秀丽的巫峡(节录)
——《壮丽的三峡》之一

　　有人说,游览长江/而没有到三峡,就等于白跑一趟。这样说/虽然有点夸张,却也不失为经验之谈。川江两岸尽管也有山,也算峡谷,可是总觉得/舒缓有余,变化不足。只有在三峡/这条天然的艺术长廊里,才能饱赏/一幅幅神笔绘成的山水画卷,谛听一曲曲/万籁交响的乐章。

　　古往今来,人云亦云,都说巫峡的特点/是幽深、秀丽。要问为什么,不一定都能回答。可是只要你游览三峡时,不是浮光掠影,而能够细心观察,就一定/有同样的体会,它,峡长弯多,迂回曲折,船行峡中,视线之内/总是苍山紧逼,好像到了尽头,等到临近弯道时,向前看去,又是一番境界。这样周而复始,使人远近莫测,就显得/特别幽深。它,山高峰多,云雾缭绕,一座座青峰/在茫茫云海中/时隐时现,变幻无穷,这才使人/有秀丽之感。

　　唐代诗人元稹,一生写了大量的诗,其中/有两句名诗是:"曾经沧海/难为水,除却巫山/不是云。"这两句名诗,由于含义深刻,已成了人们/乐于引用的名言。意思是说:见过大海的人,无论多大的江河,他都不放在眼里;看过巫山的云烟变幻,再好的云彩也不屑一顾。那飘浮在巫山十二峰上的白色气体,似烟非烟,似云非云,从空中鸟瞰,巫山群峰真好像是大海中的孤岛。

　　附:句调标注符号表

轻读	重读	慢速	快速	短停	高升调
△	·	～	—	/	↗
降抑调	曲抑调		拉长音	连读
↘	降扬	扬降	—	⌣
	↘↗	↗↘		

2. 朗诵下面三则诗文。

　　要求:① 理解文(诗)意。

　　　　　② 确定重音、停顿、语速、句调。

　　　　　③ 读准确字词,读出感情。

　　　　　④ 反复朗诵,可以先分小组朗诵,然后由小组推荐优秀者在全班同学面前朗诵。

(1) **天上的街市**

郭沫若

远远的街灯——明了，
好像是闪着无数的明星。
天上的明星——现了，
好像是点着无数的街灯。

我想那缥缈的空中，
定然有美丽的街市。
街市上陈列的一些物品，
定然是世上没有的珍奇。

你看，那浅浅的天河，
定然是不甚宽广。
那隔着河的牛郎织女，
定能够骑着牛儿来往。

我想他们此刻，
定然在天街闲游。
不信，请看那朵流星，
是他们提着灯笼在走。

(2) **和时间赛跑**

林清玄

读小学的时候(shí hou)，我的外祖母过世了。外祖母生前最疼爱我，我无法排除自己的忧伤，每天在学校的操场上一圈(quānr)又一圈地跑着，跑得累倒在地上，扑在草坪上痛哭。

那哀痛的日子(rì zi)，断断续续地持续了很久，爸爸(bà ba)妈妈(mā ma)也不知道(zhī dao)如何安慰(ān wèi)我。他们知道与其骗我说外祖母睡着了(shuì zháo le)，还不如对我说实话：外祖母永远不会回来了。

"什么(shén me)是永远不会回来呢?"我问着。

"所有时间里的事物，都永远不会回来。你的昨天过去，它就永远变成昨天，你不能再回到昨天。爸爸以前也和你一样小，现在也不能回到你这么(zhè me)小的童年了;有一天你会长大，你会像外祖母一样老;有一天你度过了你的时间，就永远不会回来了。"爸爸说。

爸爸等于给我一个谜语，这谜语比课本上的"日历挂在墙壁，一天撕去一页，使我心里着急(zháo jí)"和"一寸光阴一寸金，寸金难买寸光阴"还让我感到可怕；也比作文本上的"光阴似箭，日月如梭"更让我觉得（jué de）有一种说不出的滋味。

时间过得那么（nà me）飞快，使我的小心眼儿（xīn yǎnr）里不只是着急，而是悲伤。有一天我放学回家，看到太阳快落山了，就下决心说："我要比太阳更快地回家。"我狂奔回去，站在庭院前喘气的时候，看到太阳//还露着半边脸，我高兴地跳跃（tiào yuè）起来，那一天我跑赢了太阳。以后我就时常做那样的游戏，有时和太阳赛跑，有时和西北风比快，有时一个暑假才能做完的作业，我十天就做完了；那时我三年级，常常把哥哥（gē ge）五年级的作业拿来做。

每一次比赛胜过时间，我就快乐得不知道怎么（zěn me）形容。

……

如果将来我有什么要教给我的孩子，我会告诉（gào su）他：假若你一直和时间比赛，你就可以成功！

（3）　　　　　　　难以想象的抉择

沈亚刚　译

巴尼·罗伯格是美国缅因州的一个伐木工人。一天早晨（zǎo chen），巴尼像平时一样驾着吉普车去森林干活（gàn huór）。由于下过一场暴雨，路上到处坑坑洼洼。他好不容易把车开到路的尽头。他走下车，拿了斧子和电锯，朝着林子深处又走了大约两英里路。

巴尼打量（dǎ liang）了一下周围的树木，决定把一棵直径超过两英尺的松树锯倒。出人意料的是：松树倒下时，上端猛地撞在附近的一棵树上，一下子松树弯成了一张弓，旋即（xuán jí）又反弹回来，重重地（zhòng zhòng de）压在巴尼的右腿上。

剧烈的疼痛使巴尼只觉得（jué de）眼前一片漆黑。但他知道（zhī dao），自己首先要做的事是保持清醒。他试图把腿抽回来，可是办不到。腿给压得死死的，一点也动弹（dòng tan）不得。巴尼很清楚（qīng chu），要是等到同伴们下工后发现他不见了再来找他的话，很可能会因流血（liú xiě）过多而死去。他只能靠自己了。

巴尼拿起手边的斧子，狠命朝树身砍去。可是，由于用力过猛，砍了三四下后，斧子柄便断了。巴尼觉得自己真的什么（shén me）都完了。他喘了口气，朝四周望了望。还好，电锯就在不远处躺着。他用手里的断斧柄，一点一点地拨动着电锯，把它移到自己手够得着（gòu de zháo）的地方（dì fang），然后拿起电锯开始锯树。但他发现由于倒下的松树呈45度角，巨大的压力随时会把锯条卡住（qiǎ zhu），如果电锯出了故障，那么（nà me）他只能束手（shù shǒu）待毙了。左思右想，巴尼终于认定，只有唯一一条路可走了。他狠了狠心，拿起电锯，对准自己的右腿，进行截肢……

巴尼把断腿简单包扎(bāo zā)了一下，他决定爬回去。一路上巴尼忍着剧痛，一寸一寸地爬着；他一次次地昏迷过去，又一次次地苏醒过来，心中只有一个念头(niàn tou)：一定要活着回去！

3. 选择教材中的一些课文作练习并进行朗诵测试。

4. 加上态势语读出下列句子。

(1) 我赞美你，太阳！你照亮了人间的道路，照亮了历史的长河，孕育出一部壮美多姿的史诗。

(2) 他的英名和事业将永垂不朽。

(3) 希望各位代表回到乡下去，组织起来，解放自己。

(4) 我叫陈毅，耳东陈，毅力的毅，刚才司仪先生称我将军，实在不敢当，我现在还不是将军。当然叫我将军也可以。我是受全国老百姓的委托，去"将"日本鬼子的"军"，这一"将"直到把他们"将"死为止……

(5) 浪费粮食可耻。

(6) 朋友们，"国家兴亡，匹夫有责"，这匹夫便是我，便是你，便是他。

(7) 四川，古称华阳，又名巴蜀，那里民风淳朴，物阜民康，被人们誉为"天府之国"。

(8) 一个孩子如果在十岁就知道什么是美，他将会一辈子寻求美。

(9) 什么是雄辩？雄辩是指说话时把真实翻译得使对方一听即懂的语言能力。

——美·爱默生

(10) 一切学问没有速成的，尤其是语言。

——傅雷

5. 分别用一句话表示愉快、惊奇、恐惧、愤怒、悲伤、厌恶、轻蔑、感兴趣、迷惑不解和刚毅果断等感情，并加上适当的态势语。

6. 请学生分组进行讲故事练习，要求叙述完整清楚，有较生动的细节和动作描述，态势自然大方。可由各小组推荐同学在全体同学面前讲述。

第三节　听话技能

听话能力和人的文化修养密不可分。

从小到大，我们已经听过很多老师上课。就是同一门课程如语文，也已接受了至少三位以上老师的讲授。大家是否都有这样的体验和感受？几乎每一位老师的讲课方法、水平、特色、效果都各有不同：有的简洁清楚、重点突出，有的啰嗦杂乱、让人一头雾水；有的生动幽默、趣味无穷，有的枯燥乏味、沉闷异常；有的深入浅出，有的玄虚难懂；有的能开启你的心智，带着你渴望知识的魂灵遨游于天际苍穹，有的却会折断你充满想象和好奇的翅膀,让你或昏昏欲睡或战战兢兢或厌世恨生……但是,不管怎么样,你还是得去听去记去背去考,因为你还没有自己选择老师的权力。但是,在你众多的同学中,你会发现总有那么几个,不管面对什么样的老师,他们总是能够力图使自己的听课效果达到最佳。这,就是一种听话的能力。具体地说,我们的听力训练应重在把握:1.注意和理解能力。2.分析和判断能力。3.归纳和组合能力。

首先,我们要在听话时集中注意力,力求能听懂并理解讲话人话语中的重点内容、主要观点和新的精神。其次要会及时地分析判断其弦外之音、深刻内涵以及错误疏漏之所在。然后要学会在听懂和理解的基础上进行整理和组合,把主要和重要的内容信息言简意赅恰到好处地归纳和概括起来。经常进行这样的训练,听话的效率和质量一定会日渐提高。

思考与练习

1. 根据重音的不同位置体会句子的不同含义。
   我听说你去过北京。
   我听说你去过北京。
   我听说你去过北京。
   我听说你去过北京。
   我听说你去过北京。

2. 试根据说话者与听话者不同的身份和关系,分析下面两句话分别具有怎样的目的和意图?
   (1) 天真冷。
   (2) 你可发财了,恭喜你呀!

3. 阅读下面一则事例,回答问题:

   抗日战争胜利后,国共停战谈判时,陈赓挂少将军衔作为解放军一方的代表成员参加谈判。一次,执行部请客,席间几个美国军官指着刚端上桌的西餐:面包、沙拉、牛排和黄油汤,夸耀道:"陈将军,我们美国人的饮食怎么样?""是不错。"陈赓听出了弦外之音,他们无非是想听几句赞扬美国调停的功劳的话。他说着托起面包、沙拉、牛排等的盘底,把它们统统倒进黄油汤盘里,拿起勺子搅了搅,加重语气说:"各位请吧,这不就是你们美国人的吃法吗?"几个美国军官耸了耸肩膀,互相吐了吐舌头……

   请问在这场对话中,美国军官的问话,词面意思是"我们美国人的饮食怎么样?"而弦外之音是什么? 陈赓的回答弦外之音又是什么?

4. 听话传递练习

   由教师说一句话,依次由七至八位学生小声传递。每人在一张纸上写出自己所听见的那句话。传递如有走样,请分析原因。

第四节　口语表达中的思维
素质和心理素质

一、口语表达中的思维素质

　　思维是口语表达的内容，口语表达则是反映思维的一种形式。要提高口语表达能力，就必须先提高思维的敏捷性和灵活性。

　　在许多场合，说话是受时间和机会制约的。如合同谈判、双方对话、即兴讲演、主持节目等。这就要求说话者能快速抓住时机，敏捷地作出反应。否则时机稍纵即逝，一切都将成为"马后炮"。另外，在说话的过程中，情况是会发生变化的。诸如：谈话场合出现新的情形；话题临时改变；自己的发言引起了骚动；因自己的言语不当破坏了现场气氛等等。这就要求说话人有随机应变、机智控场的本领。李燕杰教授有一次演讲时，仓促之间将"中国人民的生活一年比一年好"误说成"中国人民的生活一年比一年差"。话刚出口，台下观众反应异常。这时他不慌不忙，紧接着提出一句设问："难道真是这样吗？不！大量事实驳倒了这种谬论！"这么一说，听众情绪恢复了正常。可见，机敏的应变能力是多么重要。

　　思维的灵活性主要表现在：能在说话时迅速地调整自己，改变观点，讲究策略，接受批评。否则，就是抱残守缺，一成不变。

　　要提高思维的敏捷性和灵活性，一是要博览群书，心中有"货"；二是要加强训练，功到自成。

二、口语表达中的心理素质

　　说话者在口语表达过程中，往往要面对一些意料之外的问题，如厉害生疏的交谈对象，频繁变换的交谈话题，节外生枝的突发事件等等，这些情况容易使年轻人沉不住气而变得情绪紧张、激动、忧虑、胆怯以致语无伦次不知所措。为了改变这种状况，我们就要通过坚持不懈的锻炼，培养自己遇事沉着冷静、思路清晰、应付自如的良好的心理素质。甚至，像那些著名球星和演员如罗纳尔多、陈佩斯一样，实战时的临场发挥要比平时更佳。当然，想达到这种境界，必须要经过艰苦卓绝的锻炼和考验。我们都知道，任何知识的积累，任何能力的提高，都有一个循序渐进的过程，这是客观规律。因此，同学们要想具备良好的心理素质，第一要有决心。要下定决心，不怕被嘲笑，不怕被鄙视，不怕出丑，不怕失败，敢于去练，坚持去练。第二要有信心。要相信只要辛勤耕耘总会有所收获，要相信别人能做好的事情，自己当然能做得好；别人做不好的事自己也能做得好。第三要讲究科学性。有同学说，我平时和朋友吹牛聊天非常能说会道，但一到正经场合嗓子眼儿就卡住了。这里，除了缺少在严肃隆重的氛围下说话的锻炼以外，还有一个原因就是肚子里的文化知识欠缺,底气不足,上场就发怵。如果说,听话能力和人的文化修养密不可分,那么说话能力、说话水平就是人的综合知识、管理水平、修养气质等的综合反映。就如写文章一样,只有你讲出来的话能令人信服、叹服、折服,你的口语表达才算成功了。

所以,良好的心理素质的训练和培养,说话能力的训练和培养,最关键最重要的一点就是要关心世界、关心社会、博览群书、广采众长来充实自己,这一条务必不能忘记。

思考与练习

1. 限时想象练习:

在10分钟内把下列词语连缀成篇,可以虚构情节及补充语句。

雾　无限辽阔　全貌　角落　隐约　轮廓

2. 全班同学每人任意选择四个不相关联的事物(相互之间"跳跃性"越大越好),将其名称分别以间隔号相连,以此为表述话题。每人出一题,交给教师编号,由学生抽签后,登台发表关于该话题的演讲。

例如:厕所·黑豹乐队·导弹·宇宙。

该话题被进行表述的同学冠以《城市变奏曲》串接成文,其要点如下:

(开场白):随着人类文明进程的加速,城市正以越来越快的步伐改变着面貌,而且越变越美,越变越好。

(A) 厕所,曾因其不雅,古今中外无不讳言之。我国古代就有以"更衣"、"出恭"代替"上厕所"的说法,西方也有"到大树林后面去"、"到詹妮姨妈那里去"等不同说法。但随着物质生活水平的提高,综观城市里的厕所设施,已由早先简单挖个坑,到砌成大小便池,到抽水马桶,到现在的半自动、全自动化设施,可谓越来越先进,越来越完备。所以有人说,厕所现在成了城市现代文明发展的一个标志。

(B) 城市文明进步的另一个标志是人们精神文化生活的日益丰富多彩,人们早已不再会一家人坐在一起听妈妈讲过去的事情,也不再会挤到别人家围坐在一台小黑白电视机前静候联欢晚会开始,而是开始追求多层次、多品味的享受,这就有了郭富城的柔情,麦克·杰克逊的疯狂,当然其中也有黑豹乐队的呐喊……

(C) 但是,与文明进步同时存在的,还有社会的另一侧面:战争的阴影。与大多数人民正在竭力加快文明步伐相对立,另一些人念念不忘扩大军备、制造武器,这就使得我们的城市文明实际上还处在毁灭性武器,例如导弹的阴影笼罩之下。

(D) 人类只有一手抓好文明建设,一手抓好战争防御,地球才能真正成为人类的安乐之地。总有一天,人类得以迈出地球,在宇宙中建立太空城,到那时,人类成为宇宙主人的愿望就能得以真正实现。

3. 自信心锻炼

(1) 自己冷静地走上讲台,要求做到目中无人,并用眼光扫视一下全场。

　（2）敢于用眼睛直视别人的眼睛。

　（3）旁若无人地大声朗读一段文章。

4. 情景练习

　（1）你在与众人交谈时，特别是你在讲话时，如果有人说："说的真虚伪。"你该怎么办？

　（2）在你演讲时，如果有人鼓倒掌，你该怎么办？

5. 如果让你讲一段话为即将毕业的同学送行，而这些同学的归属并不理想，有的甚至还没找到工作，你该如何讲呢？

阅读
材料1

善使脑筋急转弯

给人台阶

有时遇到意外情况,使别人陷入尴尬境地,这时,你在给别人提供"台阶"的同时,如能采取某些妥善措施,及时为对方面子上再增添一些光彩,那是最好不过的了,会使对方更加感激你。

1961年6月,英国退役陆军元帅蒙哥马利访问中国。在洛阳参观访问时,他曾由中国外交部工作人员陪同,在街上散步。走到一个小剧场,他好奇地闯了进去。台上正在演豫剧《穆桂英挂帅》,蒙哥马利了解到剧情之后,连连摇头,说:"这个戏不好,怎么能让女人当元帅?"

中方陪同人员解释说:"这是中国的民间传奇,群众很爱看。"

蒙哥马利说:"爱看女人当元帅的男人不是真正的男人,爱看女人当元帅的女人不是真正的女人。"

中方人员不服气地说:"我们主张男女平等,男同志办得到的事,女同志也办得到。中国红军里就有很多女战士,现在解放军里还有位女将军。"

蒙哥马利说:"我一向对红军、解放军很敬佩,但不知道解放军里还有一位女将军。如果真的是这样,会有损解放军声誉的。"

中方人员针锋相对地反驳说:"英国女王也是女的。按英国政治体制,女王是英国国家元首和全国武装部队总司令,这会不会有损英国军队的声誉呢?"

蒙哥马利一下给噎住了。

事后,中方人员向周恩来汇报这件事,没想到周恩来严肃地批评说:"你讲得太过分了,你解释说,穆桂英挂帅是民间传奇,这就行了。他有他的看法,何必去反驳他?你做了多年的外交工作,还不懂得求同存异?弄得人家无话可说,就算你胜利了?"

接着,周总理审阅为蒙哥马利安排的文艺节目单,看到没有蒙哥马利最喜欢的杂技和口技,却有一出折子戏《木兰从军》,就说:"瞧,又是一个女元帅,幸亏知道蒙哥马利的观念,不然他会以为我们故意刺激他了。"

随即吩咐撤掉这出折子戏,另外增加杂技、口技等节目。

蒙哥马利体会到了周恩来的用心,周恩来的安排平息了蒙哥马利的怨气,使他挽回了面子,两人的友谊与两国的友好关系同时也加强了。

在"外交无小事"的严肃的外交场合尚且需要注意"面子"问题,可见其他场合又是如何了!

顺 势 牵 连

据说 60 年代初期,某一外国贵宾来我国访问,在上海市参观期间,东道主为他举办了招待宴会。

宴会上使用的酒杯是一套价值连城的九龙杯,其形古朴苍劲,玲珑剔透,特别是龙口上那颗光耀夺目的明珠更是巧夺天工。客人被这精美而又珍贵的艺术品深深吸引住了,拿在手上仔细欣赏,赞不绝口,啧啧称奇。

也许是由于饮酒过多,他竟将一只九龙杯有意无意地顺手装进了自己随身携带的公文包。我方陪同人员见状后,说也不是,不说也不是,直接索要不太礼貌,甚至还会影响到两国的关系,眼见客人夹起公文包兴冲冲地离去。

有关人员及时将这一情况向当时正在上海视察工作的周恩来作了汇报。周恩来听后指示道:"九龙杯是我国的稀世珍宝,一套 36 只,缺一岂不可惜?不能就这样让他轻易拿走,当然追回也应采取最为合适的办法。"当周总理得知这位贵宾将要去观看杂技表演时,思忖片刻,心生一计,便把有关人员召来,如此这般吩咐了一番。

晚上,明亮的表演大厅里笑语欢声,热闹非凡,精彩的杂技表演令观众如痴如醉。特别是那位贵宾,被中国演员精湛的技艺所折服,一个劲地热情鼓掌。

台上表演正当高潮,只见一位魔术师轻步走上舞台,很潇洒地将三只杯子摆放在一张桌子上,观众定睛一看,原来是奇光耀眼的九龙杯。再看魔术师举起手枪,朝九龙杯扣动扳机,随着一声枪响,转眼间那三只九龙杯只剩下了两只,另一只不知去向,观众们兴趣热烈,既为魔术师的技艺叹服,又都在纳闷:那只九龙杯到底去了什么地方?

这时，那位魔术师对观众说道："观众朋友们，那只杯子刚才被我一枪打进了坐在前排的那位尊贵客人的皮包里了。"说完，便轻步走下台来，对那位贵客欠身道："先生，能打开您的包吗？"贵客明知是计，但不好作声，便从包里将九龙杯取了出来，当他看到满场的观众都在热烈地鼓掌时，也高兴地笑了起来。

将 计 就 计

一个数学教师刚走上讲台，同学们忽然大笑起来，他莫名其妙。坐在前排的一位女生小声对他说："老师，你的扣子扣错了。"

教师一看，果真第四颗扣子扣在了第五个扣眼里。局面有些尴尬，这位教师迅即煞有介事地对学生们说："老师想心事了，急急忙忙赶着和你们——来——相——会。不过，这也没什么好笑的，昨天我们有的同学做习题时，运用数学公式就是这样张冠李戴的。"这位老师先是用幽默的语言为自己解了围，紧接着，又顺势把这意外事件和学生的学习情况联系起来，借此作比，指出了学生学习中的类似错误，既显得自然，语言又形象，很快解除了尴尬的局面。

顺势牵连的应急艺术确能有效地使人从困境中摆脱出来，但必须注意"牵"得要自然，"连"得要巧妙，不能牵强附会，否则，会弄巧成拙。

随 机 应 变

一次智力竞赛抢答会上，主持人问："三纲五常中的'三纲'指的是什么？"一名女生抢着答道："臣为君纲，子为父纲，妻为夫纲。"在慌忙中她把三者关系颠倒了，引起哄堂大笑。

女学生意识到这一点后，立刻补充道："笑什么？这说的是新'三纲'。"她接着解释说："现在，我们国家人民当家作主，是主人，而领导者，不管官有多大，都是人民的公仆，这不是'臣为君纲'吗？当前国家实行计划生育政策，一对夫妇只生一个孩子，这孩子都成了父母的'小皇帝'，岂不是'子为父纲'吗？现在，许多家庭中，妻子的权力远远超过了丈夫，'妻管严'、'模范丈夫'遍地流行，岂不是'妻为夫纲'吗？"

话音未落，同学们对她的这种应变能力报以热烈的掌声。

从上例中可以看出，如能巧妙地随机应变，对突然出现的变故作一番别出心裁的解释，不失为是挽救危局、变逆势为顺势的一个良策。这不仅需有机敏冷静的头脑,还要有渊博扎实的知识做基础,平时须多积累,以备不时之需。

原 物 奉 还

孔融 10 岁那年,有一次到李膺家作客,当时在场的都是些社会名流,孔融应答如流,得到宾客们的称赞。但有一位叫陈韪的大夫却不以为然,讥讽地说:"小时候聪明,长大了未必也聪明。"孔融立刻回答道:"我想先生在小时候一定很聪明吧?"

把对方射过来的"炮弹"又原样弹了回去。

作答的语言一般都带有明显的嘲弄味和讽刺味,通常是由对方出言不逊、讽刺挖苦所引起的,这样的语言表达方式一般出现在不友好的两方之间,是答方对不礼貌的问方以牙还牙式的回敬。

但"即兴回答"的语言艺术用途并非局限于此,分寸掌握得当,也可用于友好的朋友间和亲切的氛围中。

我国著名歌唱家关牧村出国演出,在英国的一次酒会上,主人风趣地说,关牧村的歌喉太迷人了,要用他们的市场交换她,关牧村立即也用玩笑的方式回答道:"实在对不起,我只能把歌声留给你们,因为临来时,我把心留在祖国了。"巧妙的回答赢得了掌声笑声,也更融洽了宾主间的感情,增进了双方的友谊。

关牧村也是用对方的讲话方式来回答对方的问题,但在语言表达上和前例有着明显的区别:一是语气不同,二是感情色彩不同。第一例的答语带有明显的讥讽嘲弄味,第二例关牧村的答语则诙谐幽默。因此,它们所显示的效果也完全不同。可见,分清场合、对象,视具体情况采用与之相适应的语言表达方式,是运用"即兴回答"的语言艺术时必须予以注意的。

一 语 双 关

第二次世界大战期间,英国首相丘吉尔到华盛顿会见美国总统罗斯福,要求美国共同抗击德国法西斯,并给予物资援助。丘吉尔受到热情接待,被安排住进白宫。

一天早晨,丘吉尔躺在浴盆里,抽着他那种大号雪茄烟。门突然开了,进来的是美国总统罗斯福,丘吉尔大腹便便,肚子露出水面……

两位世界名人在此相遇,都非常尴尬。丘吉尔扔掉了烟头,说:

"总统先生,我这个英国首相在您面前可真是一点也没有隐瞒。"

说完两人哈哈大笑起来。丘吉尔这一句风趣幽默又语带双关的话,不仅使双方从尴尬的情景中解脱出来,而且借此机会再一次含蓄阐述了自己的观点和目的,意外地促进了谈判的成功。

倒 打 一 耙

美国一家电视台在华采访知青出身的作家梁晓声,现场拍摄电视采访节目,采访进行一段时间后,记者让摄像停了下来。记者对梁晓声说:"下一个问题,希望您做到毫不迟疑地用简短的字,如'是'或'否'来回答。"梁晓声点头认可。摄镜板"啪"的一声响,记者的录音话筒立刻就伸到梁晓声的嘴边,问:"没有文化大革命,可能也不会产生你们这一代青年作家,那文化大革命在你看来是好是坏?"梁晓声略为一怔,没有料到对方的问题竟如此之"刁",但立即镇静下来,随即反问道:"没有第二次世界大战,就没有因其作品反映了第二次世界大战而著名的作家,那么您认为第二次世界大战是好是坏?"美国记者不由一怔,摄像机立即停止了拍摄。

在人际交往中,有些问话,既不能如对方所愿,作出明确的答复,又不能拒绝不答,陷于进退两难之中。这时最有效的办法,就是循着对方提出的问题的轨迹,反口诘问,迫使对方自己解答。不仅可以达到回避难题的目的,还可转被动为主动。

(选自《中外书摘》2000年第2期上官智编著的《老狐狸智慧经》)

阅读
材料2

从语言出发谈幽默

从语言上看幽默的产生、演变和发展最清楚了。婴儿出生是不会说话的。他学习语言的第一课是"妈妈"。这可说是世界语,中国和许多外国都一样,是母亲教的。第二课是"奶奶",或别的两个"音",是吃奶的意思,然后是"嘘嘘"之类表明撒尿的意思的词。以后课程多了,会说:"我饿了"、"我要撒尿"、"要拉屎"、"我还要"……都直言无隐,想什么就说什么。

长大上学了,有些话就不直说了,开始用文明说法,如,不说"拉屎"、"撒尿",改说成"大便"、"小便","出恭","上茅房"。再往后,"茅房"改叫"厕所",现在更文明,叫"洗手间"了。人在接待宾客,客人问起他父亲来,现在谁还这样说:

"我爸爸上茅房去啦,撒泡尿就回来。"

那多丢人啊!

中国是文明古国,语言很讲究。四十多年前,即使文化程度不算高的人,初次见面时的对话也不一般:

"您贵姓?"

"鄙姓王。"

"台甫?"

"小字德旺,请教您贵姓?"

"免贵姓李,小字福升。您府上?"

"山东,济南。"

现在有的人说话就差了:

"你姓什么?老家在哪儿?今年多大啦?"像和小孩子说话那样,使人感觉教养不足。其实,这都是想到什么就说什么,不加修饰的大实话。可在社会交际场合中,说话和穿衣戴帽一样,不能不有所讲究,摆出身分,让人看得起,办事也方便。小孩子少不更事,在家里无求于人,光屁股到处跑,说大实话,不需修饰。一到成年,特别是在恋爱期间,不仅衣装讲究,语言也得修饰一番,这是社会生活和文化发展自然促成的进化。可以想象,在原始社会,人们之间交往,语言无非是大实话:

"走,打鱼去。"

"回来,吃啊。"

"拉完屎再走。"

东汉时赵晔所著《吴越春秋》中所录一首《弹歌》:

断竹,续竹,

飞土,逐肉。

注:飞土:射出弹丸。

逐肉:猎取鸟兽。

连专用词都没有。射出弹丸叫"飞出个土块",猎取鸟兽叫"去追赶肉",可见原始语言之简单粗糙。那时就不会有什么幽默,不像现在小孩子都会说些俏皮话:"吃冰棍儿拉冰棍儿——没话(化)","屎壳郎搬家——滚蛋!"

待文化发展,便有了文字,开始也不过如此,后来才知道有修饰的必要,见了部落头目,说话要小心。再以后还要有所避讳,不能说"死"、"病",要说成"故去"和"去世","欠安"和"不舒服"。皇上死了说"驾崩"、"晏驾",大官死了叫"薨"等等。

我童年是在广东农村度过的,后来到北京上学。有一年回乡间,遇到多年未见的一位村里大姐,问她近况,她说:"我做客人了。"一听我明白,她出嫁到外村了。

那时乡下人没那么开放,不好意思说"出嫁",也还不兴说"结婚"。几十年前妇女称丈夫为"孩子他爹","我们家那口子","我们家掌柜的",刚解放时还称"我们家职工"呢。男人则称妻子为"孩子他妈","家里的",后来才称"爱人"。其实这都是拐着弯说话,也就是曲折说法。"孩子他爹"不就是借孩子来绕个弯,让人明白她和他的夫和妻的直接关系吗?有人来向你借钱,你不想借,或实在无钱可借,不便说"不借",免伤和气,怎么说呢?"对不起,这些日子不大方便。"这是因为说"没钱"不行,没钱还能买粮食吃饭,谁信啊?说"钱少"也不行,碍于交情。于是就想出个笼统的词儿"不方便",让人一想就明白是有困难的意思，就不好再说下去了。这也是一种曲折用语，是为世情所迫，不能不这样说的。

还有带游戏性的说法，给人取外号，叫"胖子"、"大鼻子"，属另一种曲折语。我初到北京上高小，北京话说不好，同学喊我"小广东"。我母亲是填房，我是她生的老大，喊"妈"，我姐姐喊她"娘"，因此亲友都叫她"娘娘"，其中也带戏称语气。我母亲很和善，脾气好，人爱和她开开玩笑。姑娘十六岁，还拐个弯说她是"年方二八"呢。

人的文化水平提高了，说话、写文章就有了更进一步的修饰，还引经据典：看惯了说"司空见惯"，不及格称"名落孙山"，什么"礼尚往来""盖棺论定""滥竽充数""近水楼台"之类的词儿，也都成了通用语。说白话也带"上贼船""拖人下水"之类的曲折话。为强调语气或易于理解，一般人还好用形象化的语言，"不干"说"躺倒不干"，"哭"还说成"哭鼻子"呢。

语言用熟了，熟能生巧，在曲折语言中还含有深一层的意思。有的是不便直说的意思，如说某人"手不大干净"，一听就明白，其中有隐情，或偷或受贿。为犯错的人缓颊，会说："老虎也有打盹的时候。"有的是表明一种普遍性的人情世态，如说："哪里不浇油，哪里不滑溜。""谁家都有一本难念的经。"这些话里就有深一层的含意，小孩子和阅历浅的人，是听不明白的。

人都喜欢游乐，爱玩笑。亲朋好友之间会互开玩笑，好诙谐的人，爱说有趣的话，语言更加灵活，更多曲折含蓄，还会用巧。一用巧，会令人惊奇，觉得有趣可笑，耐人寻味。在报上看到一位领导干部在会上的发言：《空城计》你也想去弹琴，《过五关》你也要去扛青龙偃月刀，什么事你都自己出面，那咋中！"人听了非乐不可，语言效力要比直说大得多。可笑又有内涵，这种语言方法，人就称之为"幽默"。

在日常生活中，人就喜欢说些曲折、带点幽默的调侃话，回家说："打道回府"，种地称"修理地球"，理发叫"修理门面"。为什么说带点幽默呢？因为刚一听觉得有趣可笑，而又都是有内容的话。至于为什么可笑，这问题以后谈。像这类逗笑的说法很多，一般流行的俏皮话如"骑驴看唱本——走着瞧"，"耗子尾巴熬汤——油水不大"已成为常用语了。"西瓜皮钉马掌——不是块料""老虎屁股——摸不得"，这里面带着挖苦，也就是讽刺的意思。这讽刺话听着可乐，有幽默感。在所谓"文化大革命"期间，就流行这类讽刺的俏皮话如"猴儿屁股——自来红"，"土地爷放屁——神气"。北京市民还有这样的俏皮骂人的话："面汤锅里煮皮球——说你混蛋你还一肚子气！"

　　在相声表演中常用这种俏皮话取笑。"俏皮"就包含了滑稽，是巧用修辞，巧用比喻、夸张、双关等造成的效果。

　　曲折用语的发生，都有一定的必然性，不是无缘无故冒出来的。有许多还是生活逼出来的，不那样说就会吃亏。有时迫于无奈，加上一时的机智用巧，还会出现幽默用语。报载：一位局长到一家宾馆检查工作，问职工为什么宾馆工作做不好。职工说："老鼠太多。"局长说："老鼠多，下药嘛！"职工回答："老鼠太大。""有多大？""像人那么大。"引得哄堂大笑。局长一听就明白，这是说宾馆中各种各样的偷盗活动多，涉及人不止一两个，在当时条件下不便直说，又不能不回答局长的提问，只好用曲折语法说"老鼠多"，局长接着问下去，只能作如上回答了。

（选自《中外书摘》1999 年 11 期《方成谈幽默》，作者方成）

硬笔书写

与

文面知识

181

实 用 语 文

第一节　硬笔书写入门

一、钢笔书写的历史

书法工具中,与毛笔相对而言,钢笔、铅笔、圆珠笔、水笔、粉笔以及其他各种用硬质材料制成的笔,统称"硬笔"。钢笔则是硬笔家族中的代表者。

钢笔的历史不长。1829 年,美国人詹姆斯·贝利首次制成蘸水硬笔尖。1880 年,美国人华特曼才成功地制造出世界上第一支自来水笔,距今只有一百多年。但是,钢笔问世后,由于它给书写带来了极大的方便,很快便风靡全球,成为世界通用的书写工具。

欧美是钢笔的故乡。在那里,各国都建立了不少硬笔书法的组织和团体,经常举办硬笔书法展览。在日本,早在 1887 年,就开始在中小学普及书法教育。在港澳,在东南亚和巴基斯坦,钢笔书法早就受到相当的重视。港澳、新加坡、马来西亚等都专门举办过钢笔书法展览。巴基斯坦堪称是个钢笔书法的艺术王国,那里的许多报刊,全是用钢笔书写后影印出版的。那些书写者被誉称"卡提布",也就是"钢笔书法家",是一种受到尊崇的光荣职业。

钢笔书法在我国大陆起步较晚,20 世纪 80 年代以后,才受到人们的重视。其先行者庞中华等人功不可没。不久,钢笔书法的组织就如雨后春笋般成立起来,各种赛事不断。重视钢笔书法,成为广大人民的共识。因此,在各级学校的书法教育中,钢笔书法已是不可忽视的重要内容之一。随着科技的发展,工作节奏的加快,人们的书写工具也变得越来越轻快便捷,各种硬笔琳琅满目美不胜收。我们在这里介绍的,就是以钢笔为代表的硬笔书写知识和规范。

二、执　笔　与　姿　势

硬笔执笔有一定的要求:用拇指的前关节和食指的前二节捏住离笔尖约三厘米的笔杆,拇指稍后,中指第一节的侧面在内侧抵住笔杆,无名指和小指依次自然地贴在中指旁,起辅助作用。笔杆向里斜靠在虎口上,虎口成扁圆形。硬笔的执笔要做到指实、掌虚、腕平。食指和中指要着着实实地贴住笔杆,无名指和小指同向掌心弯曲但不扣近掌心,腕要轻轻地贴伏桌面。有些同学将拇指突前,以致中指抵出肿块,是错误的。(附执笔图)

硬笔书写也要注意身体的姿势。有的人写字,故意将纸斜放,俯首弯腰,伏案斜书。这种姿势写出来的字,是不易端正、匀称的。正确的书写姿势是:肩平背直,上身微向前倾,胸部离开桌案,松肩垂肘,臂开足稳,左手按纸,右手握笔在头部正前方书写。在

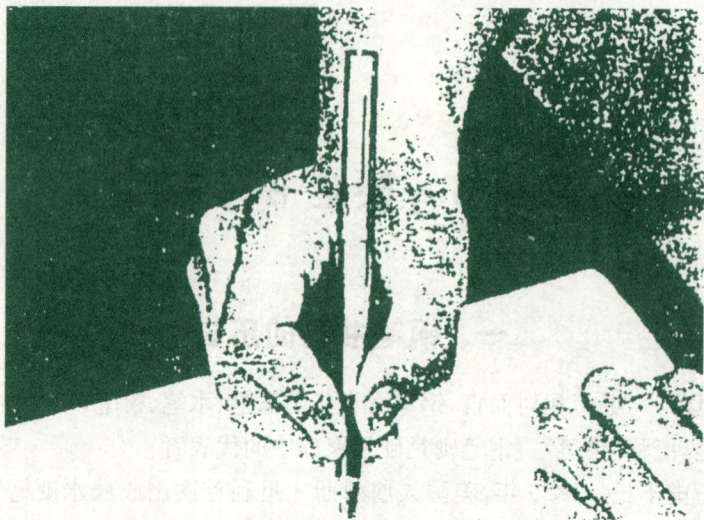

长期实践中，许多教育工作者对学生执笔写字的姿势提出了三个"一"的要求：

执笔的手指距离笔尖一寸。

眼睛距离书写纸面一尺。

胸部距离书桌面边缘一横拳。

当然，学生年龄有大小，个子有高低，不可能机械地强求一律按照要求操作，但强调这些距离，还是有必要的。总的准则是书写起来舒服、方便，不影响正常视线，不影响身体的健康发育。

三、硬笔书写特点

硬笔字有哪些书写特点呢？这从与毛笔的比较上就可以看出来。

首先是执笔方法不同。毛笔用五指执笔，硬笔是用三指执笔。毛笔竖着执，笔杆与纸面呈 90 度的直角，硬笔斜着拿，笔杆与纸面呈现 45 度的锐角。

第二，毛笔讲究腕、肘的功夫，注意悬肘、提腕；硬笔不同，因为它只能写小字不能写大字，所以它更多的是讲究指上功夫。

第三，因为硬笔的笔势不像毛笔那样显著，所以它比毛笔字更注意结构的安排。概括地讲，就是要把笔画排列得端正匀称，疏密有致。由几个部分组成的字，要搭配得合适。独体字重心平稳，合体字比例适当。字形大的，写得大些，字形小的，写得小些；笔画繁的，写得大些，笔画简的，写得小些。这样搭配，字就显得匀称而不呆板。

第四，硬笔与毛笔都是以汉字为书写对象的，所以它的基本笔画也同毛笔一样可以概括为八种，那就是横、竖、撇、捺、点、挑、钩、折。但是，它又以其线条的刚劲、明朗、清晰为特色与毛笔相区别。

第五，在布局上，硬笔书法一般要求行列整齐，横竖分明。行距，一般约半个字。太窄，显得拥挤；太宽，显得松散。字距不可大于行距。太疏，将横竖不分；太密，则眉目不清。要力求做到宽窄适度，疏密得宜。另外，天头地脚，左右两边，也不能不注意。上下左右都有适当的空白处,才能令人感到爽亮。

最后,毛笔字秀美,原因之一就是其笔画有轻有重,有粗有细,有深有浅,相互配合。硬笔字虽然硬挺,但也可借鉴毛笔书法的这一特点。这就要求在运笔时有轻重快慢之分。轻快运笔,线条就细;重慢运笔,线条就粗。粗线条显得雄浑,细线条显得俊秀;粗细相间,笔意流畅,字态优美,飞活。相反,线条粗细都一样的硬笔字,就显得板滞。线条变化的方法是:主笔画多用粗线条,笔画之间的连线多用细线条。这样写出的字,就显得气韵风神。另外,也可在下面垫些纸,写起来就有弹性了。

四、汉字的点划

学硬笔书法应从笔画入手。笔画书写有起笔运笔收笔三个动作。一般起笔收笔较重,运笔稍轻,转折、停顿处稍重。硬笔笔尖硬滑,书写快,要注意轻、重、提、按。我们首先重点掌握这八种基本笔画,它们是:点、横、竖、撇、捺、钩、挑、折。(详见表一——表九:基本笔画形态示意及书写技法概要一览)

五、汉字的间架结构

学习汉字,除必须掌握各种笔画的书写基础外,还要掌握汉字的结构规律。这就像盖房子时如果梁、柱、砖、瓦搭配不好,就会显得难看,甚至会倾斜、倒塌一样,字的笔画搭配不当,看上去就很不美观。

根据前人的研究经验,汉字楷书的结构规律,大致归为六类:独体字、上下结构、上中下结构、左右结构、左中右结构和包围结构。(详见表二:汉字间架结构表)

1. 独体字

独体字的结构搭配主要是在点、划的安排上,一要注意疏密得当,二要注意安稳重心。如"下"字、"心"字。

2. 上下结构

上下结构的搭配如果上截笔画多,下截笔画少,应该使上截的笔画稍细而收紧,下截的笔画要相对粗壮些,以免头重身轻。如"鹭"字、"集"字。如果上截笔画少,下截笔画多,应该使上截收得紧一些,所占空间小一些,以免虚旷,如"矣"、"若"、"孟"等字。如果上下两截结构相同或笔画数相近,应使上面稍微窄小,下面稍微宽大,借以让下面托住上面。如"出"、"昌"、"皇"等字。另外,笔画相同的还要求有变化,一般是上截的笔画收缩,下截的笔画伸延。如"炎"的第四笔收缩成点,末笔伸延成捺,使下面托住上面。

3. 上中下结构

如果上、中、下三个结构单位,各有各的形态,则不要故意写得同样大小。结构单位所占空间的大小,主要视笔画的多少和结构单位的固有特点而定。如"霄"字,"雨"、

"小"、"月"三个结构单位,笔画的多少不同,形态的宽窄、大小也不同。如果上、中、下三个结构单位的形态都比较长,要特别注意将间架摆得端正。如"密"、"章"、"素"等字。

4. 左右结构

（1）如果右边笔画少,结构单位小（短或窄）,那么它在右边所占的空间也要相对小些,如"即"、"却"、"勃"等字,如果左窄右宽就不好看。

（2）左右两部分形态都比较长,同时笔画多少也相近的字,要做到上下齐平,左右并立,右边稍宽。如"辅"、"被"等字。

（3）左边笔画少而形态较短,右边笔画多而形态稍长的字,写的时候,基本上要使两部分的上面稍平,如"竭"、"琛"等字。否则就会显得下坠。

（4）左边笔画较多,形态较长,右边笔画较少,一般要使两部分的下面相平,如"歌"、"勒"、"就"等字。如果下面不平,字的结构就不均衡。

（5）相向和相背。相向,就是在一个字以内,左右两部分同时向内聚会,如"卯"、"好"等字。写这样的字,特别要注意笔画不能平板。左右部分姿态相背的字,如"兆"、"北"等字应注意结构不能松散。

5. 左中右结构

（1）这种结构的字,写出来比较宽扁,与其他字组成篇章时,可能会显得过宽,过重,因此写时要力求紧凑。

（2）左右部分形态相同的,左边应当让右边,使得左短、右长、左窄、右宽。为了避免笔画形态的重复,个别笔画还可以适当地变化。如"辩"字,为避免重复,左部分的一竖写成一撇。

（3）这种结构的字,一般笔画比较多,写时要留心粗细变化,避免呆板。

6. 包围结构

（1）凡是四周包围的字,被包围的部分要写得匀称、圆满,如"园"、"圃"、"固"。

（2）凡是由上包下的字,被包围的部分宁可稍向上靠,不要吊在下边,外框的上两肩要开,下两脚要合,如"同"、"阁"、"尚"。

（3）凡是由下包上的字,被包围的部分宁可靠下边,不要悬在上边,以求落实、安稳。如"凶"、"幽"。

（4）凡是左包右的字,被包围的部分,居于字框中,但字框末横略长为好,这样就托得稳了。如"匡"、"匦"。

（5）凡是右包左的字,被包围的部分要向右上靠近,以求胸中填满。字框的横弯勾向左斜,以求包得紧。如"司"、"勾"、"句"。

综上所述,汉字的结构形态都是有规则地组成的。当然,结体也不是固定不变的。不同的时代,不同的书法家的汉字在结体上均有其独特的风貌,如"欧"、"颜"、"柳"三大家的楷书。我们要想写出一手既美观又有个性的汉字,最好还是从临摹字帖开始学起。总之，汉字的结构规律可归纳为如下四点：

（1）重心稳正，重力平衡。凡有中竖或长横作主笔的，重心就在主笔上。否则，重心在中线或交叉点上。

（2）疏密匀称，比例适当。笔画多的要写紧密些，字形可略大。笔画少的要写宽舒些，字形略小。

（3）参差变化，宽窄容让。一字内同一种笔画要避免雷同。由几个部分组成的，要相容相让。

（4）呼应顾盼，背向分明。一个字便是一个整体，笔画要密切合作，顾盼含情。

第二节　硬笔字的楷书和行书

楷书又称真书、正书，至晋渐趋成熟。从此，奠定了方块字的标准书体，成为历代学习书法必须遵循的楷模。

楷书脱胎于隶书及章草，它的形体已由隶体的扁方变为正方或竖长方。偏旁部首已趋向标准化，有了固定的写法。用笔上减省了隶书的拨、挑，即蚕头燕尾，代之以平直的横和捺，干脆利落，形体工整。用笔和结体变化多端，且书家不同，使结体也各具特色。

行书在东晋时发展成熟，出现了被誉为"书圣"的王羲之等行书名家。行书的主要特点是改变了楷书一笔一画互不相连的书写形式，是一种笔画简练、笔势相连、便捷快速的书写体。行书是介于楷书和草书之间的一种书体。楷法多于草法的，我们称之为行楷；草法多于楷法的，则称之为行草。想学好行书，必须先学好楷书，想学好草书，必须先学好楷书和行书，就像高楼得一层一层盖。古人云"楷如坐，行如走，草如跑"，讲的就是这个道理。

我们日常的工作、学习和生活中的文字书写，以行楷为最常用的书体之一，也就是人们通常说的"连笔字"。它既有楷书易认、易写的特点，又有草书流畅、飞动的笔势，书写快捷，简便易行。所谓实用行书基本上是以行楷为主的行书。

我们把楷书和行书的基本笔画形态及字例和常规书写技法概要以图表的形式表示在后面（见表一—表十一），请仔细阅读。

附：硬笔书写示范图表

表一　基本笔画形态示意及书写技法概要一览

名称	种类	楷书常规形态及字例	行书常规形态及字例	常规书写技法概要
点	斜点	文	文	楷书写法，起笔用尖势，从左上向右下快速行笔，由轻至重，稍停顿后，再顺势向下拖笔，收笔轻提。行书，起笔多用尖势，行笔可略带曲意或与楷书同，收笔向左下连势。
	直点	宜	宜	楷书写法，起笔斜出用顿势，稍停后即折笔直下，稍重，收笔用轻势，但须保持与直下部分粗细一致。行书，起笔与行笔同楷书，收笔则用连势，并向左下。
	平点	社	社	楷书写法，起笔平出用顿势，顺势向右行笔，收笔仍用顿势，并可回锋。行书，起笔平出，可用尖势，行笔同楷书，收笔回锋向左下作连势。
	左点	小	小	楷书写法，起笔用尖势，从右上向左下快速行笔，由轻至重，稍停顿后，再顺势向下拖笔，收笔轻提。行书，起笔与行笔同楷书，收笔稍顿后向右上作连势。

（续表）

名称	种类	楷书常规形态及字例	行书常规形态及字例	常规书写技法概要
点	仰点	沐	沐	楷书、行书均有两种写法。楷书写法，或先作斜点状，收笔回锋后再向右上出锋；或作提状，直接向右上出锋（见"斜提"）。行书写法与楷书基本同，只是书写时，"提"法可代替左点。
	俯点	尝	尝	楷书写法，起笔向右下作顿势，稍停顿后，折笔向左下行笔，渐轻，收笔出锋。行书写法基本同楷书，只是行笔中可略带弧势，或者可用斜点代替。
横	长横	重	重	楷书写法，起笔用顿势或尖势均可，行笔向右横出，略带斜意和曲意，收笔为顿势。行书，起笔方法亦可或顿或尖，或作连带，收笔时则可向下或向上作连势。
	短横	佳	佳	楷书写法与行书写法基本同长横，只是形状较短，曲意较弱而已。行书中，短横还可用斜点等形式来替代。

（续表）

名称	种类	楷书常规形态及字例	行书常规形态及字例	常规书写技法概要
竖	"悬针"竖	中	中	楷书写法，起笔用顿势，先作斜点状，稍停顿后，即折笔直下，由重至轻行笔，收笔出锋。行书写法与楷书基本相同，但行笔可带曲势，收笔可连势向左下。
	"垂露"竖	午	午	楷书写法，起笔用顿势，先作斜点状，稍停顿后，即折笔直下，收笔顿势回锋。笔画中间略轻，两头略重，可带弧势。行书，除收笔可作连势、笔形多带曲意外，其余同楷书。
	尖竖	向	向	楷书写法，起笔尖势直下，行笔渐重，收笔顿势回锋，笔形多带弧势。行书，除收笔方法可向右上或向左上作连势外，其余同楷书。
钩	竖钩	别	别	楷书写法，起笔与行笔同"垂露"竖，收笔时，先作顿势，然后向左上快速钩出。笔画中间多带弧势。行书，钩的部分比较轻松，不必重顿，并可连势带出下一笔画，或者也可不作钩。

（续表）

名称	种类	楷书常规形态及字例	行书常规形态及字例	常规书写技法概要
钩	弯钩			楷书写法，起笔顿势，然后折笔向下作弧势行笔，钩的收笔方法同竖钩。行书，钩的部分可向下连势，或连势带向上一笔画。
	斜钩			楷书写法，起笔顿势，先作一斜点状，然后顺势向右下作弧势行笔，中间凹曲，至钩处稍停顿，收笔迅速向上钩出。行书，除收笔与起笔可作连势外，其余方法基本同楷书。
	卧钩			楷书写法，起笔用尖势，行笔时渐重，先向右下斜出，至中间部分略平，但仍有凹势，收笔时稍停顿，再向左上钩出。行书，随意性较大，凹曲程度变化较多，钩可作连势。
	竖弯钩			楷书写法，先作一竖状，用力由重渐轻，并略向左倾斜，转处较轻，转笔后即向右平出，中间稍有凹势，收笔停顿后，即向左上钩出。行书，写法较常规，其右面的凹曲多有变化。

（续表）

名称	种类	楷书常规形态及字例	行书常规形态及字例	常规书写技法概要
钩	横钩			楷书写法,起笔与行笔基本同楷书的横,但笔势多向上斜,接近钩处时,先向下稍顿,收笔向左下迅速钩出。行书,钩的收笔变化较频繁,或高或低,或短或连,笔势多带曲意。
	横折钩			楷书写法,起笔可用顿势或尖势,行笔时,先向右横出,至折处向右下稍顿,即折笔直下,略作凹势或凸势,收笔时,钩向左上。实际书写中,其斜势可按需要而定。行书,可用转法。
	横折弯钩			楷书写法,起笔可尖可顿,行笔中,横势较斜,折处稍顿,接下来的部分应多作弯势,切忌直下,写法基本同弯钩。行书,其变化多在横势的斜度与钩的方法不同上。
	竖折折钩			楷书写法,多为"三斜",即竖向左斜;横向上斜;竖钩部分再向左斜,折处仍用顿势。行书,可用转代替折,两转或一折一转均可,钩则可以作连势。

（续表）

名称	种类	楷书常规形态及字例	行书常规形态及字例	常规书写技法概要
钩	横撇弯钩	子 部	子 部	楷书写法，起笔多用顿势，顺势向右上斜出，渐轻，撇处用折法，稍顿后即回锋向左下撇出，弯钩连带时，亦应回锋。也可分两笔或三笔书写。行书，钩可作连势。
	横折折折钩	了 乃	了 乃	楷书写法，横与钩的部分宜长，折处部分宜短，整个笔势多斜。书写时，亦可分两笔或三笔进行。行书，折处可用转法，钩势较平或不作钩。
撇	长撇	人	人	楷书写法，起笔顿势先作斜点状，然后折向左下行笔，渐轻，中间凹曲，收笔顺势出锋。书写时，须根据需要确定其曲直关系。行书，起笔可尖可顿，中间曲直多变，收笔可作连势。
	短撇	知	知	楷书与行书写法基本同长撇，只是形态较短而已。书写时，笔画表现以重为宜。

（续表）

名称	种类	楷书常规形态及字例	行书常规形态及字例	常规书写技法概要
撇	平撇			楷书与行书写法基本同短撇，只是形态较平而已。
捺	斜捺			楷书写法，起笔可用顿势或尖势，行笔须体现"一波三折"，收笔时，由重至轻，顺势出锋。行书，起笔与收笔多有连势，其中，收笔的连势多作顿后，再向下带出。
	平捺			楷书写法与斜捺基本相同，只是行笔时，"一波三折"的势较平。行书，"三折"的变化较丰富，收笔时，可根据需要向上或向下作连势。另外，行书书写时也还可以横或长点代替平捺。
折	横折			楷书写法，起笔可尖可顿，亦可用轻势，折处稍顿后直下，或可向左倾斜，视需要而定，收笔顿势回锋，并可略带钩意。行书，折处可用转法，收笔多带钩势。

（续表）

名称	种类	楷书常规形态及字例	行书常规形态及字例	常规书写技法概要
折	竖折			楷书写法，起笔可尖可顿，竖与横的部分多带曲势，折处稍顿或可作转法。运用时，可根据需要分两笔书写。行书，常用转法替代折，亦可分两笔书写，收笔向下或向上作连势。
	撇折			楷书写法，起笔用顿势，行笔时，先作短撇状，折处稍顿，再回锋向右上横出，亦可向右上作挑势，收笔较轻。行书，折处可用转法，收笔可作连势。
	横撇			楷书写法，起笔用顿势，行笔时，先作短横状，折处稍顿后即向左下撇出，收笔出锋。行书，折处可用转法，收笔可作连势。
	撇点			楷书写法，起笔用顿势，行笔时，先作撇状，折处稍停后，回锋向右下作长点，收笔顿势；也可分两笔书写。行书，收笔可作连势，折处可用转法。

（续表）

名称	种类	楷书常规形态及字例	行书常规形态及字例	常规书写技法概要
折	横折折撇			楷书写法，起笔或尖或顿，行笔时，横的部分可向上斜，亦可向下斜，三个折处略有变化，中间折处多用转法，运笔要求一气呵成。行书，可用点法连转，若连转加快即成一直。
	斜挑			楷书写法，起笔用顿势，行笔时，折势向右上斜出，渐轻，收笔出锋。行书，收笔可直接作连势，或顿笔再向右上作连势。
挑	竖挑			楷书写法，起笔用顿势，行笔时，先作竖状，略带弧意，至提处稍顿后，折笔向右上挑出，收笔出锋时，可分两笔书写。行书，笔势较圆转。
	横折挑			楷书写法，起笔多为轻势或尖势，行笔多带斜势，竖的部分略有弧意，收笔出锋。行书，除与楷书基本相同的这种方法外，还可以分两笔书写，即横与竖提。

表二　汉字间架结构表

形式	例字	间架比例	说明
左右结构	顾韶 镜群		左右相等
	深稳		左窄右宽
	彩部		左宽右窄
左中右结构	膨缴		左中右相等
	徽柳		左中右不等
上下结构	思皆		上下相等
	若符		上小下大
	愁照		上大下小

（续表）

形式	例字	间架比例	说明
上中下结构	累莫		上中下相等
	察禀		上中下不等
内外结构（半包围）	床摩		左上包右下
	道趣		左下包右上
	巨匿		左包右
	句旬		右上包左下
	凡风		上包下
	函幽		下包上
内外结构（全包围）	固圆		四面合抱
独体	大不		方正

表三　楷书笔顺规则

规　则	例	笔　顺	例	笔　顺
先横后竖	干	一 二 干	牛	ノ 二 牛
最后一横	王	三 干 王	土	一 十 土
先横后撇	左	一 ナ 左	在	一 ナ 在
先撇后横	右	ノ ナ 右	有	ノ ナ 有
先撇后捺	个	ノ 人 个	合	ノ 人 合
先中后旁	小	｜ ｜ 小	水	｜ 才 水
先旁后中	火	､ 八 少 火	坐	人 从 坐
从上到下	並	⺍ 並 並	意	立 音 意
从左到右	侧	亻 伵 侧	倒	亻 侄 倒
先内后外	凶	メ 凵 凶	幽	｜ 丝 幽
先外后内	月	ノ 冂 月	闲	门 冂 闲
最后封口	日	冂 日 日	田	冂 用 田
最后一点	戈	弋 戋 戈	发	少 发 发

表四　行书部书偏旁的笔顺变化

土	垄	型	羊	翔	羯
王	设	瑰	青	请	倩
衤	祈	祷	朱	蛛	株
田	略	奋	佳	淮	推
禾	种	扭	有	郁	宥
米	粮	糊	卓	掉	罩
生	甥	胜	敖	遨	螯
占	沾	站	肃	萧	啸
手	摩	攀	革	靴	鞋
釆	釉	释	曾	憎	增
古	估	沽	半	伴	畔

表五　回宫格楷书示范

上	五	近	里	舌	甘	乎	耳
下	可	言	玄	太	枣	宋	攵
元	先	光	屯	水	永	丞	承
右	有	方	存	田	而	向	西
也	山	身	甫	乙	己	巳	巴
犹	猎	豹	貌	跃	践	跟	蚌
行	往	彻	惭	岐	峻	崛	虾
牌	牒	欣	顽	饥	饿	铁	镜
院	陂	隧	陋	视	福	袖	褛
杭	柳	秋	稼	粗	糊	幢	帖
海	鸿	诚	遣	曙	曝	畴	毗

（续表）

茂	蓝	咨	笔	冕	冒	罢	罚
贡	汞	寺	圭	命	盒	奈	奎
志	喜	童	竟	泰	奏	爷	釜
亥	交	哀	亭	盏	盟	焦	熬
厌	厦	厩	库	旬	匈	氧	氦
庭	底	病	瘫	氮	哉	戍	截
写	冠	守	宫	同	周	困	阙
窗	究	雪	霰	阔	凤	夙	凰
凶	画	函	幽	国	匠	医	匾
固	图	围	圈	建	延	逊	造
赵	起	趟	趣	趱	趣	魅	魋

表六 硬笔书法示范 1

蓬萊宮闕對南山，承露金莖霄漢間。
西望瑤池降王母，東來紫氣滿函關。
雲移雉尾開宮扇，日繞龍鱗識聖顔。
一卧滄江驚歲晚，幾迴青瑣點朝班。
昆明池水漢時功，武帝旌旗在眼中。
織女機絲虛夜月，石鯨鱗甲動秋風。
波漂菰米沈雲黑，露冷蓮房墜粉紅。
關塞極天惟鳥道，江湖滿地一漁翁。

歲在丁丑之仲春錄杜工部七律三首黃臻題

表七　硬笔书法示范2

风急天高猿啸哀，渚清沙白鸟飞回。无边落木萧萧下，不尽长江滚滚来。万里悲秋常作客，百年多病独登台。艰难苦恨繁霜鬓，潦倒新停浊酒杯。

花近高楼伤客心，万方多难此登临。锦江春色来天地，玉垒浮云变古今。北极朝廷终不改，西山寇莫相侵。可怜后主还庙，日暮聊为梁父吟。

清秋幕府井梧寒，独宿江城蜡炬残。永夜角声悲自语，中天月色好谁看。风尘荏苒音书绝，关塞萧条行路难。已忍伶俜十年事，强移栖息一枝安。

唐杜甫诗三首　己卯年开指

表八　硬笔书法示范 3

暖戲煙蕪錦翼齊，品流應得近山雞。
雨昏青草湖邊過，花落黃陵廟裏啼。
遊子乍聞征袖濕，佳人才唱翠眉低。
相呼相應湘江闊，苦竹叢深日向西。

春風用意勻顏色，銷得攜觴與賦詩。
穠麗最宜新著雨，嬌嬈全在欲開時。
莫愁粉黛臨窗懶，梁廣丹青點筆遲。
朝醉暮吟看不足，羨他蝴蝶宿深枝。

唐人鄭谷詩二首　歲次戊寅春日　郝軍書

表九　硬笔书法示范4

使其中坦然不以物伤性将何適而非快今谈君不以讁为患收會稽之餘而自放山水之間此其中宜有以過人者將蓬户瓮牖無所不快而况乎濯长江之清流挹西山之白雲窮耳目之勝以自適也哉不然連山絶壑长林古木振之以清風照之以明月此皆骚人思士之所以悲傷憔悴而不能勝者烏睹其為快也

梦得君閑懷曠達石以讁為憂而自豁於怀之間

寧石妖我乎己卯孟夏遼南生乃銘试圍錄

280

表十　硬笔书法示范 5

红日初昇其道大光河出伏流一泻汪洋潜龙腾渊鳞爪飞扬乳虎啸谷百兽震惶鹰隼试翼风尘吸张奇花初胎矞矞皇皇干将发硎有作其芒天戴其苍地履其黄纵有千古横有八荒前途似海来日方长美哉我少年中国与天不老壮哉我中国少年与国无疆

节「少年中国说」己卯季何幼慕书

表十一　硬笔书法示范6

星分牛斗，疆連淮海，揚州萬井提封。花發路香，鶯啼人起，珠簾十里東風。豪俊氣如虹。曳照春金紫，飛蓋相從。巷入垂楊，畫橋南北翠煙中。

追思故國繁雄。有迷樓挂斗，月觀橫空。紋錦製帆，明珠濺雨，寧論爵馬魚龍。往事逐孤鴻。但亂雲流水，縈帶離宮。最好揮毫萬字，一飲千鍾。

秦觀詞望海潮　玉振書之

第三节　美　术　字

　　如果你稍稍留意，就会发现美术字触目皆是：宣传标语、橱窗布置、墙报板报、报刊标题、书籍封面、电视广告、网上节目……

　　美术字是运用装饰手法美化文字的一种书写艺术。在现代社会里，随着文化交流的日益频繁，商品经济的空前发展，文字不仅是简单记录语言的符号，而且已成为一种艺术形象并与大众传媒、企业形象、商品销售紧密地联系在了一起，是视觉信息传递的一个重要内容。美术字在平面设计、立体设计、动态设计、橱窗设计、店面设计等许多方面发挥着独特的作用，并以其强烈的艺术感染力，在现代生活中显示出越来越重要的价值。

　　要写好美术字，必须要有一定的美术基础。要比较系统地了解和掌握美术字的特征、分类及基本技法。我们向大家介绍一些不同字体、不同风格的书法和美术字，旨在给同学们打开一扇窗子，带领你们领略这个领域的旖旎风光，从而激发起大家的学习兴趣，进而使你们能够潜心地去揣摩，去练习，去借鉴，去创新。（见表十二—表十八）

附：美术字示范图表

表十二　中文十二型艺术体

十二体：宋、仿宋、姚、黑、综艺、琥珀、空芯圆头、立方、隶、魏碑、舒、行楷

表十三　　艺术体示范 1——一字多变

表十四　艺术体示范 2

展錫糯飛連
时代体

显进区庄柜
时代简体

時蘭確利即
均粗体

机体双宝术
均粗简体

時確香斯粧
雅丽体

兰级肤莱国
雅丽简体

自側貼體南
优秀体

优羔庄战愧
优秀简体

請想國追創
粗斜体

誉虽国进币
粗斜简体

時確香斯粧
幼斜体

柜听写压线
幼斜简体

明克家達厦
粗克体

宝虽洁亲电
粗克简体

盾篩酒民銀
创业体

动东时体间
创业简体

旧定待服誤
分间体

园吨电柜时
分间简体

萬票厦級備
粗格调体

湿国时庄电
粗格调简体

分飛脂窕月
清秀体

术砺旧坚亚
清秀简体

表十五　艺术体示范 3

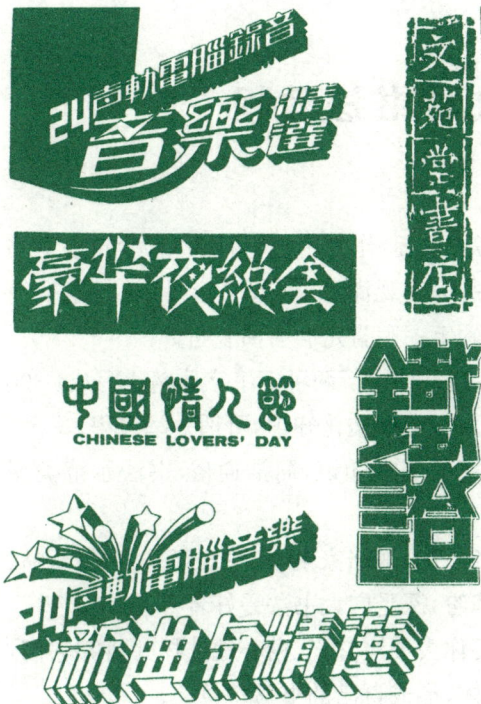

表十六　外文艺术体示范 1

表十七　外文艺术体示范 2

表十八　外文艺术体示范 3

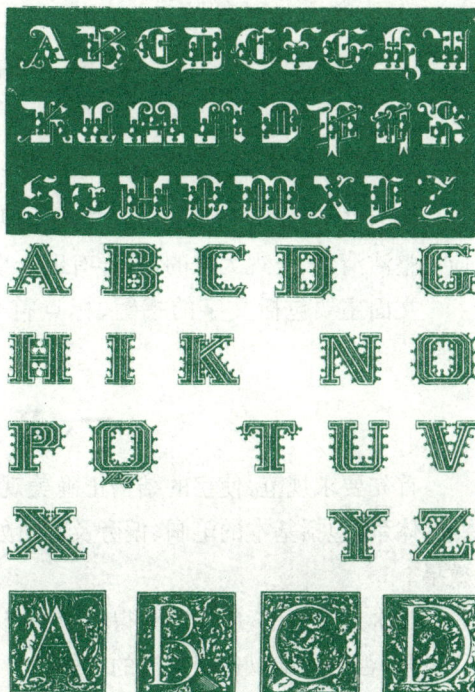

第四节　介绍几种书法教程

1. 杨为国先生编写的一套《回宫格硬笔书法教程》作为中央电视台"青少年硬笔书法讲座"的教材，广受大家欢迎。回宫格硬笔书法美观潇洒，学起来容易，教材通俗简洁，希望同学们能自备一套，认真学习和练习，硬笔书写肯定会有所长进。

2. 薛平先生所著《多功能常用成语钢笔字帖》以楷、行两种钢笔字体精心写成1 300余条常用成语，上注拼音，既供习字，又能帮助大家掌握文化知识，可谓一举多得。

3. 林似春编写的《钢笔书法入门》介绍习字的基本知识，简洁通俗，书法示范类型多样，内容丰富，值得一看。

4. 杭州《中国钢笔书法》杂志（邮发代号 32—93）融名家书写、书坛新秀、古帖新临、作品赏析等板块于一体，可谓百花齐放，五彩缤纷，深受广大书法爱好者喜爱。

当然，有关书法的书刊还有很多很多，只要你去关注它们，精心地选择并研究它们，耐心地描摹练习，不管选择哪一本都能自成一体，形成自己的书写特色。

祝大家能写出一手令人心仪的好字。

第五节　文　面　知　识

作为文章的外在表现形式，文面体现了作者的书写风格和文化素养。理想的文面应是整洁清楚、美观大方的，这样有助于准确地表达思想内容且方便读者阅读。

文面主要包括文字的书写、标点符号的书写、行款格式的布置和修改符号的使用等。

一、文字的书写

首先要求规范，使字的结构正确美观，不写错字、别字和不规范字。汉字有规范的结构体系，包括基本的笔画、偏旁及其所处的固定位置，不能任意改动，否则会影响表达效果。

其次要求清楚，应把字写得清晰、好认，不能似是而非、模糊不清；不能字迹潦草、龙飞凤舞，否则也难以达到交流的目的。

接着要求美观，字的结构要布置得匀称、谐调，包括笔画的线条圆润、流畅，字的大小错落有致，字间疏密得当等等，这样易于激发读者的阅读兴趣。

最后，还要注意数字和法定计量单位的用法和写法。

二、标点符号的书写

标点符号是书面语言必不可少的辅助工具。它不但能表示不同的停顿，标示出词语的不同性质，而且能表达不同的思想、情感，体现文章不同的节奏、韵律。

1. 标点符号的书写位置

句号、逗号、顿号、分号、冒号占一个字的位置，写在该位置的左下方；问号、叹号也占一个字的位置，写在该位置左半偏下的地方；引号的前一半写在其所占位置的右上方，后一半写在所占位置的左上方；括号、书名号的前一半写在该标点所占位置的右半部分，后一半写在其所占位置的左半部分；破折号、省略号占两个字的位置，写在行的中线上，不能将中间拆开分写在两行；连接号、间隔号各占一个字的位置，写在行的中线上；着重号、专名号写在相应文字的下面，不占字的位置，也不单独成行。

2. 特殊情况下的书写

为了文面的整齐美观和读者阅读的方便，有些标点符号不能写在一行的开头或末尾。

不能写在行首的有：句号、逗号、顿号、分号、冒号、问号、叹号及引号、括号、书名号的后一半。不能写在行尾的有：引号、括号、书名号的前一半。间隔号既不能写在行首，也不能写在行尾。

使用引号时，如果引用的是几段连续的文字，可在每段段首用引号的前一半，最后一段段末用引号的后一半，不必在每段段末都用引号的后一半。

括号前后其他标点符号的运用情况比较复杂，但总的要求是不影响内容的表达，不割裂句意。一般说来，用于句中注释词语的括号，其前面不加其他标点符号，其后面如有停顿可加相应的标点符号；用于句末注释全句的括号，写在句终标点（句号、问号、叹号）之后。

3. 连用标点符号的书写

有些标点符号连用时，在写法上应作一些变通，如括号中用括号的，里面的用圆括号，外面的用方括号；书名号中又有书名号的，里面用单书名号，外面用双书名号；引号中又用引号的，里面用单引号，外面用双引号；连用三次引号的，最里面的用双引号，中间的用单引号，外面再用双引号。

三、行款格式的布置

行款格式是人们在书面交际过程中逐步形成的习惯或规定。不同的文体在行款格式上有着不同的要求，这里只简介一般文章的主要行款格式。

　　行款格式的整体布局应当同纸张的大小、字数的多少等相和谐，页面的上下左右（印刷术语分别称为天头、地脚、订口、切口）应留出适当的空白，以便修改。

　　在考虑整体布局时，要着重安排好以下内容：

　　1. 标题：文章的标题一般写在格纸第一行的中部，尽量保持它两侧的空格相等；字数很少时，字间可匀称地空出 1—2 格；字数太多，需要转行时，既要注意不把词或词组拆开写在两行，又要注意上下行的字数排列及搭配是否匀称。

　　有副标题的应将其写在正题的下一行，前面加破折号（位置较正题首字缩进两格）；字多需转行时，首字仍对准上行的首字。有时，副标题也可以写在正中，两侧空格相等。

　　标题内可以根据需要用标点符号或空格来表示停顿，但末尾一般不用标点，即使用，也只能加问号、叹号或省略号。

　　2. 署名：作者的姓名一般写在标题（或副标题）下间隔一行的正中，每个字的中间可空一格，如是单名，字间可空两格，下面再间隔一行写正文；也可以写在标题后面（有副标题的写在副标题后或正、副标题之间的后面），但位置以姓名与标题间至少有两个空格、姓名后也一定有两个空格为宜。

　　作者的姓名也可以写在文章的末尾。如末行正文较短，可写在末行；末行正文后所剩空格不多，可写在下一行，都以署名后还有两个空格的位置为宜，单名字间也应有一个空格。

　　如果需要，署名前或后还可写明作者的工作单位和职务、职称等。

　　3. 正文

　　关于分段，每个自然段开头均需空两格。自然段之间一般不空行，有时根据内容需要，如诗歌的章节之间、文章大的段落（部分）之间，可以留有适当的空行。

　　关于引文与对话，既可以同上文连写，也可以单独成段。单独成段时，可以同正文的其他段落一样，第一行开头空两格，其他行不空格；也可以第一行开头空四格，其他各行均空两格，行尾可空两格，也可不空。独立成段的引文，可不加引号，但应在引文前的正文末尾加冒号，冒号前未写明引文出处的，可在引文后的括号内注明，或另加注释。

　　关于小标题与序码，可按下列顺序使用：

一、二、三、……

（一）（二）（三）……

1. 2. 3. ……

（1）（2）（3）……

在科技著作中，则通常使用如下的方法标明序码，以显得内容清晰、条理性强：

1

1.1

1.2

2

2.1

2.2

2.2.1

……

关于附注(附于正文的注解),可有四种表现形式:一是段中注,即夹注,它紧接在被注的正文后加括号写出;二是页下注,即脚注,它把本页正文中需要注释的内容分条写在本页的下端;三是篇末注,它将每篇正文需要加注的内容分条集中写在该篇正文的后面;四是尾注,它是全文或全书的附注,类似篇末注。后三种注法都必须在被注正文后的右上角用注码①②③……进行标示。如果附注内容是对引文出处的说明,其注解顺序应为:作者、书名或报刊名、章节、页码、出版单位、出版日期等。

4. 写作时间

习惯上将写作时间标示在位于文末后空一行或两三行的右下方。如果是在较长时间内写成的,也可写明起讫时间。如果写成后经过修改,还可在注明写作时间下一行的相应位置,再注明修改时间。

5. 页码

原稿超过一页的,要标出页码,其位置可标在右上角或右下角。注意,每写一页之前最好先标页码,以防串页。

四、修改符号的使用

修改文章时,要使用统一的符号加以标示。下面,根据 ZB1－81《中华人民共和国专业标准校对符号及其用法》的规定,介绍几种常用的修改符号。

1. 删除号

例如:

多年不去栖霞山,今年忽于日日俗务中,萌发出一丝短暂的雅兴。与友人同去鉴赏南京的千古秋景,栖霞红叶。

2. 保留号△△△

例如:

北京香山,苏州天平,南京栖霞, 同为霜叶红于二月花的醉人妙境。

3. 增补号(追加号)

例如:

栖霞红叶的成员,除红枫外,还有经霜染红的青枫,三角枫,鸡爪枫。就连乌柏,一经霜,也都像吃醉酒似的,脸现酡红。

如果增补的文字较多,字里行间书写不下的时候,可把增补的内容写在稿纸的空白处,圈起来后用箭头插入到应增补的位置。例如:

遭毁坏的栖霞寺,早就恢复了。只有栖霞寺后千佛岩上,一千五百年前始建的,有五百座石像的六朝佛窟,永远无法再现它的原貌了。

寺庙的建筑和佛像,各地差不多,比较容易恢复旧貌。

4. 改正号

例如：

看了千佛岩的惨象，使人视觉听觉味觉全都 一下子 失去。游兴，只有寄望于满山红叶了。 （陡然）

5. 对调号（换位号）

例如：

满山的丹霞不见了，只余满山的 黄青 相间。万树枯萎的 焦缩卷黄 的叶片中，稍许夹带了几片青叶。
①④③②

6. 转移号

例如：

按照气候节令来说，此刻的栖霞山，色彩最鲜明、最艳丽的，应是红叶，山坞深处、山峰顶上处处皆红。 但此刻，我抬头环望四山，红叶可在？是落到了地下，还是飞上了天空？ 霜叶红于二月花。

7. 缩位号

表示文字向后缩到符号末尾所示的位置。例如：

据寺僧言，每年霜降日，红叶之神都要御秋风，飞临栖霞上空，染红树林一片。千百年来，年年如此。近年来，红叶之神两眼昏花，视茫茫，竟不知飞往何处寻栖霞。

8. 提位号（提行号）

表示文字向前提到箭头所示的位置，可用于字的前移和另起段落。例如：

花神庙村，是南京传统的鲜花基地。从明代到现在，已经有了几百年的莳花历史。鲜花功能甚多，茉莉，白兰，玫瑰，珠兰，把芳香留驻茶叶中，成了老北京人十分喜爱的窨花茶。……

9. 连接号

将不应该分行、分段的文字连接起来。例如：

几十万人齐集观赏，聚百万盆千万盆花而成市。广东，云南，好多城市每年春节都要举办花会。男男女女倾城而出观花，如醉如狂如痴。

以上介绍的是文章修改的常用符号。需要说明的是：使用修改符号必须工整规范，宜选择与原稿字迹颜色不同的笔，使修改内容醒目突出，方便阅读。

实用

礼仪
知识

实 用 语 文

第一节　学 校 礼 仪

一、学 生 仪 表

1. 仪容服饰

所谓仪容服饰,主要是指人的容貌及衣着穿戴。一个人的仪表仪容是与他的生活情调、思想修养、道德品质和文化程度密切相关的。不同的仪容服饰,会产生不同的社会效果。一个人的衣着打扮,应与本人的年龄、身份、职业相适合。

学生尚处在求学阶段,我们的仪容原则上应以端庄、自然、质朴为好;服饰应以朴素大方、活泼整洁为佳。

南开大学一面大立镜上方悬着《容止格言》:"脸必净、发必理、衣必整、纽必结;头容正、肩容平、胸容宽、背容直;气象勿傲、勿暴、勿怠;颜色宜静、宜和、宜庄。"就是对学生仪表仪容的一个具体而又概括的要求。

一个人长相的美与丑是先天生成的,而修养和气质是后天养成的。因此,作为学生就要保持自然美,培养气质美。具体体现在:

(1) 头发式样

女同学的发式以梳辫子、理短发、童发为宜。这样可给人一种清新、活泼、纯真之感。如果烫发、染发,就显得老气、市井气。

男同学最好理学生头,显得整洁、干净、富有朝气。当然现在开放了,发式也可多种多样。但不管理哪种发式,都要给人以阳刚的感觉。如果留长发、蓄小胡子,则显得疲沓、萎靡,甚至还会给人一种流气的印象。

(2) 服饰装扮

服饰是无言的文化,是可以换洗的皮肤,是个人风格的一种表现。学生求学期间,应以节俭为尚,不可把精力和财力倾注在追求时髦和奇装异服上。学生平时的服饰应以朴素大方、线条流畅、明快简洁为好,这样可充分显示出学生朝气蓬勃的精神面貌。

不要穿奇装异服。女学生不要涂口红、胭脂、指甲油,不要画眉毛,因为少女的肌肤丰润,本身就具有一种自然美,根本无须化妆。因为刻意的化妆打扮,只有助于气色,却无助于气质。同时也不要戴金银首饰。学校是学习的场所,学生们珠光宝气、浓妆艳抹,会给人矫揉造作、俗不可耐的感觉,还会使部分学生产生虚荣心或自卑感,这不利于学生的健康成长,是与学校的教育目的背道而驰的。

男同学一般喜欢穿运动服和西装。穿运动服显得潇洒、自然、随便、休闲;而西装是

由欧洲传入中国的,穿着西装有一定的讲究:

①　西装必须合体。领子应紧贴衬衣领口而且低于衬衣领口1.2厘米。袖子的长度以达到手腕为宜,里面衬衣的袖长应比西装袖子长出1—2厘米,这样可以用对比色的衬衣衬托出西装的美观。穿西装时要特别注意后背不能起吊。

②　穿西装时必须穿长袖衬衣,并将衬衣的纽扣扣好,领口要挺括,外露部分一定要平整干净,衬衣下摆要掖在裤子里。要注意西装与衬衣的颜色搭配,花花绿绿的衬衣不能配男式西装,带条纹的衬衣不能配方格西装。一般而言,衬衣和西装在色调上要形成对比,西装颜色越深,衬衣颜色要越明快。

③　穿西装时切忌穿过多的内衣。如果确实需要,内衣的领口和袖口一定不要显露出来。如果天气太冷,出席的场合也不太正式,那么衬衣的外面可以穿上一件毛衣或毛背心,但毛衣或毛背心一定要紧身,不要过于宽松,以免显得臃肿,影响穿西装的穿着效果。

④　在正式的社交场合,穿西装要系领带。领带的长度以达到皮带扣处为宜。如果穿毛衣或毛背心,应将领带下部放在毛衣领口内。打领带时,衬衣的第一个纽扣要扣好。如果佩带领带夹,一般应夹在靠近衬衣的第四个纽扣上。在非正式场合,穿西装也可以不打领带,只是要把衬衣最上面的纽扣解开,以免让人感觉是你忘记打领带了。

⑤　西装有双排扣和单排扣之分。穿双排扣西装,不管在什么场合,一般都要将扣子全部扣好,否则就会被认为是轻浮不稳重。单排扣两粒扣子的西装,应记住:扣子只扣上面一粒是正规,都不扣是潇洒,两粒都扣是土气,只扣下面一粒是流气。如果是三粒扣子,则只须扣中间一粒或都不扣。

⑥　西装的衣袋只起装饰作用,不可以装东西,否则西装就会变形。西装胸部的衣袋只可插折叠成花式的手帕或鲜花。少量钱物可装在西装上衣内侧衣袋里。西裤的裤袋也不是用来装东西的。西裤长应以裤脚接触脚背为妥。穿西装一般要配黑色的皮鞋和深色的袜子。

另外,男同学不能抹香粉、洒香水,否则会显得脂粉。更不要穿背心、打赤膊或趿着拖鞋在公共场所出入。

2. 仪态举止

洒脱的风度,优雅的举止,最能给人留下深刻的印象。我们往往以一个人的仪态来判断他的品格、学识、能力和修养。举止不当是缺乏风度和没有修养的表现,会影响自身形象的塑造。在一般社交场合,应做到仪态举止自然随和、文雅有礼,动作稳重得体、协调完美。在改革开放的今天,大中专学生尤其需要学习这方面的知识。

仪态举止包括:站、坐、行的姿势,与人交谈的态度、说话的声音、风度气质、行为动作、面部表情、个人卫生等等。怎样的仪态举止才符合规范呢?

（1）坐立行走的规范姿势

俗话说:"站如松,坐如钟,行如风。"所谓"站如松",就是说站得要像松树一样挺拔,要注意站姿的优美和典雅。其基本要领是:站正,身体重心放在两脚中间,不要偏左或偏右,胸要微挺、腹部自然略微收缩,腰直、肩平,两眼平视,嘴微闭,面带笑容,双肩舒展，双臂自然下垂，两腿膝关节与髋关节要展直。站立太累时，可变换为调节式站姿。无论是哪一种站姿，均应注意双手不可叉腰，不可抱在胸前，不可插入口袋；身体不要东倒西歪依靠物体；不要弯腰弓背，耷拉脑袋；不要挺着肚子，叉开双腿。否则，会显得无精打采，仪态不雅。

所谓"坐如钟"，即坐得要像钟那样端正，要注意坐姿的闲雅自如。其基本要领是：上体自然坐直，两腿自然弯曲，双腿平落地上，双膝并拢，臀部坐在椅中央，腰部靠好椅背，两手放在双膝上，胸微挺，腰伸直，目平视，嘴微闭，面带笑容。入座时，走到座位前面再转身，然后轻稳坐下。女子入座时，要用手把裙向前拢一下，坐累了，可变换为侧坐。无论哪种坐法，都应给别人以美的印象。切忌前俯后仰，摇腿翘脚，两膝盖分开，把脚架在别人的椅背上或放在自己的椅子上，这样会给人懒散不雅之感。

所谓"行如风"，即走起路来像风一样轻盈，有雅致的步态。其基本要领是：上体正直，不低头，眼平视，面带笑容，两臂前后自然摆动，肩部放松，身体稍向前，重心在脚掌前部，挺胸，收腹。这样走路，会显得有活力且神采奕奕。正常行走，双脚尖是正对前方，走在一条直线上的。走路不要前俯后仰，左右摆晃。两脚尖也不要向内或向外歪，这是走"内八字"或"外八字"，不好看。有的人走路大摇大摆，有的人走路像机器人一样呆板，有的人步履拖沓，发出难听的声响，或几个人勾肩搭背，这些都属于不良的行走姿势，会给人粗俗不雅之感。

走路的步态美好与否，还取决于你的步位和步度，如果步位和步度不合乎标准，行走的姿态便会失去协调性。所谓步位，就是你的脚板落到地上时的位置。特别是女子走路时，双脚轮换前进，要走一条线，而不是两条平行线。否则，臀部会失去摆动，腰部会显得僵硬，步态也会失去美感。这一点对年轻女子，尤为重要。所谓步度，就是跨步时两脚之间的距离。标准的步度是一个脚长。因此，对不同的人来说，标准步度的大小是不同的。使用标准步度可以使步态更美。我们应该纠正那种不雅观、不规范、不正确的行走方式，使自己的步态更优美雅致。

当然，在家居和休闲时，也可随意放松些。以上要求，希望同学们认真学习，慢慢养成良好的坐立行走习惯。

（2）文明得体的举止行为

在学习工作中，我们经常处于动的状态，动作的稳重得体，手势的优雅适当，都是文明的标志，需要注意培养。

① 在路上行走，必须靠右。路上遇到长辈、熟人，应礼貌地打招呼或点头示意。

② 有客人光临时，应立即站起，主动招呼，热情让座。

③ 走路、上下车、上下楼梯时，应礼貌待人，主动让道，不要争先恐后。

④ 与人交谈时，手势不宜过多，动作不宜过大，要给人一种优雅、含蓄、彬彬有礼的感觉。

⑤ 克服"冒冒失失"的行为。冒失的行为表现在：做事大大咧咧，不拘小节；进别人宿舍不敲门，推门往里闯，反客为主；找人时，大喊大叫；在需要安静的公共场所，高谈阔论或随手关门时发出很大的响声，等等。这些都是行动不稳重不得体，缺乏修养的表现。

（3）自然儒雅的气质风度

有的人曾把"美人"归为三种：第一种，看一眼漂亮，但相处之后，却觉得不怎么样，甚至令人感到厌恶。第二种，看一眼漂亮，再与之久处，便发觉漂亮非凡。第三种，看一眼平平，继而与之深交，就发现其有一种深藏的美，让人觉得"越看越好看"。这种归纳是否科学和准确，暂可不论，但它却可说明一个事实，即一个人的容貌打扮美不美，是容易发现和判断的，而考察一个人的心灵美不美，却要花较长的时间和较多的精力，因为，这种美隐藏在人的内心深处。这也就是风度气质的美，它比形体美更为珍贵。因此，我们在学生时代，就要努力培养这种美。

作为男同学，应使自己具有阳刚之美和儒雅之风。平时说话和气、文雅谦逊，态度热情诚恳、自然随和，行事果断，要让人看到你有一颗善良、纯真、美好的心。"刚"不等于"野"，如果男孩子说话过于随便、粗野、骄横，在公共场所，敞胸露怀、歪戴帽子、打响指、吹口哨，就会给人一种"痞子"、"二流子"的印象。

作为女同学，应使自己的气质风度"优雅得体"。在交际场合中，女子应表现出轻盈、娴静和典雅之姿，动作要有柔性，给人一种虽动犹"静"的优美感。要面带笑容，"笑脸迎人"往往会使人有"如沐春风"之感。当然，这种笑，应是发自内心的轻松友善的微笑，而不是强装出来的尴尬之笑。同人交谈，要庄重谦逊，要注意聆听，凝视对方，不要腼腆低头，扭怩作态。在大庭广众之下，态度要大方自然，切忌表情过分。目光游离，挤眉弄眼，大笑不止都是有失风度的。在陌生人面前，"内向"比"外向"好，含蓄比夸张好。被男友邀约，要探究其原因、动机和活动内容，如觉得不宜，应婉言谢绝，但不要给人难堪。在异性面前不要太随便，应自尊、自重、自爱。听到别人的议论或批评要客观对待，有则改之，不要马上同别人翻脸，要有涵养。

3. 卫生习惯

卫生也是文明礼貌的标志之一。养成良好的卫生习惯应做到"六勤"：即勤洗澡、勤换衣裤、勤修面、勤理发、勤洗手、勤剪指甲。在公共场所，应避免当着他人的面擤鼻涕、掏鼻孔、揩眼屎、打哈欠、修指甲、剔牙齿、挖耳朵、搔痒；不随地吐痰，不乱抛纸屑、烟蒂、废物；还要防止在大庭广众之下让体内发出各种不雅的声响。

综上所述，一个人气质的优劣，风度的雅俗，给人印象的好坏，以及有无吸引人的风采和魅力，都可从他的仪表、仪容和举止上反映出来。如果一个人有美丽的心灵，从容的气度，庄重的仪表，大方的仪容，优雅的仪态，亲切的眼神，和煦的微笑，即使他长得不美，也会令人刮目相看，肃然起敬。所以，我们在学校里就应注意仪表、仪容、仪态的修养。

二、课 堂 礼 仪

1. 作好上课准备。

学生在课前进入教室，端坐恭候教师来传授知识，本身是一种礼貌行为，也是对教师应有的尊敬。教室里的这种肃穆气氛,既能为老师取得良好的教学效果打下基础,又能使师生之间的关系更为密切。若是课前几分钟学生还在跑进跑出,教室嘈杂不宁,就会使老师上讲台时情绪不好,而影响教学效果。上课迟到了,应在教室门口先喊"报告";如教室门关着,应轻轻叩门,得到老师允许后,方能进入教室。需要时,应向老师说明迟到原因,得到老师谅解和允许后,方可入座。走向座位时,脚步要轻,动作要小,尽量不要发出太大的响声,更不要有任何滑稽可笑的举止。坐下后,应立即集中注意力听讲。总之,要把迟到对课堂秩序造成的影响减小到最低限度。

2. 遵守课堂纪律。

遵守课堂纪律是基本的礼貌。唐代文学家韩愈说:"师者,所以传道授业解惑也。"教师的责任是重大的,教师的劳动是高尚的,理应得到人们的尊重。一个学生不遵守课堂纪律,既是对教师的不尊重,也是对其他同学的不尊重;既影响授课的进行,又影响别人的学习。正因为课堂是学生从师解惑的主要场所,所以每个学生都应遵守课堂纪律,这既是对教师辛勤劳动的尊重,也是一种基本的礼貌。

遵守课堂纪律主要表现在专心致志地听讲,热情踊跃地发言,积极主动地配合老师完成课堂教学任务等方面。

古人说:"人非圣贤,孰能无过。"老师是普通人,在课堂上出现这样或那样的错处在所难免。学生可以给老师指出,但要根据具体情况,选择合适的时间和场合,礼貌地同老师商榷,不要当场让老师难堪。

三、与 人 相 处

1. 在集体生活中既要相互关心,又不能干预别人私事。不可私自翻看他人日记;不可私拆私藏他人信件;不可打探同学的隐私;当同学有亲友来访并谈论一些私事时,要适当回避。

2. 有事去拜访老师或朋友,最好先预约,事情办完后须及时告辞,以免侵占别人的时间,妨碍别人的生活。

3. 不可乱叫老师同学的绰号,不可讲粗话,不可开过火的玩笑。对待有生理缺陷的人,应给予关心、帮助和照顾,决不能奚落、讥讽或歧视他们。

4. 借用他人钱物,必须得到物主的同意,用后及时归还。东西若有损坏,应主动照价赔偿。

5. 对长辈或老师,不能直呼其名。与长辈及老师交谈,应谦虚诚恳。

6. 要遵时守信。失约和言而无信是最令人反感的。

7. 与同学相处,要真诚友善。必须做到诚心待人,心口如一。口是心非、不够真诚的人,即使其礼节再周到,也会给人留下"伪君子"的印象。

8. 要谦虚随和。只有谦虚,别人才愿意与你相处交往。相反,趾高气扬,夸夸其谈,往往会被视为傲慢、不知礼,而使别人对你敬而远之。随和,不是随声附和,而是善于听取别人的意见;不要总强调自己的主观意志,也要让别人表达看法、观点,这样才能表现出你虚怀若谷。

9. 要理解宽容。理解别人尤其要注意理解与自己意见看法不同的人,理解自己看不惯、不喜欢的人,理解有缺陷、有隐衷、有自卑感的人。要设身处地地考虑问题,不要主观臆断、曲解人意。这样,对方才会视你为可信赖的朋友。宽容别人,就是要能以宽大的胸怀容人。对于那些与你对立、伤害了你的自尊心或侵犯了你的利益的人,也要能与之相容,这样不但能显示出你的良好修养,而且能使行为不良的人得到感化。当然,宽容决不是纵容,不是无原则地姑息迁就,不是做"老好人"。对于邪恶行为和故意寻衅滋事者不能一味讲宽容,而要有理、有力、有节地坚持斗争。

10. 与同学相处,一定要做到互尊互帮。尊重应该是相互的,你尊重别人,别人自然也会尊重你。只要求别人尊重自己,而自己一点也想不到尊重别人,这是自私自利,不懂得起码礼貌的表现。人生在世,谁都会遇到困难,只有人人都学会关心别人、帮助别人,才能使每个人都感到生活充满了温暖和慰藉。

11. 与异性同学接触,事前应得到对方的许可。谈话时间要短,相互不要靠得太近。在校外偶尔相遇,或久别重逢,一般情况下,男生不宜先伸手要求握手。异性同学间,特别应注意以礼相待。对异性同学的容貌、身材、衣着,不应评头品足。对异性同学的弱点、缺点或残疾,不可嘲讽,不要伤害对方的自尊心。对异性同学不宜过分亲昵。男女同学正处于生理、心理发育成长的青春期,双方往往都会产生对异性的好奇和兴趣,但由于年轻,自控能力较差,对社会的了解和对生活的理解又较浅薄,同时,感情也最易冲动,在这种情况下,异性同学过分亲昵,就可能导致一方或双方想入非非甚至早恋,最终使双方的学习和身心健康受到不良影响。

12. 正确处理同学间庆贺生日及各种聚会之事。同学的生日,毕业或老乡聚会应以精神交流为主。活动的安排应有激励作用,应能鼓舞同学奋发向上,并充分感受集体的友爱之情,而不应每人凑钱大吃大喝,更不能酗酒和无节制地狂欢。

总之,学生在校期间的言谈、举止、仪表、仪容以及社交等方面的表现,能反映出一个学生的思想修养和精神面貌。我们要通过学习礼仪知识,继承和弘扬文明古国的礼仪文化,让文明礼貌之花,在校园里遍地开放。

第二节　社　交　礼　仪

一、交际用语的学问

交际也是一门艺术,要讲究礼仪,在各种场合都要注意使用礼貌用语。

初次见面应说:幸会

看望别人应说:拜访

等候别人应说：恭候

请人勿送应用：留步

对方来信应称：惠书

麻烦别人应说：打扰

请人帮忙应说：劳驾

求给方便应说：借光

托人办事应说：拜托

请人指教应说：请教

请人指点应称：赐教

请人解答应用：请问

赞人见解应用：高见

归还原物应说：奉还

求人原谅应说：包涵

欢迎顾客应说：光顾

老人年龄应称：高寿

好久不见应说：久违

客人来到应用：光临

中途先走应说：失陪

与人分别应说：告辞

赠送作品应用：雅正

二、交际中运用目光的学问

1. 当一个人在交际场合说错了话或做了不自然的动作时,他一定会感到很尴尬,担心人们嘲笑、蔑视他。这时你千万别看着他的脸,或看了一眼以后要马上转移你的视线。否则,他会认为你在用目光讽刺嘲笑他。

2. 一般来说,在交谈过程中,应注视对方的眼睛或脸部,以示尊重别人。但是,当双方缄默无语时,就不要再老是看着对方的脸。因为双方无话题时,本来就有一种冷漠、踌躇不安的感觉。如果在此时,你注视对方势必使对方显得更尴尬。

3. 送客人时,要等客人转过身并走出一段路后,不再回头张望你时,你才能转移目送客人的视线。

4. 如果你在街上或人多的场合看到某陌生人风度翩翩,相貌端秀,服饰新颖,你想欣赏他(她)的美时,请你从侧面或后面欣赏,不要在人家的对面停住脚步来看他(她),因为这样做是很不礼貌的。当你发觉对方目光将要与你的目光相遇时,你应主动避开。

三、赴宴与进餐的学问

1. 赴宴时,应做到仪表整洁。

2. 赴宴不宜过早或过迟,如果迟到,要道歉并解释,方好入席。

3. 进餐时,筷子不能交叉放置;夹菜应先拣离自己最近的菜下箸,夹菜时不要在碗碟里乱翻找,较远的菜应等主人或同座客人表示请用后再下箸。端碗时,不要大把托着。

4. 吃饭时,切忌狼吞虎咽,吧嗒嘴。席上谈话时口里不应含着食物,饮屑四射是极不文明的。汤和食物如果太热,不可用嘴吹。席中不要酗酒。

5. 客人不得中途退席,如确有急事,要向主人说明原因,表示歉意,同时要向其他客人示意,方可离席。

四、握手的学问

1. 行握手礼时,应距离受礼者约一步,上体稍前倾,两足立正,伸出右手,四指并拢,拇指张开与受礼者握手,并上下微摇,礼毕即松开。要特别注意的是,不管与你握手的人长得怎样,你跟他握手的一刹那都必须和颜悦色地看着他的眼睛。这既表示你对他的尊重,也显示了你的自信。千万不可一面握手一面斜视他处,左顾右盼,那是极不礼貌的。

2. 握手时不可一脚站在门内一脚站在门外,不可边握手边拍打对方的肩(尤其是初次见面)。不要坐着与人握手。握手的时间一般为三五秒为好。如果是老朋友见面,握手的时间可稍长些。

3. 握手的力度一定要适中:握得太重,使人感到很粗鲁;握得太轻,又使人感到你在敷衍他或缺乏信心。一般来说,男士之间可以握得较紧,以表示热烈,但也不能太过分。男士与女士握手时,只能握女士手指部位而且要轻握。

4. 握手的顺序是:上下级之间,上级先伸手,下级再伸手;异辈之间,长辈先伸手,晚辈再伸手;宾主之间,主人先伸手,宾客再伸手。作为主人,不论对方是男是女,都应先伸手以示欢迎。男女之间,女士先伸手,男士再伸手。如果女士不伸手,无握手之意,男士就只能点头或鞠躬致意。男女初次见面,女士可以不和男士握手,点头示意即可。

五、打电话的学问

1. 打电话首先要选择合适的时间。无特殊情况,打电话应避开清晨、午休和晚上十点以后等时段。

2. 打电话前,应理清思路,拟好谈话要点和顺序。当受话方不是你所找之人,而他(她)又询问你的姓名时,一般应告诉对方。如果反问对方"你是谁",那是很不礼貌的。如果你不便说出自己的姓名,那也应婉转地回答。比如说:我是他的朋友,我明天再打电话来吧。如果在拨号时将电话号码弄错了,应向接电话者表示歉意。

3. 接听电话者要先自报家门:"您好,这里是×××。"接着再问对方谁。只报一声"喂"是不礼貌的,仅说一声"您好"也并不完全合适。更切忌自己什么都不说,只是一味地询问对方:你叫什么名字? 你是哪个单位的? 你找他有什么事? 这都是缺乏修养的表现。如果接听后,自己不是受话人,应负起传呼的责任。但不能听筒未放下,就大叫:"某某,你的电话!"而应对发话人说一声"请稍候",然后再去找人。如果电话来得不是时候,你手里正忙,而对方又没完没了地闲扯,这时可以委婉地道别:"同您谈话真是意趣横生,可我不能再耽误您的时间了,因为我知道您是很忙的。"拨电话的一方讲完话后,要隔一个呼吸的时间再放下话筒,才符合礼仪。接电话的一方在对方没有放下电话时,不可喀嚓一下就放下。

4. 接打移动电话时,说话声音要适度。与人交谈时,若电话响了,应向对方说声"对不起",然后再接电话。在参加会议时或处在一些不适合接电话的场合,一般应将移动电话关闭或放在无声档上。使用传呼机时,一般传呼机响了,应马上回电话。如果因为自己正忙着或因其他原因不能立刻回电话,应事后向对方解释,请求对方原谅。参加会议时或在一些不适合传呼机响的场合,应将传呼机调至震动档,以免引起别人的反感。

六、接送名片的学问

1. 接受他人的名片,应当恭恭敬敬,双手捧接。接过别人当面递上的名片时一定要看一看,有看不明白的地方可以向对方请教。如需把接受的名片暂时放在桌子上,就不能在它上面压其他的东西,如果你想要得到对方的名片,不要直截了当地去向人家要,应该以含蓄、请示的口吻说:"如果没有什么不便的话,能否请您留张名片给我。"

2. 初次相识,双方经人介绍后,如果有名片则可取出名片送给对方。如果是事先约定的面谈,或事先双方都有所了解,不一定忙着交换名片,可在交谈结束、临别之时取出名片递给对方。递送名片时,应事先把名片准备好,双目友好地注视对方,双手恭敬地递送名片,并配以口头介绍。如果给一位先生名片时,其身边有一位女士正好是他的夫人或女儿,只需口头问候,不必另递名片。如果她与身边的男士无亲属关系,而是以独立的身份参加活动,应同样向其递送名片。

3. 递送名片时,应注意分寸,不可滥发,应根据自己的需要确定对象。在递送名片时,切不可漫不经心,也不可一边自我介绍,一边到处翻找名片,更不应该把一叠名片全掏出来,又慢腾腾地翻找自己的名片。同一场合,切忌向同一对象重复递送名片。递送名片最好依照座次来递送。接受他人递送的名片后,切不可顺手塞进公文包里或扔到抽屉里,应将名片放入自己携带的名片盒或名片夹中,千万不要搞脏或弄皱。

七、介 绍 的 学 问

在日常生活中,怎样和素不相识的人相识并建立友谊? 主要靠相互介绍或自我介绍。

1. 在约会、宴会、朋友聚会等场合,有一些人互相不认识,这时候就需要主人作介绍。当主人向自己介绍别人时,一定要站起,致以谢意。要主动向对方说清自己的姓名、职业等,同时注意在第一次介绍后记住对方姓名,免得谈话时不好称呼。对一些自己不认识的长者或领导同志,要主动站起来,先自我介绍,让对方了解自己。

2. 自我介绍时,态度要谦虚,不能自我吹捧。如果你担负一定的领导职务,不要在介绍时显示出来,只要说出在某某单位工作即可。初次见面时过分地表现自己容易引起对方的反感。

3. 自己帮朋友作介绍要简洁明了。一般是把男同志介绍给女同志,年轻的介绍给年长的。介绍时,要注意实事求是,掌握分寸,不能胡乱吹捧,以免使被介绍人陷入尴尬的境地。

4. 介绍姓名时,口齿要清楚,并作必要的说明,如介绍李某,可以说是"木子李";介绍章某,可以说是"立早章",这样既听得明确,又便于记忆。被介绍人应以礼貌的语言向对方问候,点头或握手致意。现在,名片的使用日益广泛,在自我介绍或被人介绍时递上一张名片,是既礼貌,又容易使对方准确记住自己的好办法。

八、送花的学问

"花为媒"、"花表心声",在现代社交活动中,送花越来越普遍,也越来越受到欢迎,大凡探访、慰问、祝贺,人们都喜欢送花为礼,而情人之间吐露心曲,更离不开送花。不过,不同的花有不同的象征意义,不可乱送。下表或许会对你有所帮助:

1. 玫瑰花:表示初恋、求爱、爱情。刺玫瑰:表示优美。红玫瑰:表示爱慕。

2. 康乃馨:表示亲情、友情。

3. 紫罗兰:表示诚实、朴素。

4. 菊花:表示高洁。

5. 郁金香:表示爱情、胜利和美好。

6. 百合花:表示百事合心、团结友好和尊敬。白百合花:表示纯洁、文静。

7. 月季:表示幸福、光荣、美丽。

8. 勿忘我草:表示勿忘、真挚和贞操。

九、拒绝的学问

人活在世上,总会有些同窗好友或同事有事相求。如果能办到的话,就应尽力去办。假若提出的要求过分了或者自己无法办到,这就出现了要拒绝他人的情况。很多人在处理这类问题时往往感到很棘手,因为不知如何开口拒绝,怕伤害了彼此之间的友谊。怎样开口拒绝,才不会伤害对方呢? 应该从以下几个方面进行考虑。

1. 在你说"不"前,务必让对方了解自己拒绝的苦衷和歉疚,态度要诚恳,语言要温和。

2. 避免模棱两可的回答。如"我再考虑考虑"等,对于这种说法,说话的人或许认为已表示了拒绝,可是有所求的一方却认为对方真的正在替他想办法,这样一来,反而耽误了对方,所以切莫使用含糊的字眼。

3. 把不得不拒绝的理由以诚恳的态度加以说明,直到对方了解你真是爱莫能助,这才是最成功的拒绝。

十、对付别人背后议论的学问

背后议论别人是一种不良习惯,对人对己都没好处。但在生活中,背后议论别人的现象并不少见。

发现别人在背后议论自己,尤其是在说自己的一些"坏话"时,应该怎么办呢?生气、愤怒、害怕、躲避,乃至争吵、对质等等,都无益于解决矛盾。可以采取这样的态度:

1. 自己要有"有则改之,无则加勉"的气量。别人议论自己,总是对自己比较关注。一般小事,可以不放在心上,如果别人议论的确实是自己的弱点,则要引起注意,加以改正。

2. 要有"不做亏心事,不怕鬼敲门"的坦然心态。对于那些无中生有的议论,不必为之生气、消沉,也不必急切地申明、对质。有时候,沉默是最好的态度。走自己的路,不用理睬"闲言碎语",无聊者也就无从下嘴了。

发现别人在背后议论自己,一时感到有些压力,这不足为怪。不过,要及时地变压力为动力,通过自我反省,坚持好的,改正错的,多多征求别人的意见,勇于接受批评,不断改善自己。

作为跨入新世纪的中国青年,我们要继承与弘扬中华五千年的礼仪文化,掌握现代礼仪的基础知识,在日常的学习、工作、生活中,努力约束规范自己的行为举止,使自己真正成为一个懂礼、有礼而不拘礼的文明新人。

思考与练习

1. 对照以上学习内容,以小组或宿舍为单位互相交流,谈谈自己在礼貌、礼仪方面做得怎样?在平时的学习生活中还存在哪些不文明、没礼貌的行为?
2. 通过班级讨论,评选出在礼貌礼仪方面表现最佳的老师和同学,并向他们学习。
3. 以小组或宿舍为单位,创作、编排并表演一些反映礼貌礼仪方面内容的小品或相声,使礼貌礼仪的知识深入人心。
4. 请阅读吕叔湘先生的《老想着有别人》一文,谈谈你从中得到了哪些启示?

老想着有别人

吕叔湘

文明礼貌月又开始了,想谈谈日常生活中不太被人注意的一些小事情。事情虽小,却可小以见大。

您要是夏天早晨到某个公园里走走,有时候您会听到背后忽然大喝一声,让您吃一惊。原来那位同志是在一边散步一边喊嗓子。再往前走一截路,您又会遇到凉亭里有人在唱戏,一般有胡琴伴奏,有的时候还有鼓板。按说公园里应当保持安静,唱戏喊嗓子都应当另找地方。这使人联想到"史无前例"时期的高音喇叭,叫城外的人往城里躲,城里的人往城外躲。幸而这已经成为过去了。可是工厂或是学校,用大喇叭做广播操或召开大会,因而惊动四邻八舍的事情,也还没有绝迹。至于在办公室里高谈阔论,在宿舍里打儿骂妇,叫周围的人不得安宁,那更是天天可以遇到的。还有人走出房间顺手关门，用的是挥拍打球的姿势，不等门关上先撒手，砰地一声叫房间里的人吓一跳。

所有这些事情，都是由于脑子里只装着自己，没有装着别人。上面说到的都跟声音有关，再说些声音以外的事情。刚才提到关门，一般的门以外有弹簧门，有人猛推弹簧门出去，撒手不管，走在他后面的人挨上了，只能自认晦气。走路的时候遇到的威胁是很多的。比如在副食品商店门口或是汽车站附近，您常常可以看见地上满是香蕉皮。又比如走在人行道上，前边有三五人一字摆开，漫步说笑，您在他们后边只能亦步亦趋，干着急。至于小胡同里踢小足球，十字路口打羽毛球，那也是常常会遇到的。

跟走路无关的事情也不老少。比如跟人约好时间，偏要迟到五分钟，想的是"与其我等他，宁可他等我"。又比如给人写信，写上许多只有自己认得的字，叫别人猜这猜那。又比如把刀子、剪子递给人家的时候，自己拿着把儿，把尖儿冲着对方。这一类小事情还可以举出很多。

有人说，讲文明礼貌要抓大事，这些小事不值得计较。我说不然。大事小事，思想基础是一个。你是只想到自己啊，还是也想到别人，或者首先想到别人。老想着有别人，形成好习惯，生活上常常想到别人，工作中也就自然而然地想到别人——想到顾客，想到用户，想到来信、来访的人，想到一同工作的同志，想到应当为之服务的人民。说是日常生活中不想到有别人的人，在工作中会念念不忘"为人民服务"，我不敢说绝对不会有这种事情，但是我要说："怕是未必！"

附录 1

基础知识训练(一)
订正错别字

以下各组词或词组中均有错别字,均搜集自高职、中专学生的作文中。要求学生认真查阅词典,理解词意,区别形近字的不同用法,把错别字一一找出并订正好,不会读的请注上拼音,不懂其意的要查明释义。教师要认真检查和考核。

第 一 组

1. 挠命(   )　　　11. 蓝球(   )
2. 亮象(   )　　　12. 忍奈(   )
3. 温心(   )　　　13. 布署(   )
4. 随及(   )　　　14. 擅抖(   )
5. 拉遢(   )　　　15. 坐位(   )
6. 下塌(   )　　　16. 勇跃(   )
7. 遭蹋(   )　　　17. 冒然(   )
8. 必竟(   )　　　18. 优静(   )
9. 一但(   )　　　19. 按排(   )
10. 担误(   )　　　20. 报怨(   )

第 二 组

1. 滕飞(   )　　　5. 排立(   )
2. 傲游(   )　　　6. 行理(   )
3. 遥言(   )　　　7. 废解(   )
4. 兴慰(   )　　　8. 喷涕(   )

9. 善长（　　）　　　15. 扬溢（　　）

10. 道谦（　　）　　　16. 厄杀（　　）

11. 技俩（　　）　　　17. 缈茫（　　）

12. 嫡爱（　　）　　　18. 朝庭（　　）

13. 作敝（　　）　　　19. 造事（　　）

14. 挎掉（　　）　　　20. 端祥（　　）

第 三 组

1. 感昌（　　）　　　11. 恭维（　　）

2. 诞街（　　）　　　12. 防御（　　）

3. 勇取（　　）　　　13. 煅炼（　　）

4. 锁碎（　　）　　　14. 闲暇（　　）

5. 细腻（　　）　　　15. 渲染（　　）

6. 煞白（　　）　　　16. 跋涉（　　）

7. 疪护（　　）　　　17. 湖涂（　　）

8. 辜负（　　）　　　18. 葱笼（　　）

9. 滑稽（　　）　　　19. 摇曳（　　）

10. 潇洒（　　）　　　20. 虐待（　　）

第 四 组

1. 不甘视弱（　　）　　　11. 岂今为止（　　）

2. 专心致致（　　）　　　12. 零辰三点（　　）

3. 一踏糊涂（　　）　　　13. 非常荣兴（　　）

4. 按步就班（　　）　　　14. 麻俾大意（　　）

5. 温温而雅（　　）　　　15. 落取通知（　　）

8. 声名狼籍（　　）　　　18. 身材槐梧（　　）

9. 成认错误（　　）　　　19. 浩月当空（　　）

10. 造脂很高（　　）　　　20. 犹为精彩（　　）

第 五 组（成语）

1. 人才倍出（　　）
2. 兴灾乐祸（　　）
3. 是懂非懂（　　）
4. 不寒而粟（　　）
5. 古名思义（　　）
6. 披新戴月（　　）
7. 迫不得以（　　）
8. 琳郎满目（　　）
9. 脍灸人口（　　）
10. 迫不急待（　　）
11. 津津计较（　　）
12. 众说纷云（　　）
13. 雷历风行（　　）
14. 轻歌慢舞（　　）
15. 怨天由人（　　）
16. 既往不究（　　）
17. 消遥法外（　　）
18. 暗然伤神（　　）
19. 容光焕发（　　）
20. 厉兵抹马（　　）

第 六 组（成语）

1. 鬼鬼崇崇（　　）
2. 原形必露（　　）
3. 阴谋鬼计（　　）
4. 走头无路（　　）
5. 委屈求全（　　）
6. 挤挤一堂（　　）
7. 名闻遐尔（　　）
8. 粗制烂造（　　）
9. 弱不经风（　　）
10. 含辛如苦（　　）
11. 暴露无余（　　）
12. 吹毛求庇（　　）
13. 病入膏肓（　　）
14. 坛花一现（　　）
15. 一愁莫展（　　）
16. 黄粱一梦（　　）
17. 鞠躬尽粹（　　）
18. 得不尝失（　　）
19. 消声匿迹（　　）
20. 浮想联篇（　　）

附录2

基础知识训练(二)
读拼音学认字

念白字、别字是很煞风景的,也最易被别人取笑。以下各组词或词组中凡加点的字,均是学生平时朗读或口头表达时容易读错说错的常用字。请你先不看拼音浏览一下,有多少字有把握读准确?凡读错的请把它校正过来,争取以后不再犯同样的错误。同时,请认真查阅词典,理解它们的意思。教师应把此训练纳入考核内容之中。

第 一 组

1. 撷取(xié)
2. 扼杀(è)
3. 殉情(xùn)
4. 绽放(zhàn)
5. 伺候(cì)
6. 戍边(shù)
7. 邂逅(xiè)
8. 懦弱(nuò)
9. 惦念(diàn)
10. 掂量(diān)
11. 吮吸(shǔn)
12. 纤维(xiān)
13. 酗酒(xù)
14. 嗜好(shì)
15. 裸露(luǒ)
16. 炽热(chì)
17. 刽子手(guì)
18. 瞅见(chǒu)
19. 惬意(qiè)
20. 歆羡(xīn)

第 二 组

1. 干涸(hé)
2. 娇媚(mèi)
3. 租赁(lìn)
4. 商贾(gǔ)

5. 佳肴（yáo）

6. 饶恕（shù）

7. 自诩（xǔ）

8. 澎湃（pài）

9. 河畔（pàn）

10. 毗邻（pí）

11. 峭壁（qiào）

12. 枢纽（shū）

13. 腼腆（tiǎn）

14. 混淆（xiáo）

15. 不屑（xiè）

16. 谦逊（xùn）

17. 秦桧（huì）

18. 污秽（huì）

19. 鞭挞（tà）

20. 垃圾（jī）

第 三 组

1. 笨拙（zhuō）

2. 伫立（zhù）

3. 肄业（yì）

4. 湍急（tuān）

5. 锃亮（zèng）

6. 挑剔（tì）

7. 偌大（ruò）

8. 蜷缩（quán）

9. 蹒跚（pán）

10. 泥淖（nào）

11. 愤懑（mèn）

12. 纨袴（kù）

13. 恪守（kè）

14. 狙击（jū）

15. 发酵（jiào）

16. 歼灭（jiān）

17. 嫉妒（jí）

18. 徘徊（huái）

19. 皈依（guī）

20. 粗犷（guǎng）

第 四 组

1. 蛊惑人心（gǔ）

2. 徇私舞弊（xùn）

3. 侃侃而谈（kǎn）

4. 惴惴不安（zhuì）

5. 面面相觑（qù）

6. 迥然不同（jiǒng）

7. 大腹便便（pián）

8. 不胜枚举（méi）

9. 栩栩如生（xǔ）

10. 良莠不齐（yǒu）

11. 垂涎三尺（xián）

12. 拈轻怕重（niān）

13. 同仇敌忾（kài）

14. 一丘之貉（hé）

15. 为虎作伥（chāng）

16. 孑然一身（jié）

17. 沁人心脾（qìn）

18. 咄咄逼人（duō）

19. 亘古未有（gèn）

20. 岿然不动（kuī）

第 五 组

1. 忧心忡忡（chōng）
2. 瞠目结舌（chēng）
3. 生死攸关（yōu）
4. 众目睽睽（kuí）
5. 风驰电掣（chè）
6. 锲而不舍（qiè）
7. 莘莘学子（shēn）
8. 叱咤风云（zhà）
9. 稍纵即逝（zòng）
10. 蜕化变质（tuì）
11. 讳疾忌医（huì）
12. 不稼不穑（sè）
13. 运筹帷幄（wéi）
14. 寅吃卯粮（mǎo）
15. 荒诞不经（dàn）
16. 投笔从戎（róng）
17. 南辕北辙（zhé）
18. 色厉内荏（rěn）
19. 相濡以沫（rú）
20. 阮囊羞涩（ruǎn）

第 六 组

1. 罄竹难书（qìng）
2. 振聋发聩（kuì）
3. 一蹴而就（cù）
4. 百舸争流（gě）
5. 有恃无恐（shì）
6. 潸然泪下（shān）
7. 含垢纳污（gòu）
8. 步履维艰（lǚ）
9. 自怨自艾（yì）
10. 放荡不羁（jī）
11. 买椟还珠（dú）
12. 鳞次栉比（zhì）
13. 海市蜃楼（shèn）
14. 得陇望蜀（lǒng）
15. 岌岌可危（jí）
16. 助桀为虐（jié）
17. 踟蹰不前（chí）
18. 睚眦必报（zì）
19. 忐忑不安（tǎn tè）
20. 风流倜傥（tì tǎng）

精读部分文言文译文

译文 1

邹忌讽齐王纳谏

刘 向

　　邹忌身高八尺多,仪容很漂亮。一天早晨,他穿戴好衣帽,照着镜子,对他的妻子说:"我同城北徐公比,谁漂亮?"他妻子说:"您漂亮极了,徐公哪能比得上您呢?"城北的徐公,是齐国的美男子。邹忌不相信自己会比徐公漂亮,就又问他的妾:"我同徐公比,谁漂亮?"妾说:"徐公怎么能比得上您呀?"第二天,有客人从外边来,邹忌坐着同他闲聊时,又问他:"我和徐公谁漂亮?"客人说:"徐公不如您漂亮。"又过了一天,徐公来了,邹忌仔细端详他,自己觉得不如徐公漂亮;再照镜子看看自己,觉得比徐公差远了。晚上躺着想这件事,说:"我妻子认为我漂亮,是偏爱我;妾认为我漂亮,是害怕我;客人认为我漂亮,是有求于我。"

　　于是(邹忌)上朝拜见齐威王,说:"我确实知道自己不如徐公漂亮。我的妻子偏爱我,我的妾害怕我,我的客人有求于我,他们都认为我比徐公漂亮。如今齐国有方圆千里的疆土,一百二十座城池,宫中的嫔妃、近臣,没有不偏爱您的;朝中的大臣没有不害怕您的;全国的老百姓没有不有求于您的。由此看来,大王您受蒙蔽很深啦!"

　　齐威王说:"好!"于是下令:"官吏百姓能够当面指摘我的过错的,可得上等奖赏;书面劝谏我的,可得中等奖赏;在公共场所批评议论我的过失、传到我耳朵里的,可得下等奖赏。"命令刚下达,群臣都来进谏,门前、院内像集市一样;几个月以后,还偶尔有人来进谏;满一年以后,就是想进谏,也没什么可说的了。

　　燕、赵、韩、魏等国听说了这件事,都到齐国来朝见。这就是所谓的在朝廷上就战胜了别国。

译文 2

芙 蕖

李 渔

芙蕖适合人们的心意之处，不止一种，而是有很多。请容我全把它说出来。

各种花卉正当花开的时令，只在开花那几天（有人过问），此前此后都无人问津。芙蕖可不是这样：从荷钱出水的那天起，便可将其当作碧波荡漾中的小小点缀；等到生枝长叶，那又一天比一天高，一天比一天漂亮。有风，它作出飘荡摇曳的姿态；无风，它现出苗条柔弱的体态。这样，人们在荷花未开之时，就先享受到无穷的闲情逸趣了。等到花儿谢了，本可以向花的主人报告竭尽职守了，可又在花蒂下生出莲蓬，莲蓬里结了莲子，修长地挺立着，好像花蕾和翠绿的叶子一起并立水面。不到白露成霜的日子，它呈献的美就不停止。这些都是说它适宜于观赏的事。

宜于嗅闻的，就有荷叶的清香，荷花的特殊香味。（由于荷叶的清香，）避暑，那暑气就因它而退却；乘凉，凉气就随它而产生。

至于它可口的方面，莲子和藕都是盘中美味，同样令人齿颐留香。

只有霜打的败叶，凋零的样子让人看了心里难受，似乎变成废物了。可是摘下收藏起来，又可准备着随时供全年包裹东西用。

这样看来，芙蕖这种东西，没有一时一刻不是适于人们耳目观赏的，它身上没有一丝一毫不是准备着随时供人们家常使用的。它有五谷的实效，可没有五谷的名声；它兼有百花的长处，而又把它们的短处都除掉了。种植的利益有比它还大的吗？

译文 3

兰 亭 集 序

王羲之

永和九年，这年正是癸丑，暮春三月初，我们在山阴县的兰亭聚会，为的是举行修禊的活动。诸位有德有才的人全到了，年轻的年长的也都聚在一起。这地方有崇山峻岭，有繁茂的树林和高高的竹子，又有清净的水流和流得很急的水，波光辉映，如同带子萦绕在左右。我们把水引出来，构成漂流酒杯用的弯弯曲曲的小水渠。大家列坐在水渠周围,虽然没有演奏音乐那样的热闹场面,但一面饮酒,一面咏诗,也足够痛快地叙说心中深藏的感情。这天天色明朗,空气清新,和风暖洋洋的,吹得人很畅快。抬头望天地的广大,低头看万物的繁多,这样放眼纵观,舒展胸怀,也足够尽情地享受所见所闻所带来的乐趣。真是一桩可以使人高兴的事。

人们相互交往,很快就会度过一生。有的人和朋友在屋里对面交谈,把自己的抱负坦露出来;有的人凭借着一些事物寄托自己的感情、放荡无拘地生活。虽然他们的取舍千差万别,有的好静、有的好动,各自不同,但是当所接触的事物使他们高兴时,他们会因暂时得到了自己需要的东西而心情畅快,感到满足,却不知道很快就要衰老了;当他们对所追求的事物已经感到厌倦,感情随着事情的变化而变化,感慨也接着产生了。从前感到高兴的事,顷刻之间成了过去,对这些尚且不能不引起内心的感触,何况人的寿命长短随着大自然的变化而变化,最后总有穷尽的一天。古人说:"死生也是大事啊!"这怎么不令人伤心呢!

每当看到从前的人发出感慨的原因,如同符契相合那样一致,我没有一次不对着文章叹息悲伤的,但心中又不能理解这个道理。本来我明白把死和生当作一回事是没有根据的,把长寿和短命等同起来是荒谬的。将来后代人看现在,也正如我们今人看过去一样吧,细想起来,真令人悲伤!所以我一个个记下参加聚会的人的名字,抄下他们写的诗篇。即使时代不同,事情不一样,让人们产生感触的情致却是一样的。后人读了这些诗篇,也将和我产生同样的感慨。

译文 4

垓 下 之 围

司马迁

项王的军队在垓下安营扎寨,兵少粮绝,汉王(刘邦)的军队和其他各路军队重重围困着他。夜间,听着汉军在四面都唱着楚国歌,项王就大惊道:"汉军都已经占有楚地了吗?这楚国人怎么这么多啊!"项王就夜里起身,在帐中喝酒。有个名虞的美人,经常跟随他;有匹骏马叫骓,(项王)常常骑着它。此时项王就慷慨悲歌,自己作了一首诗道:"力能拔山啊气魄盖世,时势不利啊乌骓不前进。乌骓不前进啊可怎么办?虞啊虞啊怎么安排你?"唱了几遍,美人应和着他唱。项王几行泪滴下来,左右(的人也)都哭了,没有一个能仰起头看的。

于是项王就上了马,他部下有八百多壮士骑马跟着,趁夜晚突破重围南进,驰马而逃。天亮,汉军才觉察,命令骑兵将领灌婴用五千骑兵追他。项王渡淮河时,骑兵(还)能跟随着他的(不过)百余人罢了。项王到了阴陵,迷路了,问一个老农。老农骗他说:"向左!"向左,就陷在低洼多水的地方。因此汉军追上了他。项王就再领兵向东。到了东城,就只有二十八个骑兵了。汉军骑兵追赶他的有几千人。项王自己估计不能逃脱了,对他的骑兵说:"我起兵到现在已经八年了,亲身经过七十多次战斗,所遇到的敌方无不攻破,所打击的敌人(无不)降服,从未打过败仗,终于称霸天下。然而今天最终被困在这里,这是天灭亡我,不是打仗的过错啊。今天当然是决心战死,愿意为大家痛快地打一仗,一定要三胜它,替大家突围,斩将,砍旗,让各位知道(是)天灭亡我,不是打仗的过错啊。"于是他将骑兵分为四队,向着四面。汉军重重包围他。项王对他的骑兵说:"我为你们取他们一个将领。"然后命令四面骑兵飞驰而下,约定在山的东面作三处(集合)。于是项王大呼飞驰而下,汉军都溃败,就斩了一个汉将。这时,赤泉侯是骑兵将领,追赶项王,项王瞪大眼睛而呵斥他,赤泉侯人马都惊,倒退了好几里。(项王)和他的骑兵分三处会合。汉军不知道项王在哪里,就(也)把军队分为三队,又包围他们。项王纵马疾驰,又斩了汉军一个武官,(又)杀百八十人。再聚集他的骑兵,(只)没了两个骑兵而已。(项王)对他的骑兵说:"怎么样?"骑兵都拜伏说:"(果真)像大王说的。"

于是项王才要东渡乌江。乌江的亭长撑着船靠在岸边等待,对项王说:"江东虽小,有方圆千里地,民众几十万人,也可以做王啊。请大王赶快渡乌江吧。现在只有臣有船,汉军到了,就没办法渡过了。"项王苦笑说:"天灭亡我,我为什么(要)渡呢?况且我和江东八千子弟渡江向西,现在(八千子弟)没有一个人回来,即使江东父老兄弟怜爱我让我做王,我(又)有什么脸面见他们呢?纵使他们不说,我就不惭愧吗?"于是对亭长说:"我知道您是厚道的人。这马我骑了五年,无往不胜,曾经一天走一千里,(我)不忍心杀它,把它赠给您。"随后,(他)命令骑兵都下马步行,拿着短小轻便的武器应战。单是项籍所杀死的汉军(就有)几百人。项王身上也受了十几处的伤。回头看见汉骑兵武官吕马童,说:"你不是我的老熟人吗?"吕马童面对着他,将他指给王翳(看)说:"这就是项王。"项王就说:"我听说汉王悬赏黄金千斤购求我的头,(得者)封邑万户,我(就)送你(这点)好处吧。"于是割颈自杀。

译文 5

劝　学

荀　况

　　君子说：学习不可以停止。青（这种染料），从蓝里提取出它，而比蓝（色）更青；冰块，水结成的，而比水更冷。木材直得合乎（拉直的）墨线，（把木材）用火烤（使之）弯曲成车轮，它的弯曲程度合乎圆规（所画）。即使又枯干了，不会再直，这是由于（人力）采用了煣的工艺而把它拉成这样的呀。所以木材被墨线量过就直，刀剑拿到磨刀石上磨就锋利，君子广博地学习而且天天对照自己多次反省，就能智慧明达行为没有过错了。

　　我曾从早到晚地思考，不如在很短的时间内所学到的东西（多）；我曾踮着脚而远望，不如登上高处看到的范围广大。登上高处（向人）招手，手臂并没有加长，但是人们在很远的地方也能看得见；顺着风呼喊，声音并没有（变得）宏大，但是听到的人（听得）清楚。凭借车马的人，并不是脚步快，却能到达千里（之远）；凭借船桨的人，并不一定善于游泳，却能横渡江河。君子的资质并没有什么特殊，（只是）善于借助于外物啊。

　　堆积泥土成了高山，风雨就在那里兴起；积蓄水流成了深潭，蛟龙就在那里产生；累积良好的行为成就道德，精神和智慧自然升华，圣人的思想就具备了。所以不累积半步，不能到达千里（之外）；不积聚细小的水流，不能成为江海。骏马跳一下，不能有十步（远）；驽马拉车十天（也可能走得很远），其之所以成功，在于它没有停止。刻了（几刀马上就）停下，朽木也不会断；刻个不停，金石也可以被雕刻。蚯蚓没有锋利的爪牙，强劲的筋骨，却能向上吃细土，向下喝泉水，是因为其用心专一呀。螃蟹六条脚两只钳，没有蛇、鳝的洞就无从寄身，是由于用心浮躁啊。

译文 6

与　妻　书

林觉民

爱妻意映见信如见面：

　　我现在用这封信和你永别了！我写这封信时，还是世上的一个人；你看这封信时，我已成为阴间的一个鬼了。我写这封信，泪珠和笔墨一齐往下流，没有办法写完它，想搁下笔，又怕你不明白我的心意，认为我是忍心舍弃你去死，认为我不知道你不愿我死。所以就忍住悲痛给你说这些。

我非常爱你，就是这爱你的念头，使我勇于去死。我自从跟你结婚以来，常常希望天下相互爱恋的男女都能成为夫妻。但是遍地是血腥的风云，满街是凶残的狼狗，称心如愿的日子几家能有？人民的灾难使我像江州司马白居易那样泪湿青衫。我不能学古代圣人那样没有喜怒哀乐的感情。古话说有仁爱之心的人，"敬自己的老人，以此推广到敬别人的老人。爱自己的子女，以此推广到爱别人的子女。"我扩大了我爱你的心意，帮助天下的人能够去爱他们想爱的人。这就是我敢于在你前头死去，不顾及你的原因。望你能体谅我的这番苦心，在哭泣以后，也为天下人的幸福着想，你也一定会乐意牺牲我和你个人的幸福和利益，为天下人谋求永久的幸福。你就不要悲伤了！

你记得吗？四五年前的一个晚上，我曾经告诉你说："与其让我先死，不如你在我前头死。"你刚听到这话就发怒，后来经过我婉言解释，你虽然不认为我的话是对的，可是也无话反驳我。我的意思本来是说你这样脆弱，一定经受不住失去我的悲痛，如果我先死，把痛苦留给你，我心里不能忍受，因此宁可让你先死，让我来承受悲痛。唉！谁知道我终于死在你前面呢？我真真不能忘记你啊！回忆起我们后街的房屋，进入大门，穿过走廊，再走过前厅、后厅，又拐三四个弯，有一个小厅堂，旁边有一间房子，这就是我们居住的地方。刚结婚三四个月，正值冬天的一个农历十五日前后，窗外稀疏的梅枝透下月影，朦朦胧胧，互相掩映；我和你肩并肩手拉手，轻声细语，有什么事情不谈？有什么感情不诉？至今想起这往事，只能徒然留下两行泪痕。又回想六七年前，我逃离家乡复又回来的时候，你哭着对我说："希望你以后如果要出远门，一定得告诉我一声，我愿意和你同行。"当时我也已经答应你了。前十几天回家，我就想趁此机会将这次外出的事告诉你。可是等到和你面对面时，又不忍开口。何况你已经有了身孕，我更加害怕你受不了这悲痛，因此只有天天喝酒以求一醉。唉！当时我内心的悲痛，是不能用笔墨形容的。

我真希望能和你共同相守白头到老，但拿今天国家的形势看，可以因天灾而死，可以因盗贼而死，可以因国家被瓜分而死，可以因奸官污吏欺压残害百姓而死。我们处在今天这样的中国，在任何时候任何地方都可能死人，到那时候叫我眼睁睁地看你死去,我能够这样做吗?还是你能这样做呢?即使可以不死,可我俩长期离散不能相见,徒然使双方望眼欲穿,体骨变石,试问自古以来曾见过有几对夫妻破镜重圆的?长期失散比起死来说更为痛苦,可又能怎么办呢?现在我和你幸而都健在,可天下的百姓不该死的已死,不愿离散的已离散者不计其数,像我们这样感情真挚的人,能忍受这种痛苦吗?这就是我敢于赴死而不顾你的原因。我如今死去没有遗憾,国家大事成功与否自有同志们在。依新已经五岁,转眼就要成人,你一定要好好抚养他,使他像我。你腹中的孩子,我猜可能是个姑娘,如是女孩,就一定像你,我心里会十分快慰。如又是个男孩,就要教他把父亲的志向当作自己的志向。那么我死后还有两个我在世,真是太幸运了。我们家中以后的生活会很贫困,贫困没有什么可觉得苦的,清清静静过日子罢了。

我现在不再对你说什么了。我在九泉之下会听到你的哭声。我平时不相信鬼神,现在却又希望它真有。人们认为人死后心灵还有知觉,我也希望那些话是真的,那么我的灵魂就会依依不舍地依靠在你的身边,你也不必因失去伴侣而悲伤。

我平时不曾把自己的志向告诉你,这是我的不对;但如果同你说了,又恐怕你天天替我担忧。而让你担忧实在不是我能够忍受的。我爱你到极点,所以替你考虑的唯恐不周到。你有幸把我选为爱人,又多么不幸地生在今天的中国!我有幸得到你,又多么不幸地生在今天的中国!我终究不能忍心只知道自己明哲保身。唉!布短情长,没有写完的意思,你可以仔细揣摩得到。我现在不能见到你了!你舍弃不下我,就时时在梦中和我相会吧!真想大哭一场!

辛亥年三月二十六日夜四更天,意洞亲手书写。

家中伯母叔母都通晓文辞,有不了解的地方,希望你请她们指教,当能完全理解我的意思,这就是我的希望了。

附录 4

我国各省、直辖市、自治区及省会（或首府）名称表

（按汉语拼音字母顺序排列）

省、市、自治区名	简称	省会（或首府）名	省、市、自治区名	简称	省会（或首府）名
安徽	皖	合肥	宁夏	宁	银川
北京	京		青海	青	西宁
重庆	渝		山东	鲁	济南
福建	闽	福州	山西	晋	太原
甘肃	甘	兰州	陕西	陕	西安
广东	粤	广州	上海	沪	
广西	桂	南宁	四川	川	成都
贵州	黔	贵阳	台湾	台	台北
海南	琼	海口	天津	津	
河北	冀	石家庄	西藏	藏	拉萨
河南	豫	郑州	新疆	新	乌鲁木齐
黑龙江	黑	哈尔滨	云南	滇	昆明
湖北	鄂	武汉	浙江	浙	杭州
湖南	湘	长沙			
吉林	吉	长春	香港（特别行政区）	港	
江苏	苏	南京			
江西	赣	南昌	澳门（特别行政区）	澳	
辽宁	辽	沈阳			
内蒙古	蒙	呼和浩特			

附录 5

节 气 表
（按公历月日计算）

春 季	**立春** 2月3—5日交节	**雨水** 2月18—20日交节	**惊蛰** 3月5—7日交节
	春分 3月20—22日交节	**清明** 4月4—6日交节	**谷雨** 4月19—21日交节
夏 季	**立夏** 5月5—7日交节	**小满** 5月20—22日交节	**芒种** 6月5—7日交节
	夏至 6月21—22日交节	**小暑** 7月6—8日交节	**大暑** 7月22—24日交节
秋 季	**立秋** 8月7—9日交节	**处暑** 8月22—24日交节	**白露** 9月7—9日交节
	秋分 9月22—24日交节	**寒露** 10月8—9日交节	**霜降** 10月23—24日交节
冬 季	**立冬** 11月7—8日交节	**小雪** 11月22—23日交节	**大雪** 12月6—8日交节
	冬至 12月21—23日交节	**小寒** 1月5—7日交节	**大寒** 1月20—21日交节

二十四节气歌

春雨惊春清谷天,夏满芒夏暑相连。
秋处露秋寒霜降,冬雪雪冬小大寒。
每月两节不变更,最多相差一两天。
上半年来六廿一,下半年是八廿三。

我国少数民族简表

我国是统一的多民族的国家,除汉族外,有五十多个少数民族,约占全国总人口的百分之八左右。

民 族 名 称	主 要 分 布 地 区
蒙古族	内蒙古、辽宁、新疆、黑龙江、吉林、青海、河北、河南等地
回族	宁夏、甘肃、河南、新疆、青海、云南、河北、山东、安徽、辽宁、北京、内蒙古、天津、黑龙江、陕西、吉林、江苏、贵州等地
藏族	西藏及四川、青海、甘肃、云南等地
维吾尔族	新疆
苗族	贵州、云南、湖南、重庆、广西、湖北等地
彝〔Yí〕族	云南、四川、贵州等地
壮族	广西及云南、广东、贵州、湖南等地
布依族	贵州
朝鲜族	吉林、黑龙江、辽宁等地
满族	辽宁及黑龙江、吉林、河北、内蒙古、北京等地
侗〔Dòng〕族	贵州、湖南、广西等地
瑶族	广西、湖南、云南、广东、贵州等地
白族	云南
土家族	湖北、湖南、重庆等地
哈尼族	云南
哈萨克族	新疆
傣〔Dǎi〕族	云南
黎族	海南
傈僳〔Lì sù〕族	云南
佤〔Wǎ〕族	云南
畲〔Shē〕族	福建、浙江等地
高山族	台湾及福建
拉祜〔hù〕族	云南
水族	贵州

（续表）

民 族 名 称	主 要 分 布 地 区
东乡族	甘肃
纳西族	云南
景颇族	云南
柯尔克孜族	新疆
土族	青海
达翰〔wò〕尔族	内蒙古、黑龙江等地
仫佬〔Mùlǎo〕族	广西
羌〔Qiāng〕族	四川
布朗族	云南
撒拉族	青海、甘肃等地
毛南族	广西
仡佬〔Gēlǎo〕族	贵州
锡伯族	辽宁、新疆、黑龙江等地
阿昌族	云南
塔吉克族	新疆
普米族	云南
怒族	云南
乌孜别克族	新疆
俄罗斯族	新疆
鄂温克族	内蒙古和黑龙江
德昂族	云南
保安族	甘肃
裕固族	甘肃
京族	广西
塔塔尔族	新疆
独龙族	云南
鄂伦春族	内蒙古和黑龙江
赫哲族	黑龙江
门巴族	西藏
珞巴族	西藏
基诺族	云南

图书在版编目(CIP)数据

实用语文.第一册/施也频主编.—3版.—上海:华东
师范大学出版社,2016

ISBN 978-7-5675-5615-7

Ⅰ.①实… Ⅱ.①施… Ⅲ.①大学语文课-高等职
业教育-教材 Ⅳ.①H19

中国版本图书馆CIP数据核字(2016)第198511号

教育部高职高专规划教材
五年制高等职业教育适用

实用语文(第一册)(第三版)

全国五年制高等职业教育公共课开发指导委员会组编

主　　审	巢宗祺
主　　编	施也频
策划组稿	王　焰
项目编辑	范耀华　袁子微
责任校对	陈　易
封面设计	俞　越
版式设计	蒋　克

出版发行	华东师范大学出版社
社　　址	上海市中山北路3663号　邮编 200062
网　　址	www.ecnupress.com.cn
电　　话	021-60821666　行政传真 021-62572105
客服电话	021-62865537　门市(邮购)电话 021-62869887
地　　址	上海市中山北路3663号华东师范大学校内先锋路口
网　　店	http://hdsdcbs.tmall.com

印 刷 者	常熟市文化印刷有限公司
开　　本	787×1092　16开
印　　张	21
字　　数	363千字
版　　次	2017年8月第3版
印　　次	2020年10月第8次
书　　号	ISBN 978-7-5675-5615-7/I·1581
定　　价	42.00元

出 版 人　王　焰

(如发现本版图书有印订质量问题,请寄回本社客服中心调换或电话 021-62865537 联系)